交通运输类"十三五"创新教材
海船船员适任考试同步辅导教材

高等学校交通运输类专业教学指导委员会
航海技术教学指导分委员会　组织编写

航海学
——航海气象与海洋学
（二/三副）

主　编 ◆ 张永宁　　白春江　　王艳玲　　夏剑东
主　审 ◆ 刘大刚

大连海事大学出版社

Ⓒ 张永宁　白春江　王艳玲　夏剑东　2020

图书在版编目(CIP)数据

航海学. 航海气象与海洋学：二/三副 / 张永宁等主编. — 大连：大连海事大学出版社，2020.9
海船船员适任考试同步辅导教材
ISBN 978-7-5632-3963-4

Ⅰ. ①航… Ⅱ. ①张… Ⅲ. ①航海学—气象学—资格考试—教材②海洋学—资格考试—教材　Ⅳ. ①U675.12 ②P7

中国版本图书馆 CIP 数据核字(2020)第 103861 号

大连海事大学出版社出版

地址：大连市凌海路1号　邮编：116026　电话：0411-84728394　传真：0411-84727996
http://press.dlmu.edu.cn　E-mail:dmupress@dlmu.edu.cn

大连金华光彩色印刷有限公司印装　　　大连海事大学出版社发行

2020 年 9 月第 1 版	2020 年 9 月第 1 次印刷
幅面尺寸：184 mm×260 mm	印张：13.75
字数：332 千	印数：1~2000 册

出版人：余锡荣

责任编辑：张宏声	责任校对：刘长影
封面设计：解瑶瑶	版式设计：解瑶瑶

ISBN 978-7-5632-3963-4　　审图号：GS(2020)3698 号　　定价：36.00 元

海船船员适任考试同步辅导教材
编委会

主　　　任　刘正江

副 主 任　施祝斌　陈晓琴　王明春

委　　　员　(按姓氏笔画排序)

丁振国　王　磊　王玉威　韦景令　邓志华　叶明君
曲　涛　朱东升　刘芳武　关业伟　江明光　李忆星
李光正　李建国　杨　栋　吴金龙　闵金卫　汪龙生
张小军　邵国余　苗永臣　范　鑫　金湖庭　周兆欣
赵　刚　饶滚金　聂　涛　徐立华　翁石光　黄德源
崔建辉　章文俊　彭启高　董洪仓　舒海平　裴景涛
黎冬楼

本 册 主 编　张永宁　白春江　王艳玲　夏剑东

本 册 主 审　刘大刚

本册参编者　(按姓氏笔画排序)

刘月鹏　刘献伟　汪中位　翁国玲

前言

随着国际海事组织及世界主要航运国家对船舶运输中船员人身安全、船舶安全、海洋环境保护等方面的重视程度日益提高,国际公约、规则,港口国监督,行业组织的审核要求的提高和更新步伐明显加快。

国际海事组织于2010年对《海员培训、发证和值班标准国际公约78/95》进行了全面修订,通过了《1978年海员培训、发证和值班标准国际公约马尼拉修正案》,该修正案对海船船员培训合格证培训、发证提出了新的要求。为全面有效履约,进一步规范海船船员培训行为,提高培训质量,交通运输部于2017年发布了《海船船员培训大纲(2016版)》(以下简称《培训大纲》),并于2017年4月1日正式施行。《培训大纲》对海船船员的适任要求、理论知识与要求、实践技能与要求、评价标准及学时等做出了详细规定,是建立应用型船员培养模式、建立健全船员教育培训规范标准的一项重要举措,对进一步规范海船船员培训行为、提高培训质量具有很大的推动作用。

为了更好地配合我国的履约工作,更好地按照《海船船员培训大纲(2016版)》要求,在新形势、新要求下推进并完善海船船员培训工作,有效地对参加海船船员适任考试(二/三副和GMDSS通用操作员)培训的学员进行培训,帮助学员顺利通过海船船员适任考试,高等学校交通运输类专业教学指导委员会航海技术教学指导分委员会在对我国航海教育现状进行调研,组织业内专家、学者就海船船员培训进行研讨,邀请相关专家深入解读《培训大纲》的基础上,按照大纲要求,组织富有经验的航海教育一线教师、专家及业内知名学者,针对参加海船船员适任考试(二/三副和GMDSS通用操作员)培训的学员,编写了本套培训教材及同步辅导。

本套教材满足《1978年海员培训、发证和值班标准国际公约马尼拉修正案》和《海船船员培训大纲(2016版)》的各项要求,紧密结合我国有关船员职业培训最新规定,知识点全面,针对性强、实用性强,图文并茂,易于学员学习、理解,是海船船员适任考试(二/三副和GMDSS通用操作员)培训的必备教材,也是航运管理相关人员不可或缺的工作参考书。

本套教材包括《航海学——天文、地文、仪器》(二/三副)、《航海学——航海气象与海洋学》(二/三副)、《船舶管理》(二/三副)、《船舶操纵与避碰——船舶操纵》(二/三副)、《船舶操纵与避碰——船舶避碰与值班》(二/三副)、《船舶结构与货运》(二/三副)、《航海英语》(二/三副)、《GMDSS综合业务》、《GMDSS英语阅读》,以及各书的同步辅导教材和《GMDSS英语听力与会话》、《GMDSS设备操作》。

为指导学员加深对知识点的理解,部分教材提供了主观题及答案,可以通过手机扫描书后二维码注册后获得。为方便学员自学,同步辅导教材配有答案解析,学员可以通过手机扫描书后二维码注册后获得。为方便教师授课,部分教材配有课件,可通过手机扫描书后二维码注册下载,或使用计算机网络终端输入二维码下的网址下载。

本教材的编写和出版得到了各大航海院校、海员培训机构、航运企业和大连海事大学出版社,以及业内的专家、学者的关心和大力支持,在此表示衷心的感谢。同时,我们愿与大家一起继续为建设"海洋强国"而努力!

编委会

2020 年 5 月 25 日

编者的话

本书为"海船船员适任考试培训教材"《航海学——航海气象与海洋学》(二/三副)的同步辅导教材,根据《1978年海员培训、发证和值班标准国际公约马尼拉修正案》对"航海学——航海气象与海洋学"(二/三副)的培训要求,并以《海船船员培训大纲(2016版)》的具体规定设置全书章节及内容,力求知识点全面、针对性强、实用性强,图文并茂,易于学员学习、理解,旨在帮助学员顺利通过海船船员适任考试。

本书旨在指导学员在"航海学——航海气象与海洋学"(二/三副)的培训中注重基本概念、演变规律、重要特征和方法的讨论、理解及应用,加强理论联系实际,着力培养学员分析、应用气象和海洋信息的能力,充分利用有利的天气海况条件,尽可能避离恶劣的天气和海况影响,以达到安全、经济航行的目的。

本书共分六章。第一章为气象学基础知识;第二章为大气环流;第三章为影响航海的海洋环境要素;第四章为船舶海洋水文气象观测;第五章为影响航海的主要天气系统及其特征;第六章为航海气象信息的分析和应用。

本书由张永宁、白春江、王艳玲、夏剑东担任主编,刘大刚担任主审,刘月鹏、刘献伟、汪中位、翁国玲参与了本书的编写,全书由张永宁统稿。王辉、黄磊在本书的编写过程中给与了很大的帮助,在此表示感谢。

本书适用于海船船员(二/三副)适任考试培训,也可作为航海院校师生的教学参考书及航运管理相关人员的工作参考书。

航海科技日新月异,新理论、新技术、新航法、新设备不断涌现并投入航海实践,相关国际公约、各国法律法规、行业标准和规定也随之不断进步完善,本书未尽之处,敬请广大同仁和读者批评斧正,不吝赐教。

编　者
2020年8月5日

目录

- **第一章 气象学基础知识** ··· 1
  - 第一节 大气概况 ··· 1
  - 第二节 气温 ··· 4
  - 第三节 气压 ··· 9
  - 第四节 空气水平运动——风 ·· 16
  - 第五节 大气湿度 ·· 33
  - 第六节 空气的垂直运动和大气稳定度 ·· 38
  - 第七节 云和降水 ·· 46
  - 第八节 雾和能见度 ··· 49
  - 第一章参考答案 ··· 60
- **第二章 大气环流** ·· 63
  - 第二章参考答案 ··· 78
- **第三章 影响航海的海洋环境要素** ·· 79
  - 第一节 海流 ·· 79
  - 第二节 海浪 ·· 89
  - 第三节 海温 ·· 97
  - 第三章参考答案 ··· 99
- **第四章 船舶海洋水文气象观测** ·· 101
  - 第四章参考答案 ··· 109
- **第五章 影响航海的主要天气系统及其特征** ··· 111
  - 第一节 气团 ·· 111
  - 第二节 锋 ··· 116
  - 第三节 锋面气旋 ·· 125
  - 第四节 冷高压 ··· 137
  - 第五节 副热带高压 ··· 143
  - 第六节 热带气旋 ·· 149
  - 第七节 中小尺度天气系统 ··· 157
  - 第五章参考答案 ··· 162

1

◆第六章　航海气象信息的分析和应用·· 165
　第一节　天气图基础知识··· 165
　第二节　航海气象信息的获取··· 177
　第三节　天气报告和警报的释译与应用··· 178
　第四节　气象传真图的识读··· 181
　第五节　气象传真图综合分析和应用··· 188
　第六章参考答案·· 208

第一章

气象学基础知识

第一节 大气概况

1. 在大气中主要吸收太阳紫外线的气体成分为_____。
   A. 二氧化碳   B. 臭氧
   C. 氧气   D. 氮气

2. 在大气中能够透过太阳短波辐射、强烈吸收和放射长波辐射的主要气体成分为_____。
   A. 臭氧   B. 氮气
   C. 氧气   D. 二氧化碳

3. 在大气成分中,能产生温室效应的大气成分是_____。
   A. 氧气   B. 水汽
   C. 臭氧   D. 二氧化碳

4. 在地气系统的温度和压力条件下,能在气态、液态和固态三者之间互相转化的大气成分是_____。
   A. 氮气   B. 氧气
   C. 水汽   D. 二氧化碳

5. 对天气及气候变化具有重要影响的大气成分包括_____。
   A. 二氧化碳、臭氧和惰性气体   B. 氮气、二氧化碳和惰性气体
   C. 二氧化碳、臭氧和水汽   D. 氧气、臭氧和惰性气体

6. 从地面向上随着高度的增加,空气密度_____。
   A. 缓慢递减   B. 迅速递减
   C. 缓慢递增   D. 迅速递增

7. 在气压相同的情况下,密度较小的空气是_____。

A. 暖湿空气 B. 冷湿空气
C. 干热空气 D. 干冷空气

8. 目前城市大气质量监测报告中通常提到的污染物种类有_____。
   A. 二氧化硫 B. 二氧化碳
   C. 氮气 D. 臭氧

9. 目前城市大气质量监测报告中通常提到的污染物种类有_____。
   A. 二氧化碳 B. 总悬浮颗粒物
   C. 水汽 D. 臭氧

10. 在水汽相变过程中，大气中的固体杂质可以充当_____。
    A. 凝结核，不利于相变过程发生 B. 催化剂，不利于水汽凝结
    C. 凝结核，有利于相变过程发生 D. 催化剂，有利于水汽凝结

11. 一些大气污染成分在大气中发生化学变化形成有害物质，最常见的有_____。
    A. 酸雨和粉尘 B. 氮氧化合物和粉尘
    C. 氮氧化合物和光化学烟雾 D. 酸雨和光化学烟雾

12. 对天气及气候变化具有重要影响的大气成分包括_____。
    A. 总悬浮颗粒物、二氧化硫和氮氧化合物
    B. 二氧化硫、二氧化碳和惰性气体
    C. 二氧化碳、水汽和臭氧
    D. 氮气、臭氧和惰性气体

13. 能够强烈吸收和放射长波辐射，并对地面和大气温度有较大影响的大气成分是_____。
    ①氧气；②氮气；③臭氧；④二氧化碳；⑤氢气；⑥水汽
    A. ①③④⑥ B. ④⑥
    C. ②③⑤⑥ D. ②④⑤

14. 对流层高度随纬度有较大的变化，最低出现在_____。
    A. 赤道低纬地区 B. 中纬度地区
    C. 高纬度地区 D. 极地地区

15. 对流层高度随纬度有较大的变化，最高出现在_____。
    A. 赤道低纬地区 B. 中纬度地区
    C. 高纬度地区 D. 极地地区

16. 地球大气最低层称为对流层，其平均厚度为_____。
    A. 1~2 km B. 10~12 km
    C. 6~8 km D. 17~18 km

17. 大气的垂直分层自下而上依次为_____。
    A. 对流层、等温层、中间层、热层、散逸层
    B. 对流层、平流层、中间层、热层、散逸层
    C. 对流层、平流层、中间层、散逸层、热层
    D. 散逸层、热层、中间层、平流层、对流层

18. 对流层的厚度随季节变化，最厚出现在_____。

A. 春季 B. 夏季
C. 秋季 D. 冬季

19. 在对流层中,气温垂直递减率约为_____。
   A. 1℃/100 m B. 1.25℃/100 m
   C. 0.5℃/100 m D. 0.65℃/100 m

20. 对流层的厚度随季节变化,最薄出现在_____。
   A. 春季 B. 夏季
   C. 冬季 D. 秋季

21. 对流层具有的特点之一是_____。
   A. 空气不易产生对流运动 B. 气象要素水平分布不均匀
   C. 气温随高度增加而升高 D. 气象要素水平分布均匀

22. 最能代表对流层大气的一般运动状况的等压面是_____。
   A. 850 hPa B. 300 hPa
   C. 500 hPa D. 700 hPa

23. 自由大气的起始高度为_____。
   A. 7~8 km B. 5~6 km
   C. 3~4 km D. 1~1.5 km

24. 在对流层中通常气温随着高度的升高而_____。
   A. 降低 B. 升高
   C. 先升后降 D. 先降后升

25. 对流层可分为摩擦层和自由大气两层,摩擦层的平均厚度为_____。
   A. 7~8 km B. 1~1.5 km
   C. 3~4 km D. 5~6 km

26. 根据对流层中_____的不同特征,可将其分为摩擦层和自由大气两个层次。
   A. 气温 B. 气压
   C. 湿度 D. 大气运动

27. 云、雾、雨、雪等大气中的主要的天气现象都发生在_____。
   A. 热层 B. 平流层
   C. 对流层 D. 中间层

28. 表征大气状态的物理量和物理现象的气象术语称为_____。
   A. 天气 B. 气候
   C. 气象要素 D. 天气系统

29. 下列属于气象要素的是_____。
   A. 风、云、雾、霜、沙尘暴 B. 气压、高气压、台风
   C. 风、云、雨、冷锋、暖锋 D. 气温、气压、冷锋、暖锋

30. 气候是指某一特定区域_____。
   A. 在较短时间内各种气象要素的综合表现
   B. 气象要素的多年统计特征
   C. 气象要素的一年统计特征

D. 天气形势

31. 天气是指某一特定区域_____。
    A. 在较短时间内各种气象要素的综合表现
    B. 在较长时间内各种气象要素的综合表现
    C. 气象要素的多年统计特征
    D. 气象要素的一年统计特征

32. 对流层厚度随着下列哪些因素变化?
    ①经度;②纬度;③温度;④季节;⑤气压
    A. ①②⑤   B. ①④⑤
    C. ②③④   D. ②③④⑤

33. 对流层的主要特征是_____。
    ①气温随高度的升高而降低;②具有强烈的对流和乱流运动;③没有明显的平流运动;
    ④气象要素在水平方向分布不均匀;⑤大气处于高度电离状态;⑥水汽含量很少
    A. ①②④   B. ①②④⑤
    C. ②③④   D. ①④⑤⑥

第二节　气　温

1. 77°F 换算成摄氏温度和绝对温度分别为 _____。
   A. 28℃、302K   B. 25℃、298K
   C. 25℃、248K   D. 30℃、303K

2. 5℃换算成华氏温度和绝对温度分别为 _____。
   A. 41°F、278K   B. 17°F、278K
   C. 27°F、278K   D. 37°F、278K

3. 通过不同温标关系换算 14°F、10℃分别为 _____。
   A. 10℃、283K   B. -10℃、283K
   C. -10℃、-263K   D. 10℃、263K

4. 绝对温标和华氏温标的沸点温度分别为 _____。
   A. 273K、212°F   B. 373K、212°F
   C. 273K、32°F   D. 373K、100°F

5. 下列说法正确的是 _____。
   A. 太阳辐射又称为长波辐射,大气辐射又称为短波辐射
   B. 太阳辐射又称为短波辐射,大气辐射又称为长波辐射
   C. 太阳辐射和大气辐射都称为短波辐射
   D. 太阳辐射和大气辐射都称为长波辐射

6. 太阳、地面和大气辐射的强弱主要取决于 _____。
   A. 组成成分   B. 热力性质

C. 物理结构　　　　　　　　　　D. 温度高低

7. 大气受热最主要的直接热源来自 _____。
   A. 太阳短波辐射　　　　　　　B. 下垫面辐射
   C. 太阳长波辐射　　　　　　　D. 大气辐射

8. 驱动大气运动的初始能源是 _____。
   A. 太阳长波辐射　　　　　　　B. 地面长波辐射
   C. 太阳短波辐射　　　　　　　D. 大气长波辐射

9. 暖空气上升、冷空气下沉的热量交换方式称为 _____。
   A. 湍流　　　　　　　　　　　B. 平流
   C. 辐射　　　　　　　　　　　D. 对流

10. 形成露或霜的主要冷却过程是 _____。
    A. 绝热上升　　　　　　　　　B. 辐射冷却
    C. 平流冷却　　　　　　　　　D. 凝结冷却

11. 湍流是大气受热和冷却的方式之一，但主要作用在 _____。
    A. 大气上层　　　　　　　　　B. 大气中层
    C. 摩擦层　　　　　　　　　　D. 自由大气层

12. "南风送暖，北风送寒"的热量交换方式称为 _____。
    A. 湍流　　　　　　　　　　　B. 平流
    C. 辐射　　　　　　　　　　　D. 对流

13. 蒸发、凝结等过程的热量交换方式属于 _____。
    A. 湍流　　　　　　　　　　　B. 水相变化
    C. 辐射　　　　　　　　　　　D. 对流

14. 暖空气北上、冷空气南下的热量交换方式称为 _____。
    A. 湍流　　　　　　　　　　　B. 平流
    C. 辐射　　　　　　　　　　　D. 对流

15. 形成海雾的主要冷却过程是 _____。
    A. 绝热上升　　　　　　　　　B. 辐射冷却
    C. 平流冷却　　　　　　　　　D. 接触冷却

16. 形成较厚云层的主要冷却过程是 _____。
    A. 平流冷却　　　　　　　　　B. 辐射冷却
    C. 乱流冷却　　　　　　　　　D. 绝热上升

17. 下垫面与空气之间的垂直热量交换途径主要有 _____。
    ①热传导；②辐射；③水相变化；④对流；⑤乱流；⑥平流
    A. ①②③④⑤　　　　　　　　B. ①②③④⑤⑥
    C. ②③④⑤⑥　　　　　　　　D. ②③④⑥

18. 空气增热和冷却的主要方式有 _____。
    ①热传导；②辐射；③水相变化；④对流；⑤平流；⑥乱流
    A. ①②③④⑤⑥　　　　　　　B. ①②④⑤⑥
    C. ②③④⑤⑥　　　　　　　　D. ②④⑤⑥

19. 气温的日变化与天气状况有密切关系,在不同天气状况下,日较差_____。
    A. 晴天大于阴天   B. 阴天大于晴天
    C. 阴天等于晴天   D. 多云大于晴天

20. 当只考虑地表性质对气温日变化的影响时,最小的气温日较差出现在_____。
    A. 沙漠   B. 草地
    C. 海洋   D. 裸地

21. 中纬度地区气温日较差最小的季节为_____。
    A. 春季   B. 夏季
    C. 秋季   D. 冬季

22. 当只考虑纬度对气温日变化的影响时,气温日较差较大的地区是_____。
    A. 极地附近   B. 热带地区
    C. 温带地区   D. 副极地地区

23. 当只考虑纬度对气温日变化的影响时,气温日较差较小的地区是_____。
    A. 极地附近   B. 副极地地区
    C. 温带地区   D. 热带地区

24. 中纬度地区气温日较差最大的季节在_____。
    A. 春季   B. 夏季
    C. 秋季   D. 冬季

25. 日最低气温出现的时间通常_____。
    A. 在洋面上为清晨日出前,在陆面上为半夜前后
    B. 在洋面上为半夜前后,在陆面上为清晨日出前
    C. 在洋面和陆面上都为清晨日出前
    D. 在洋面和陆面上都为半夜前后

26. 阴天时,通常夜间的最低气温与晴夜时比较要_____。
    A. 低些   B. 高些
    C. 相同   D. 忽高忽低

27. 天空状况对气温日较差大小的影响是_____。
    A. 晴天最大   B. 少云最大
    C. 多云最大   D. 阴天最大

28. 当纬度相同时气温日较差最大的地方在_____。
    A. 大洋   B. 沿岸
    C. 内陆   D. 沙漠

29. 气温年较差的大小主要受_____因素影响。
    A. 地表性质和季节   B. 纬度和天气状况
    C. 纬度和季节   D. 地表性质和纬度

30. 气温年较差与纬度有关,最大年较差出现在_____。
    A. 赤道地区   B. 中纬地区
    C. 高纬地区   D. 极地地区

31. 气温年较差是指一年中_____的最高值与最低值之差。

A. 日平均气温 B. 月平均气温
C. 季平均气温 D. 年平均气温

32. 在我国沿海气温年较差最大的地区是 _____。
    A. 渤海 B. 黄海
    C. 东海 D. 南海

33. 气温的年较差很小，但一年中出现两个高值和两个低值的地区在 _____。
    A. 极地地区 B. 中纬地区
    C. 高纬地区 D. 赤道地区

34. 在我国沿海气温年较差最小的地区是 _____。
    A. 渤海 B. 黄海
    C. 东海 D. 南海

35. 北半球气温最高的月份在大陆和海洋上分别出现在 _____。
    A. 1月、2月 B. 7月、1月
    C. 7月、8月 D. 1月、7月

36. 南半球气温最低的月份在大陆和海洋上分别出现在 _____。
    A. 1月、2月 B. 7月、8月
    C. 7月、1月 D. 1月、7月

37. 气温年较差与纬度有关，最小年较差出现在 _____。
    A. 赤道地区 B. 中纬地区
    C. 高纬地区 D. 极地地区

38. 北半球气温最低的月份在大陆和海洋上分别出现在 _____。
    A. 7月、8月 B. 1月、2月
    C. 7月、1月 D. 1月、7月

39. 南半球气温最高的月份在大陆和海洋上分别出现在 _____。
    A. 1月、2月 B. 7月、8月
    C. 7月、1月 D. 1月、7月

40. 气温日较差的大小取决于 _____。
    ①经度；②纬度；③海拔高度；④季节；⑤地表性质；⑥天气状况
    A. ①②③④⑤⑥ B. ①②④⑤⑥
    C. ②③⑤⑥ D. ②③④⑤⑥

41. 气温的日较差具有 _____。
    ①低纬大于高纬；②海洋大于陆地；③低海拔大于高海拔；④阴天大于晴天；⑤草原大于沙漠；⑥陆地大于海洋
    A. ①②③④⑤ B. ①④⑥
    C. ①③⑥ D. ②④⑤

42. 气温年较差的大小与_____有关。
    ①纬度；②经度；③下垫面性质；④季节；⑤海拔高度；⑥天气状况
    A. ①②③④⑤⑥ B. ①②④⑤⑥
    C. ①③⑤ D. ②⑤⑥

43. 海陆热力差异之一是 _____。
    A. 海水热容量比土壤大　　　　　B. 海水热容量比土壤小
    C. 海水热容量与土壤相同　　　　D. 海陆热力差异与热容量无关
44. 海面和陆面是两种热属性很不相同的下垫面,如果吸收同样的热量,则温度的变化为 _____。
    A. 海洋上大于内陆　　　　　　　B. 海洋上大于近岸
    C. 海洋上小于内陆　　　　　　　D. 海陆相同
45. 海面和陆面是两种热属性很不相同的下垫面,如果夜间散失同样的热量,则温度的变化为 _____。
    A. 海洋上大于内陆　　　　　　　B. 海洋上大于近岸
    C. 海洋上小于内陆　　　　　　　D. 海陆相同
46. 太阳辐射对海面和陆面温度的敏感程度是 _____。
    A. 海面、陆面均不敏感　　　　　B. 海面、陆面均敏感
    C. 海面不敏感、陆面敏感　　　　D. 海面敏感、陆面不敏感
47. 当纬度相同时,气温的日较差是 _____。
    A. 海洋上大于内陆　　　　　　　B. 海洋上小于内陆
    C. 海洋上大于近岸　　　　　　　D. 海陆相同
48. 当纬度相同时,气温的年较差是 _____。
    A. 海洋上小于内陆　　　　　　　B. 海洋上大于近岸
    C. 海洋上大于内陆　　　　　　　D. 海陆相同
49. 在通常情况下, _____。
    A. 洋面上气温的日变化比水温的小
    B. 陆面上气温的日变化比水温的大
    C. 洋面上气温的日变化比陆面的大
    D. 陆面上气温的日变化比水温的小
50. 相同的太阳辐射对海面和陆面的温度变化是 _____。
    A. 海面温度比陆面温度变化快
    B. 海面温度比陆面温度变化慢
    C. 海面温度和陆面温度变化相同
    D. 与海、陆面无关
51. 在全球海平面平均气温分布图上,冬季北大西洋的等温线向北突出,主要是受 _____ 的影响。
    A. 东格陵兰海流　　　　　　　　B. 黑潮
    C. 墨西哥湾流　　　　　　　　　D. 拉布拉多海流
52. 热赤道的平均位置在 _____。
    A. $0°\sim5°N$　　　　　　　　　B. $10°N$ 附近
    C. $0°\sim5°S$　　　　　　　　　D. $20°N$ 附近
53. 南半球海洋上的等温线大致 _____。
    A. 与纬圈平行　　　　　　　　　B. 凸向赤道

8

C. 凸向极地 D. 凹向极地

54. 下列正确说法的是_____。
   A. 冬季北半球的冷极位于西伯利亚和格陵兰
   B. 冬季南半球的冷极位于澳大利亚
   C. 冬季北半球的冷极位于北极附近
   D. 冬季南半球的冷极位于咆哮西风带上

55. 北半球1月海平面气温等温线向北方明显凸出的地区位于_____。
   A. 亚欧大陆、北美大陆 B. 北太平洋、北大西洋
   C. 北大西洋、亚欧大陆 D. 北太平洋、北美大陆

56. 下列说法正确的是_____。
   A. 冬季北半球的冷极位于北极附近
   B. 冬季南半球的冷极位于南极附近
   C. 冬季南半球的冷极位于澳大利亚
   D. 冬季北半球的冷极位于冰岛和阿留申群岛

57. 夏季北半球的冷极位于_____。
   A. 西伯利亚、格陵兰 B. 冰岛、阿留申群岛
   C. 盛行西风带 D. 北极附近

58. 海平面平均气温分布的特点是_____。
   ①等温线大致与纬圈平行；②冬季北半球大洋西部等温线向东北突出；③冬半球的等温线稀疏，夏半球的则较密集；④夏半球的等温线稀疏，冬半球的则较密集；⑤冬季北半球大洋东部等温线向西北突出；⑥等温线不与纬圈平行
   A. ①②③ B. ①②④
   C. ①③⑤ D. ④⑤⑥

第三节　气　压

1. 利用不同气压单位之间的换算关系，780 mmHg、1000 hPa 分别换算为_____。
   A. 1040 hPa、750 mmHg B. 1020 hPa、760 mmHg
   C. 1040 hPa、760 mmHg D. 1020 hPa、750 mmHg

2. 气压的单位 hPa 与 mmHg 两者的关系为_____。
   A. 1 hPa = 1 mmHg B. 1 hPa ≈ 1 mmHg
   C. 1 hPa = 3/4 mmHg D. 1 hPa = 4/3 mmHg

3. 在纬度45°的海平面上，温度为0℃时的大气压称为标准大气压，其数值为_____。
   A. 1000 hPa、750 mmHg B. 1013.25 hPa、760 mmHg
   C. 1000 hPa、760 mmHg D. 1013.25 hPa、750 mmHg

4. 气压是大气压强的简称，它与天气的关系是_____。
   A. 高气压一般对应阴雨天气 B. 低气压一般对应阴雨天气

C. 高气压中心对应大风天气　　　　　D. 低气压对应晴好天气

5. 气压的单位 hPa 与 mb 两者的关系为 _____。
   A. 1 hPa = 1 mb　　　　　　　　　B. 1 hPa > 1 mb
   C. 1 hPa = 3/4 mb　　　　　　　　D. 1 hPa = 4/3 mb

6. 下列说法正确的是 _____。
   A. 温度高,空气受热膨胀,空气密度变大,空气发生辐散现象,气压下降
   B. 温度高,空气受热膨胀,空气密度变小,空气发生辐散现象,气压下降
   C. 温度高,空气受热膨胀,空气密度变小,空气发生辐合现象,气压升高
   D. 温度高,空气受热膨胀,空气密度变小,空气发生辐散现象,气压升高

7. 下列说法正确的是 _____。
   A. 温度低,空气冷却收缩,空气密度变大,空气发生辐散现象,气压下降
   B. 温度低,空气冷却收缩,空气密度变小,空气发生辐散现象,气压升高
   C. 温度低,空气冷却收缩,空气密度变小,空气发生辐合现象,气压下降
   D. 温度低,空气冷却收缩,空气密度变大,空气发生辐合现象,气压升高

8. 导致气压上升的情况有 _____。
   ①气流水平辐合;②气流水平辐散;③移来的气团潮湿;④移来的气团温度高;⑤移来的气团干燥;⑥移来的气团温度低
   A. ①③⑤　　　　　　　　　　　　B. ②③④
   C. ①④⑤　　　　　　　　　　　　D. ①⑤⑥

9. 导致气压下降的情况有 _____。
   ①移来的气团潮湿;②移来的气团温度低;③气流水平辐合;④移来的气团温度高;⑤移来的气团干燥;⑥气流水平辐散
   A. ①②③　　　　　　　　　　　　B. ①④⑥
   C. ①③⑤　　　　　　　　　　　　D. ④⑤⑥

10. 下列说法正确的是 _____。
    A. 气压随高度的增加而减小,在地面最大,在大气上界等于零
    B. 气压随高度的增加而增大,在地面最小,在大气上界最大
    C. 气压在下垫面和大气上界最小,中空最大
    D. 气压在下垫面和大气上界最大,中空最小

11. 500 hPa 等压面的平均海拔约为 _____。
    A. 5000 m　　　　　　　　　　　B. 5500 m
    C. 6000 m　　　　　　　　　　　D. 6500 m

12. 700 hPa 等压面的平均海拔约为 _____。
    A. 3000 m　　　　　　　　　　　B. 5500 m
    C. 5000 m　　　　　　　　　　　D. 1500 m

13. 850 hPa 等压面的平均海拔约为 _____。
    A. 3000 m　　　　　　　　　　　B. 5500 m
    C. 4500 m　　　　　　　　　　　D. 1500 m

14. 气压随高度的升高而降低,在近地面大气层中上升 12 m,气压下降约 _____。

A. 1.3 hPa　　　　　　　　　　B. 1.5 hPa
C. 1.0 hPa　　　　　　　　　　D. 2.0 hPa

15. 在同一大气层中,高度每升高 100 m,气压变化量的大小为 _____ 。
    A. 高温处小于低温处　　　　　B. 高温处大于低温处
    C. 高温处等于低温处　　　　　D. 变化与温度无关

16. 在同一大气层中,若气压变化 1 hPa,则其高度差为 _____ 。
    A. 高温处等于低温处　　　　　B. 高温处小于低温处
    C. 高温处大于低温处　　　　　D. 高度差与气温无关

17. 在近地面大气层中,根据船用单位气压高度差的订正公式得出的结果为 _____ 。
    A. 每升高 8 m 增加 1 hPa　　　B. 每升高 8 m 降低 1 hPa
    C. 每升高 10 m 增加 1 hPa　　 D. 每升高 10 m 降低 1 hPa

18. 在高空与地面大气中,高度每升高 100 m 气压变化量的大小为 _____ 。
    A. 高空大于近地面　　　　　　B. 高空小于近地面
    C. 高空等于近地面　　　　　　D. 变化与高度无关

19. 在通常情况下单位气压高度差的大小主要取决于 _____ 。
    A. 相对湿度　　　　　　　　　B. 水平气压梯度
    C. 大气稳定度　　　　　　　　D. 空气密度

20. 某轮放置空盒气压表的驾驶台距离海平面高度为 20 m,测得本站气压为 1002.5 hPa,高度订正后,则海平面气压是 _____ 。
    A. 1000.0 hPa　　　　　　　　B. 1007.5 hPa
    C. 1004.5 hPa　　　　　　　　D. 1005.0 hPa

21. 在地面和高空大气中,气压每变化 1 hPa,则其高度差为 _____ 。
    A. 高空大于地面　　　　　　　B. 高空小于地面
    C. 高空等于地面　　　　　　　D. 高度差与气压无关

22. 单位气压高度差主要取决于 _____ 。
    ①气压的变化;②风的变化;③温度的变化;④高度的变化;⑤地表状况;⑥空气密度的变化
    A. ①②③④⑤⑥　　　　　　　B. ①③④⑥
    C. ②③④⑤⑥　　　　　　　　D. ④⑤⑥

23. 气压的日较差与纬度的关系是 _____ 。
    A. 低纬大于中纬　　　　　　　B. 高纬最大
    C. 中纬大于低纬　　　　　　　D. 中纬最小

24. 地面气压日变化两次谷值出现的时刻大约在 _____ 。
    A. 02 时、14 时　　　　　　　B. 04 时、16 时
    C. 08 时、20 时　　　　　　　D. 10 时、22 时

25. 气压的日变化有两个高值和两个低值,它们分别为 _____ 。
    A. 10 时最高、22 时次高和 16 时最低、04 时次低
    B. 10 时最高、22 时最低和 16 时次高、04 时次低
    C. 22 时最高、16 时最低和 10 时次高、04 时次低

D. 04时最高、16时最低和22时次高、10时次低
26. 在气压日变化中,最高值和最低值分别出现在_____。
   A. 16时和10时   B. 10时和04时
   C. 22时和04时   D. 10时和16时
27. 气压日较差随纬度的增加而_____。
   A. 增大   B. 不变
   C. 减小   D. 与纬度无关
28. 我国沿海气压日较差最大的海域是_____。
   A. 渤海   B. 黄海
   C. 东海   D. 南海
29. 我国沿海气压日较差最小的海域是_____。
   A. 渤海   B. 黄海
   C. 东海   D. 南海
30. 气压的日较差最大的地区出现在_____。
   A. 低纬地区   B. 中纬地区
   C. 高纬地区   D. 极地地区
31. 气压日较差最大的海域是_____。
   A. 日本海   B. 黄海
   C. 东海   D. 南海
32. 气压日较差最小的海域是_____。
   A. 日本海   B. 黄海
   C. 东海   D. 南海
33. 气压的年变化大小与季节和下垫面有关,最低气压出现在_____。
   A. 夏季海洋、冬季大陆   B. 夏季海洋和大陆
   C. 冬季海洋、夏季大陆   D. 冬季海洋和大陆
34. 在气压的年变化中,北半球大陆和海洋上最低气压分别出现在_____。
   A. 2月和8月   B. 10月和4月
   C. 7月和2月   D. 2月和7月
35. 在气压的年变化中,北半球大陆和海洋上最高气压分别出现在_____。
   A. 4月和10月   B. 8月和1月
   C. 7月和2月   D. 1月和8月
36. 在南半球大陆和海洋上气压最低出现的月份分别在_____。
   A. 1月、2月   B. 7月、8月
   C. 7月、1月   D. 1月、8月
37. 气压年较差与纬度有关,最小年较差出现在_____。
   A. 赤道地区   B. 中纬地区
   C. 高纬地区   D. 极地地区
38. 北半球气压最低的月份在大陆和海洋上分别出现在_____。
   A. 7月、8月   B. 1月、2月

C. 1月、7月 D. 7月、2月

39. 南半球气压最高的月份在大陆和海洋上分别出现在 _____。
   A. 1月、2月 B. 7月、8月
   C. 7月、2月 D. 2月、7月

40. 气压具有明显的年变化,一年中的最高气压出现在 _____。
   ①冬季大陆上;②冬季海洋上;③秋季海洋上;④夏季大陆上;⑤夏季海洋上;⑥春季大陆上
   A. ①③⑤⑥ B. ②⑤⑥
   C. ①⑤ D. ②④⑤⑥

41. 气压年较差的大小取决于 _____。
   ①纬度;②经度;③下垫面性质;④季节;⑤海拔高度;⑥天气状况
   A. ①③⑤⑥ B. ②⑤⑥
   C. ①③⑤ D. ②④⑤⑥

42. 水平气压梯度是个矢量,在平直等压线分布的气压场中其方向为 _____。
   A. 垂直等压线由低压指向高压 B. 斜穿等低压线由高压指向低压
   C. 斜穿等压线由高压指向低压 D. 垂直等压线由高压指向低压

43. 在地面图上,水平气压梯度与等压线疏密程度的关系是 _____。
   A. 等压线稀疏,水平气压梯度大 B. 等压线稀疏,水平气压梯度小
   C. 等压线密集,水平气压梯度小 D. 水平气压梯度与等压线疏密程度无关

44. 在弯曲等压线分布的气压场中,水平气压梯度的方向为 _____。
   A. 垂直于弯曲等压线的切线,由低压指向高压
   B. 垂直于弯曲等压线的法线
   C. 垂直于弯曲等压线的切线,由高压指向低压
   D. 平行于弯曲等压线的切线

45. 在天气图上,等压线密集的地方说明 _____。
   A. 水平气压梯度小 B. 垂直气压梯度大
   C. 水平气压梯度大 D. 垂直气压梯度小

46. 在气压场中,气压梯度几乎等于零的地区为 _____。
   A. 高压中心区 B. 低压中心区
   C. 平直气流区 D. 鞍形区

47. 在地面图上,水平气压梯度越大的地方,等压线 _____。
   A. 越密集 B. 越稀疏
   C. 有的地方密集,有的地方稀疏 D. 疏密与梯度无关

48. 在地面图上,水平气压梯度越小的地方,等压线 _____。
   A. 越密集 B. 越稀疏
   C. 有的地方密集,有的地方稀疏 D. 疏密与梯度无关

49. 水平气压梯度相对较大的区域为 _____。
   ①反气旋边缘处;②等压线弯曲较大处;③反气旋中心处;④热带气旋涡旋区;⑤等压线较平直处;⑥气旋中心处

A. ①③④⑤⑥ B. ①④⑤⑥
C. ③④⑤⑥ D. ②④⑥

50. 低压槽的空间等压面形状类似于＿＿＿＿。
    A. 盆地 B. 高山
    C. 山沟 D. 山脊

51. 低气压的空间等压面形状类似于＿＿＿＿。
    A. 盆地 B. 高山
    C. 山沟 D. 山脊

52. 高压脊的空间等压面形状类似于＿＿＿＿。
    A. 盆地 B. 高山
    C. 山沟 D. 山脊

53. 通常将两个低压之间狭长的区域称为＿＿＿＿。
    A. 低压带 B. 低压槽
    C. 高压带 D. 高压脊

54. 高气压的空间等压面形状类似于＿＿＿＿。
    A. 盆地 B. 高山
    C. 山沟 D. 山脊

55. 通常将两个高压之间狭长的区域称为＿＿＿＿。
    A. 低压带 B. 低压槽
    C. 高压带 D. 高压脊

56. 通常将由低压向外延伸的狭长区域称为＿＿＿＿。
    A. 低压带 B. 高压带
    C. 低压槽 D. 高压脊

57. 通常将由高压向外延伸的狭长区域称为＿＿＿＿。
    A. 低压带 B. 高压带
    C. 低压槽 D. 高压脊

58. 图 1-1 中给出了地面气压场分布，高压出现在＿＿＿＿区。
    A. A B. B
    C. C D. D

59. 图 1-1 中给出了地面气压场分布，低压出现在＿＿＿＿区。
    A. A B. B
    C. C D. D

60. 图 1-1 中给出了地面气压场分布，高压脊区出现在＿＿＿＿区。
    A. A B. B
    C. C D. D

61. 图 1-1 中给出了地面气压场分布，鞍形场出现在＿＿＿＿区。
    A. A B. B
    C. C D. D

62. 图 1-2 中给出了地面气压场分布，高压出现在＿＿＿＿。

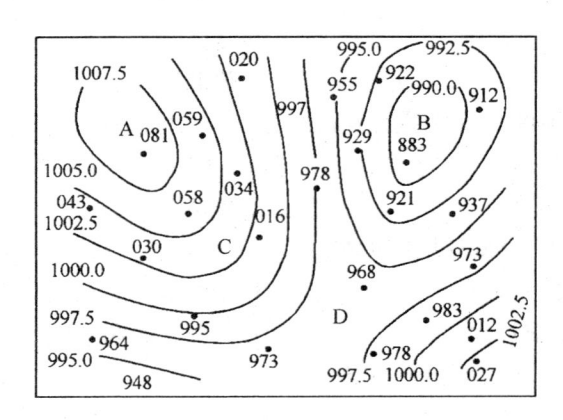

图 1-1

A. A、H 区 B. C、H 区
C. C、P 区 D. B、C 区

63. 图 1-2 中给出了地面气压场分布,低压出现在_____。
   A. A、N、H 区 B. B、C、H 区
   C. A、D、H 区 D. A、B、P 区

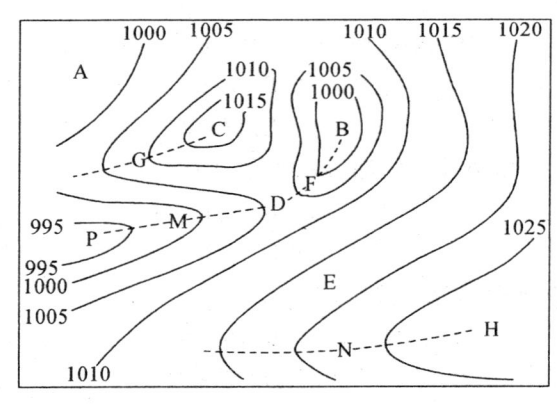

图 1-2

64. 图 1-2 中给出了地面气压场分布,高压脊线为_____。
   A. F、M B. A、C
   C. G、N D. B、C

65. 图 1-2 中给出了地面气压场分布,低压槽线为_____。
   A. F、M B. G、N
   C. A、C D. B、C

66. 图 1-2 中给出了地面气压场分布,鞍形场出现在_____。
   A. G 区 B. D 区
   C. N 区 D. E 区

67. 通常将相对并相邻的两个高压和两个低压组成的中间区域称为_____。
   A. 低压带 B. 高压带
   C. 低压槽 D. 鞍形区

68. 冬季常位于西伯利亚及蒙古一带的气压系统为_____。

A. 冷低压 B. 冷高压
C. 暖高压 D. 暖低压

69. 中国北方沿海地区每年从夏到冬地面气压月平均值的变化趋势_____。
   A. 上升 B. 下降
   C. 先升后降 D. 先降后升

70. 在北半球陆地上,最低气压出现在_____。
   A. 夏季平原、冬季高原 B. 夏季高原和平原
   C. 冬季平原、夏季高原 D. 冬季高原和平原

71. 在北半球陆地上,最高气压出现在_____。
   A. 夏季平原、冬季高原 B. 夏季高原和平原
   C. 冬季平原、夏季高原 D. 冬季高原和平原

第四节 空气水平运动——风

1. 测得真风向为292°,用16个方位法表示的风向为_____。
   A. ESE B. NNW
   C. WSW D. WNW

2. 测得真风向为23°,用16个方位法表示的风向为_____。
   A. ENE B. NNE
   C. NE D. NEN

3. 在天气图上风向的表示方法通常采用_____。
   A. 8方位 B. 16方位
   C. 18方位 D. 32方位

4. 两种常用风速单位之间的关系是_____。
   A. 1 kn ≈ 2 m/s B. 1 m/s ≈ 2 kn
   C. 1 kn ≈ 1.852 m/s D. 1 m/s ≈ 1.852 kn

5. 风的日变化规律表现为_____。
   A. 白天大,夜间小 B. 白天小,夜间大
   C. 白天和夜间一样大 D. 风的大小与湿度有关

6. 产生风的直接原因是_____。
   A. 气压在水平方向上分布不均匀 B. 气压在垂直方向上分布不均匀
   C. 惯性离心力 D. 地转偏向力

7. 空气产生运动的原动力是_____。
   A. 地转偏向力 B. 惯性离心力
   C. 水平摩擦力 D. 水平气压梯度力

8. 水平气压梯度力的大小与水平气压梯度成正比,与空气密度成反比,其方向为_____。
   A. 平行等压线并与风向一致 B. 垂直等压线由高压指向低压

C. 斜穿等压线由高压指向低压　　　　D. 垂直等压线由低压指向高压

9. 在摩擦层中,水平气压梯度力的方向是_____。
   A. 垂直等压线由高压指向低压　　　　B. 垂直等压线由低压指向高压
   C. 斜穿等压线由高压指向低压　　　　D. 斜穿等压线由低压指向高压

10. 水平气压梯度力的大小与_____。
    A. 水平气压梯度成正比,与空气密度成反比
    B. 水平气压梯度成反比,与空气密度成正比
    C. 水平气压梯度成正比,与空气密度成正比
    D. 水平气压梯度成反比,与空气密度成反比

11. 在地面天气图中,等压线稀疏的地方,则说明_____。
    A. 地转偏向力小　　　　　　　　　　B. 惯性离心力小
    C. 摩擦力小　　　　　　　　　　　　D. 水平气压梯度力小

12. 由于地球自转而产生的影响运动物体的力称为地转偏向力,其方向为_____。
    A. 北半球指向运动物体左侧90°,南半球右侧90°
    B. 南、北半球均指向运动物体右侧90°
    C. 北半球指向运动物体右侧90°,南半球左侧90°
    D. 南、北半球均指向运动物体左侧90°

13. 水平地转偏向力对运动空气的作用是_____。
    A. 只改变风向,不改变风速　　　　　B. 只改变风速,不改变风向
    C. 既改变风向亦改变风速　　　　　　D. 纬度越低,作用力越大

14. 水平地转偏向力的大小_____。
    A. 与风速成正比,与纬度的正弦成正比
    B. 与风速成正比,与纬度的正弦成反比
    C. 与风速成反比,与纬度的正弦成正比
    D. 与风速成反比,与纬度的正弦成反比

15. 关于水平地转偏向力,下列正确说法是_____。
    A. 风速越大,纬度越高,水平地转偏向力就越大
    B. 风速越大,纬度越低,水平地转偏向力就越小
    C. 风速越小,纬度越高,水平地转偏向力就越小
    D. 风速越小,纬度越低,水平地转偏向力就越大

16. 当风速一定时,水平地转偏向力的大小为_____。
    A. 低纬大于高纬　　　　　　　　　　B. 低纬小于高纬
    C. 低纬等于高纬　　　　　　　　　　D. 与纬度无关

17. 在水平气压梯度不变的情况下,低层和高层水平气压梯度力的大小为_____。
    A. 低层大于高层　　　　　　　　　　B. 低层小于高层
    C. 低层等于高层　　　　　　　　　　D. 与高度无关

18. 水平地转偏向力有如下性质_____。
    ①空气静止时,不受地转偏向力的作用;②偏向力的大小与所在纬度的正弦成正比;
    ③偏向力的大小与风速成正比;④在南半球,它使气流向左偏转;⑤在北半球,它使气

流向右偏转；⑥只改变空气运动的方向，不改变空气运动的速度
A. ①②③④⑤⑥
B. ①②④⑤⑥
C. ②③④⑤⑥
D. ②④⑤⑥

19. 只改变空气运动的方向、不改变空气运动的速度的力是_____。
①气压梯度力；②地转偏向力；③惯性离心力；④摩擦力；⑤重力；⑥黏性力
A. ①②③④⑥
B. ①②④⑤
C. ②③
D. ②③④

20. 地转风是_____达到平衡时，空气的水平运动。
A. 水平气压梯度力与摩擦力
B. 水平气压梯度力与水平地转偏向力
C. 水平地转偏向力与惯性离心力
D. 水平气压梯度力与惯性离心力

21. 在 500 hPa 等压面上，沿平直等高线所吹的风接近于_____。
A. 梯度风
B. 摩擦风
C. 地转风
D. 热成风

22. 图 1-3 为自由大气层中地转风关系示意图，试指出图中矢量 OA 为_____。
A. 水平气压梯度力
B. 南半球地转风
C. 北半球地转风
D. 地转偏向力

23. 图 1-3 为自由大气层中地转风关系示意图，试指出图中矢量 OB 为_____。
A. 水平气压梯度力
B. 南半球地转风
C. 北半球地转风
D. 水平地转偏向力

24. 图 1-3 为自由大气层中地转风关系示意图，试指出图中矢量 OC 为_____。
A. 水平气压梯度力
B. 南半球地转风
C. 北半球地转风
D. 水平地转偏向力

25. 图 1-3 为自由大气层中地转风关系示意图，试指出图中矢量 OD 为_____。
A. 水平气压梯度力
B. 南半球地转风
C. 北半球地转风
D. 水平地转偏向力

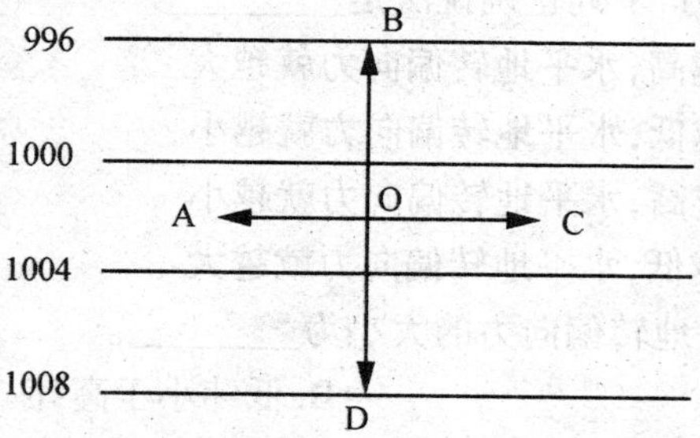

图 1-3

26. 当水平气压梯度和空气密度一定时，地转风的大小为_____。
A. 低纬大于高纬
B. 低纬小于高纬
C. 低纬等于高纬
D. 与纬度无关

27. 地转风与水平气压梯度成正比，与空气密度和纬度正弦成反比，其方向_____。
A. 垂直于等压线
B. 平行于等压线

C. 斜穿等压线　　　　　　　　D. 与等压线无关

28. 当低层和高层的水平气压梯度相等时,地转风速_____。
　A. 低层大于高层　　　　　　B. 低层小于高层
　C. 低层等于高层　　　　　　D. 与高度无关

29. 当低纬和高纬的水平气压梯度相等时,地转风速_____。
　A. 低纬大于高纬　　　　　　B. 低纬等于高纬
　C. 低纬小于高纬　　　　　　D. 与纬度无关

30. 在地转风相同的情况下,比较不同纬度的水平气压梯度大小,会得出_____。
　A. 高纬大于低纬　　　　　　B. 高纬小于低纬
　C. 高纬等于低纬　　　　　　D. 与纬度无关

31. 地转风关系不适用的地区为_____。
　A. 赤道地区　　　　　　　　B. 副热带地区
　C. 温带地区　　　　　　　　D. 寒带地区

32. 地转风公式适用于_____。
　A. 龙卷风　　　　　　　　　B. 台风涡旋区
　C. 空气平直运动　　　　　　D. 空气旋转运动

33. 在南半球自由大气层中,测者背风而立,高压应在测者的_____。
　A. 左前方　　　　　　　　　B. 右方
　C. 左方　　　　　　　　　　D. 右前方

34. 在自由大气中风沿等压线吹,背风而立,高压位于_____。
　A. 北半球,正右侧;南半球,正左侧　　B. 南、北半球正左侧
　C. 北半球,正左侧;南半球,正右侧　　D. 南、北半球正右侧

35. 在自由大气中风沿等压线吹,背风而立,低压位于_____。
　A. 北半球,正右侧;南半球,正左侧　　B. 南、北半球正左侧
　C. 北半球,正左侧;南半球,正右侧　　D. 南、北半球正右侧

36. 在北高南低的水平气压场中,地转风向为_____。
　A. 在北半球,E风;在南半球,W风　　B. 在北半球,S风;在南半球,N风
　C. 在北半球,W风;在南半球,E风　　D. 在北半球,N风;在南半球,S风

37. 在东低西高的水平气压场中,地转风向为_____。
　A. 在北半球,E风;在南半球,W风　　B. 在北半球,S风;在南半球,N风
　C. 在北半球,W风;在南半球,E风　　D. 在北半球,N风;在南半球,S风

38. 在东北低、西南高的水平气压场中,地转风向为_____。
　A. 在北半球,NW;在南半球,SE　　B. 在北半球,SW;在南半球,NE
　C. 在北半球,NE;在南半球,SW　　D. 在北半球,SE;在南半球,NW

39. 在西北高、东南低的水平气压场中,地转风向为_____。
　A. 在北半球,NW;在南半球,SE　　B. 在北半球,SW;在南半球,NE
　C. 在北半球,NE;在南半球,SW　　D. 在北半球,SE;在南半球,NW

40. 在北低南高的水平气压场中,地转风向为_____。
　A. 在北半球,E风;在南半球,W风　　B. 在北半球,S风;在南半球,N风

C. 在北半球,W 风;在南半球,E 风　　　D. 在北半球,N 风;在南半球,S 风

41. 在西北低、东南高的水平气压场中,地转风向为_____。
    A. 在北半球,NW;在南半球,SE　　　B. 在北半球,SW;在南半球,NE
    C. 在北半球,NE;在南半球,SW　　　D. 在北半球,SE;在南半球,NW

42. 在东高西低的水平气压场中,地转风向为_____。
    A. 在北半球,E 风;在南半球,W 风　　　B. 在北半球,S 风;在南半球,N 风
    C. 在北半球,W 风;在南半球,E 风　　　D. 在北半球,N 风;在南半球,S 风

43. 在东北高、西南低的水平气压场中,地转风向为_____。
    A. 在北半球,NW;在南半球,SE　　　B. 在北半球,SW;在南半球,NE
    C. 在北半球,NE;在南半球,SW　　　D. 在北半球,SE;在南半球,NW

44. 在西北低、东南高的水平气压场中,地转风向为_____。
    A. 在北半球,NW;在南半球,SE　　　B. 在北半球,SW;在南半球,NE
    C. 在北半球,NE;在南半球,SW　　　D. 在北半球,SE;在南半球,NW

45. 在北高南低的水平气压场中,南半球地转风向为_____。
    A. W 风　　　　　　　　　　　　B. N 风
    C. E 风　　　　　　　　　　　　D. S 风

46. 地转风的大小主要取决于_____。
    ①水平气压梯度;②等压线疏密程度;③等压线弯曲程度;④纬度高低;⑤空气密度大小;⑥摩擦力大小
    A. ①②③④⑤⑥　　　　　　　　B. ①②④⑤
    C. ②③⑤⑥　　　　　　　　　　D. ①②⑤⑥

47. 梯度风是_____三个力达到平衡时的空气水平运动。
    A. 水平气压梯度力、水平地转偏向力、摩擦力
    B. 水平气压梯度力、水平地转偏向力、惯性离心力
    C. 水平气压梯度力、惯性离心力、摩擦力
    D. 水平地转偏向力、惯性离心力、摩擦力

48. 梯度风平衡的表达式是_____。(水平气压梯度力 G_n,水平地转偏向力 A_n,惯性离心力 C,摩擦力 R)
    A. $G_n + A_n = 0$　　　　　　　B. $G_n + A_n + C = 0$
    C. $G_n + C = 0$　　　　　　　　D. $G_n + A_n + R = 0$

49. 描述高压中梯度风的三力平衡关系的数学表达式为_____。
    A. $A_n = G_n + C$　　　　　　　B. $G_n = A_n + C$
    C. $C = G_n + A_n$　　　　　　　D. $A_n + G_n + C = 0$

50. 描述低压中梯度风的三力平衡关系的数学表达式为_____。
    A. $A_n = G_n + C$　　　　　　　B. $G_n = A_n + C$
    C. $C = G_n + A_n$　　　　　　　D. $A_n = G_n + C = 0$

51. 根据梯度风的关系,在自由大气层中闭合高压系统的风向应为_____。
    A. 南、北半球均逆时针旋转
    B. 北半球逆时针旋转,南半球顺时针旋转

C. 南、北半球均顺时针旋转

D. 北半球顺时针旋转,南半球逆时针旋转

52. 根据梯度风的关系,在自由大气层中闭合低压系统的风向应为_____。

    A. 北半球逆时针旋转,南半球顺时针旋转

    B. 南、北半球均逆时针旋转

    C. 北半球顺时针旋转,南半球逆时针旋转

    D. 南、北半球均顺时针旋转

53. 根据高、低压中梯度风的关系,最大的水平气压梯度和风速应出现在_____。

    A. 高、低压中心附近　　　　　B. 高压中心附近,低压四周边缘

    C. 高、低压四周边缘　　　　　D. 低压中心附近,高压四周边缘

54. 在 500 hPa 等压面上,沿弯曲等高线所吹的风接近于_____。

    A. 梯度风　　　　　　　　　　B. 旋衡风

    C. 地转风　　　　　　　　　　D. 热成风

55. 图 1-4 为自由大气层中梯度风关系示意图,试指出北半球高压各力的平衡关系为_____。

    A. B 图　　　　　　　　　　　B. C 图

    C. D 图　　　　　　　　　　　D. A 图

56. 图 1-4 为自由大气层中梯度风关系示意图,试指出北半球低压各力的平衡关系为_____。

    A. B 图　　　　　　　　　　　B. C 图

    C. D 图　　　　　　　　　　　D. A 图

57. 图 1-4 为自由大气层中梯度风关系示意图,试指出南半球高压各力的平衡关系为_____。

    A. B 图　　　　　　　　　　　B. C 图

    C. D 图　　　　　　　　　　　D. A 图

58. 图 1-4 为自由大气层中梯度风关系示意图,试指出南半球低压各力的平衡关系为_____。

    A. B 图　　　　　　　　　　　B. C 图

    C. D 图　　　　　　　　　　　D. A 图

59. 根据梯度风原理得知,水平气压梯度_____。

    A. 在气旋中没限制,在反气旋中有限制

    B. 在气旋中有限制,在反气旋中没限制

    C. 在气旋和反气旋中都有限制

    D. 在气旋和反气旋中都没有限制

60. 实际上,低压中的风速常比高压中的风速大,其原因是_____。

    A. 低压中的水平气压梯度大于高压中的水平气压梯度

    B. 低压中的水平地转偏向力大于高压中的地转偏向力

    C. 低压中的惯性离心力大于高压中的惯性离心力

    D. 低压中的摩擦力大于高压中的摩擦力

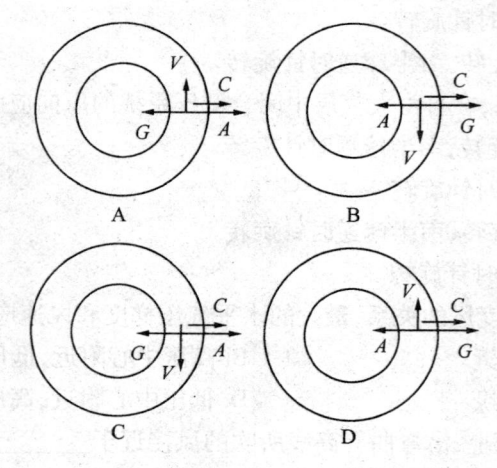

图 1-4

61. 下列说法正确的是_____。
    A. 凡是高压控制下的区域处处都是微风晴朗天气
    B. 高压外围区可能出现大风,最大风力可达 11 级
    C. 强大的高压处处都可产生大风
    D. 高压中心附近微风晴朗,海面有三角浪

62. 根据地转风和梯度风原理可知,风速大小与水平气压梯度成正比,那么当水平气压梯度相等时,则_____。
    A. 低压区内风速大   B. 高压区内风速大
    C. 高低压区内风速一样大   D. 风速大小与高低压区无关

63. 在水平气压梯度相同的情况下,气旋中的风 V_c、反气旋中的风 V_a 和地转风 V_g 三者大小的关系是_____。
    A. $V_c < V_g > V_a$ B. $V_a > V_g > V_c$
    C. $V_g > V_a > V_c$ D. $V_a > V_c > V_g$

64. 高压中心区域的天气特点是_____。
    A. 晴朗少云,微风或无风   B. 有时有降水或大风
    C. 晴朗少云,大风   D. 阵雨,微风或无风

65. 在高气压中等压线分布较稀疏的部位是_____。
    A. 中心   B. 外围
    C. 东部   D. 西部

66. 在高气压中等压线分布较密集的部位是_____。
    A. 中心   B. 外围
    C. 东部   D. 西部

67. 下列说法正确的是_____。
    A. 通常高压越强,其中心和外围风力越大
    B. 通常高压越强,其中心区域风力越大
    C. 通常高压越强,其外围风力越大
    D. 通常高压越强,其外围风力越小

68. 在空气密度和纬度相同时,高气压区中等压线的分布规律是_____。
    A. 曲率半径越大的地方越稀疏   B. 曲率半径越小的地方越密集
    C. 曲率半径越小的地方越稀疏   D. 等压线疏密与曲率半径无关

69. 在高压区中风的分布规律是_____。
    A. 中心附近有大风   B. 外围微风或无风
    C. 大风集中在外围   D. 处处微风或无风

70. 下列说法正确的是_____。
    A. 低压越强,其中心区域风力越小   B. 低压越强,其外围区域风力越小
    C. 高压越强,其中心区域风力越大   D. 高压越强,其外围区域风力越大

71. 通常,低压发展,其中心区域风力将_____。
    A. 增大   B. 减小
    C. 不变   D. 不定

72. 在研究摩擦层中的风时,主要考虑的力有_____。
    ①地转偏向力;②气压梯度力;③重力;④惯性离心力;⑤黏性力;⑥摩擦力
    A. ①②④⑥   B. ①②③④⑤⑥
    C. ②③④⑤⑥   D. ②④⑥

73. 在摩擦层中,水平气压梯度力、地转偏向力和摩擦力三者达到平衡,此时风_____。
    A. 沿等压线或等高线吹   B. 斜穿等压线偏向低压一侧吹
    C. 垂直等压线由高压向低压吹   D. 斜穿等压线偏向高压一侧吹

74. 在摩擦层中,实际风不完全沿等压线吹,而斜穿等压线吹,此时有_____。
    A. 南、北半球均偏向高压一侧吹   B. 南半球偏向高压吹,北半球偏向低压吹
    C. 南、北半球均偏向低压一侧吹   D. 南半球偏向低压吹,北半球偏向高压吹

75. 在北印度洋面上,测者背风而立,低压应在测者的_____。
    A. 左前方   B. 右前方
    C. 左后方   D. 右后方

76. 在南半球海面上,测者背风而立,高压应在测者的_____。
    A. 右后方   B. 右前方
    C. 左前方   D. 左后方

77. 在近地层中,风向与等压线不平行,而偏向低压的一方,其偏角最大的地区在_____。
    A. 山地   B. 平原
    C. 平静的海面   D. 汹涌的海面

78. 在南太平洋海面上,测者背风而立,低压应在测者的_____。
    A. 左后方   B. 右后方
    C. 左前方   D. 右前方

79. 在南太平洋海面上,测者迎风而立,高压应在测者的_____。
    A. 左后方   B. 右后方
    C. 左前方   D. 右前方

80. 在北太平洋海面上,测者背风而立,低压应在测者的_____。

A. 左后方　　　　　　　　　　B. 右后方
C. 左前方　　　　　　　　　　D. 右前方

81. 在北太平洋海面上,测者迎风而立,高压应在测者的_____。
    A. 左后方　　　　　　　　　　B. 右后方
    C. 左前方　　　　　　　　　　D. 右前方

82. 在北太平洋上,某东行船舶观测到强劲的 NNW 真风,根据风压关系判断低的气压应在_____。
    A. 船舶的高纬一侧　　　　　　B. 船舶的低纬一侧
    C. 船舶的前方　　　　　　　　D. 船舶的后方

83. 在北太平洋上,某东行船舶观测到强劲的 NNW 真风,根据风压关系判断高的气压应在_____。
    A. 船舶的高纬一侧　　　　　　B. 船舶的前方
    C. 船舶的低纬一侧　　　　　　D. 船舶的后方

84. 在北太平洋上,某东行船舶观测到强劲的 SSE 真风,根据风压关系判断高的气压应在_____。
    A. 船舶的高纬一侧　　　　　　B. 船舶的前方
    C. 船舶的低纬一侧　　　　　　D. 船舶的后方

85. 在北太平洋上,某东行船舶观测到强劲的 ENE 真风,根据风压关系判断低的气压应在_____。
    A. 船舶的高纬一侧　　　　　　B. 船舶的前方
    C. 船舶的低纬一侧　　　　　　D. 船舶的后方

86. 在北太平洋上,某西行船舶观测到强劲的 WSW 真风,根据风压关系判断高的气压应在_____。
    A. 船舶的高纬一侧　　　　　　B. 船舶的前方
    C. 船舶的低纬一侧　　　　　　D. 船舶的后方

87. 在北太平洋上,某东行船舶观测到强劲的 ENE 真风,根据风压关系判断高的气压应在_____。
    A. 船舶的高纬一侧　　　　　　B. 船舶的前方
    C. 船舶的低纬一侧　　　　　　D. 船舶的后方

88. 在南太平洋上,某北行船舶观测到强劲的 ESE 真风,根据风压关系判断高的气压应在_____。
    A. 船舶的右侧　　　　　　　　B. 船舶的前方
    C. 船舶的左侧　　　　　　　　D. 船舶的后方

89. 在南太平洋上,某北行船舶观测到强劲的 ESE 真风,根据风压关系判断低的气压应在_____。
    A. 船舶的右侧　　　　　　　　B. 船舶的前方
    C. 船舶的左侧　　　　　　　　D. 船舶的后方

90. 在南太平洋上,某南行船舶观测到强劲的 SSW 真风,根据风压关系判断高的气压应在_____。

A. 船舶的右侧 B. 船舶的前方
C. 船舶的左侧 D. 船舶的后方

91. 在南太平洋上,某南行船舶观测到强劲的SSW真风,根据风压关系判断低的气压应在_____。
    A. 船舶的右侧 B. 船舶的前方
    C. 船舶的左侧 D. 船舶的后方

92. 在北太平洋上,某东行船舶处在前高后低的水平气压场中,将观测到的风向为_____。
    A. S B. SSE
    C. NNW D. N

93. 在南太平洋上,某东行船舶处在东北低西南高的水平气压场中,将观测到的风向为_____。
    A. NW B. SE
    C. NNW D. SSE

94. 在南太平洋上,某东行船舶处在西北低东南高的水平气压场中,将观测到的风向为_____。
    A. SSW B. ENE
    C. NNE D. WSW

95. 在南印度洋上,某东行船舶处在前低后高的水平气压场中,将观测到的风向为_____。
    A. SSW B. SSE
    C. NNE D. NNW

96. 在北太平洋上,某东行船舶处在前低后高的水平气压场中,将观测到的风向为_____。
    A. S B. SSE
    C. NNW D. N

97. 在南太平洋上,某东行船舶处在西南低东北高的水平气压场中,将观测到的风向为_____。
    A. NW B. SE
    C. NNW D. SSE

98. 在南太平洋上,某东行船舶处在西北高东南低的水平气压场中,将观测到的风向为_____。
    A. SSW B. ENE
    C. NNE D. WSW

99. 在南印度洋上,某东行船舶处在前高后低的水平气压场中,将观测到的风向为_____。
    A. SSW B. SSE
    C. NNE D. NNW

100. 在北太平洋上,某东行船舶处在右前高左后低的水平气压场中,将观测到的风向为_____。
A. WNW			B. NNW
C. WSW			D. SSW

101. 在北太平洋上,某东行船舶处在右前低左后高的水平气压场中,将观测到的风向为_____。
A. ENE			B. NNE
C. SSW			D. ESE

102. 在南太平洋上,某东行船舶处在左前高右后低的水平气压场中,将观测到的风向为_____。
A. SSW			B. WNW
C. NNW			D. SSE

103. 在南太平洋上,某东行船舶处在右前低左后高的水平气压场中,将观测到的风向为_____。
A. WSW			B. SSW
C. NNW			D. SSE

104. 在南太平洋上,某西行船舶处在左前低右后高的水平气压场中,将观测到的风向为_____。
A. NNW			B. WNW
C. NNE			D. WSW

105. 在南太平洋上,某西行船舶处在右前低左后高的水平气压场中,将观测到的风向为_____。
A. SSW			B. ENE
C. NNE			D. WSW

106. 在南印度洋上,某东行船舶处在左前低右后高的水平气压场中,将观测到的风向为_____。
A. WSW			B. SSW
C. NNE			D. NNW

107. 在南印度洋上,某北行船舶处在左前高右后低的水平气压场中,将观测到的风向为_____。
A. SSW			B. SSE
C. NNE			D. WSW

108. 在北半球摩擦层中,风速和风向随高度增加发生的变化是_____。
A. 风速增大,风向不变		B. 风速增大,风向向右偏转
C. 风速增大,风向向左偏转	D. 风速减小,风向向右偏转

109. 在南半球摩擦层中,风速和风向随高度增加发生的变化是_____。
A. 风速增大,风向不变		B. 风速增大,风向向右偏转
C. 风速增大,风向向左偏转	D. 风速减小,风向向右偏转

110. 在北半球海面上,低压区中的风总是_____。
A. 逆时针方向向中心辐合	B. 顺时针方向向外辐散

C. 逆时针方向向外辐散　　　　　　D. 顺时针方向向中心辐合

111. 在南半球洋面上,高压区中的风总是_____。
    A. 逆时针方向向中心辐合　　　　　B. 顺时针方向向外辐散
    C. 逆时针方向向外辐散　　　　　　D. 顺时针方向向中心辐合

112. 在北半球海面上,高压区中的风总是_____。
    A. 逆时针方向向中心辐合　　　　　B. 顺时针方向向外辐散
    C. 逆时针方向向外辐散　　　　　　D. 顺时针方向向中心辐合

113. 在南半球洋面上,低压区中的风总是_____。
    A. 逆时针方向向中心辐合　　　　　B. 顺时针方向向外辐散
    C. 逆时针方向向外辐散　　　　　　D. 顺时针方向向中心辐合

114. 在地面天气图上,计算出太平洋某海域的地转风为 20 m/s,则实际风约为_____。
    A. 10 m/s　　　　　　　　　　　　B. 13 m/s
    C. 4 m/s　　　　　　　　　　　　 D. 20 m/s

115. 由于地面摩擦力的影响,实际风速与地转风速相比有所减小,在海上实际风速一般为地转风速的_____。
    A. 80%~90%　　　　　　　　　　　B. 60%~70%
    C. 70%~80%　　　　　　　　　　　D. 50%~60%

116. 中高纬洋面上,实际风向与等压线的交角一般为_____。
    A. 10°左右　　　　　　　　　　　　B. 10°~20°
    C. 25°~35°　　　　　　　　　　　　D. 35°~45°

117. 在海面上实际风速约为地转风风速的_____。
    A. 1/2　　　　　　　　　　　　　　B. 1/3
    C. 1/4　　　　　　　　　　　　　　D. 2/3

118. 在摩擦层中,地转风的方向为_____。
    A. 垂直等压线指向低压一侧　　　　B. 平行等压线吹
    C. 斜穿等压线偏向低压一侧　　　　D. 斜穿等压线偏向高压一侧

119. 在摩擦层,从天气图上看到的风向是_____。
    A. 斜穿等压线从高压偏向低压　　　B. 斜穿等压线从低压偏向高压
    C. 沿着等压线吹　　　　　　　　　D. 顺时针方向吹向高压中心

120. 由于地面摩擦力的影响,实际风向与地转风向有偏角,在陆地上偏角一般为_____。
    A. 20°~35°　　　　　　　　　　　　B. 0°~15°
    C. 10°~25°　　　　　　　　　　　　D. 35°~45°

121. 由于地面摩擦力的影响,实际风速与地转风速相比有所减小,在陆地上实际风速一般为地转风速的_____。
    A. 35%~50%　　　　　　　　　　　B. 50%~60%
    C. 20%~35%　　　　　　　　　　　D. 60%~75%

122. 图 1-5 为北半球摩擦层中水平运动空气质点受力分析示意图,图中水平气压梯度力为_____。

A. OC B. OA
C. OD D. OB

123. 图 1-5 为北半球摩擦层中水平运动空气质点受力分析示意图,图中水平地转偏向力为_____。

A. OC B. OA
C. OD D. OB

124. 图 1-5 为北半球摩擦层中水平运动空气质点受力分析示意图,图中摩擦力为_____。

A. OC B. OA
C. OD D. OB

125. 图 1-5 为北半球摩擦层中水平运动空气质点受力分析示意图,图中实际风为_____。

A. OE B. OF
C. OD D. OC

126. 图 1-5 为北半球摩擦层中水平运动空气质点受力分析示意图,图中矢量 OF 为_____。

A. 水平气压梯度力 B. 摩擦力和水平气压梯度力的合力
C. 摩擦力和水平地转偏向力的合力 D. 水平地转偏向力

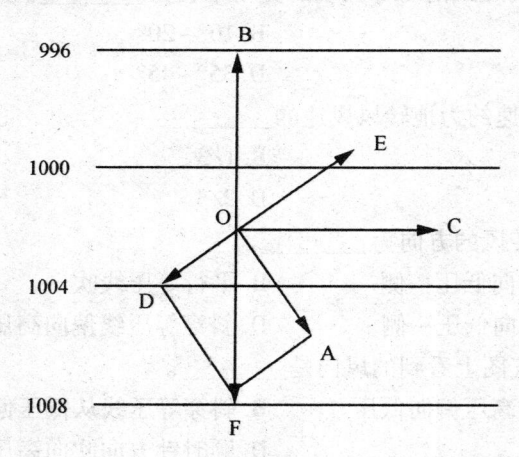

图 1-5

127. 图 1-6 为摩擦层中风压关系示意图,图中矢量 OA 为_____。

A. 水平地转偏向力 B. 南半球地转风
C. 北半球地转风 D. 水平气压梯度力

128. 图 1-6 为摩擦层中风压关系示意图,图中矢量 OC 为_____。

A. 水平气压梯度力 B. 水平地转偏向力
C. 北半球地转风 D. 南半球地转风

129. 图 1-6 为摩擦层中风压关系示意图,图中矢量 OD 为_____。

A. 惯性离心力 B. 南半球摩擦层中风
C. 摩擦力 D. 北半球摩擦层中风

130. 图 1-6 为摩擦层中风压关系示意图,图中矢量 OF 为_____。
    A. 摩擦力 B. 南半球摩擦层中风
    C. 北半球地转风 D. 北半球摩擦层中风

131. 图 1-6 为摩擦层中地转风和实际风关系示意图,图中矢量 OB 为_____。
    A. 摩擦力和水平气压梯度力的合力
    B. 摩擦力和惯性离心力的合力
    C. 摩擦力和水平地转偏向力的合力
    D. 水平地转偏向力和惯性离心力的合力

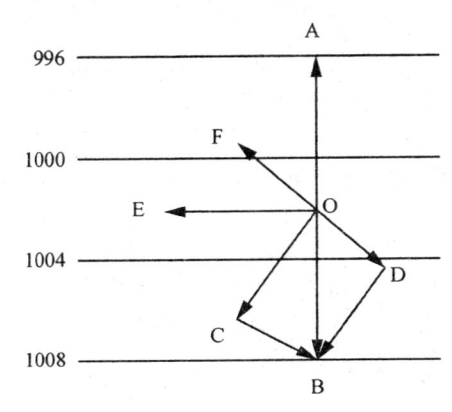

图 1-6

132. 图 1-7 为北半球地面气压场分布,根据摩擦层风压定律判断 A 点吹_____。
    A. SE B. NW
    C. NE D. SW

133. 图 1-7 为北半球地面气压场分布,根据摩擦层风压定律判断 B 点吹_____。
    A. E B. W
    C. NE D. SW

134. 图 1-7 为北半球地面气压场分布,根据摩擦层风压定律判断 C 点吹_____。
    A. E B. W
    C. N D. S

135. 图 1-7 为北半球地面气压场分布,根据摩擦层风压定律判断 D 点吹_____。
    A. SW B. E
    C. NE D. W

136. 图 1-8 为南半球地面气压场分布,根据摩擦层风压定律判断 A 点吹_____。
    A. SE B. NW
    C. NE D. SW

137. 图 1-8 为南半球地面气压场分布,根据摩擦层风压定律判断 B 点吹_____。
    A. E B. W
    C. NE D. SW

138. 图 1-8 为南半球地面气压场分布,根据摩擦层风压定律判断 C 点吹_____。
    A. SE B. NW

C. NE   D. SW

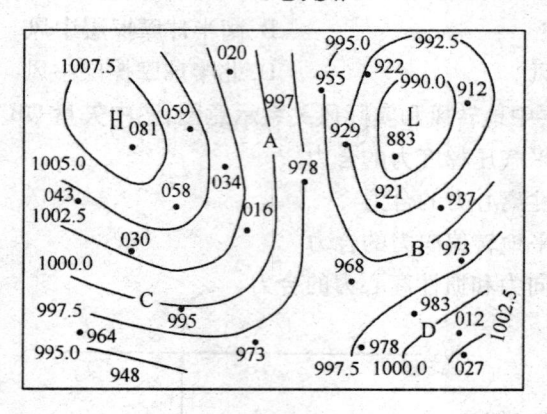

图 1-7

139. 图 1-8 为南半球地面气压场分布,根据摩擦层风压定律判断 D 点吹_____。

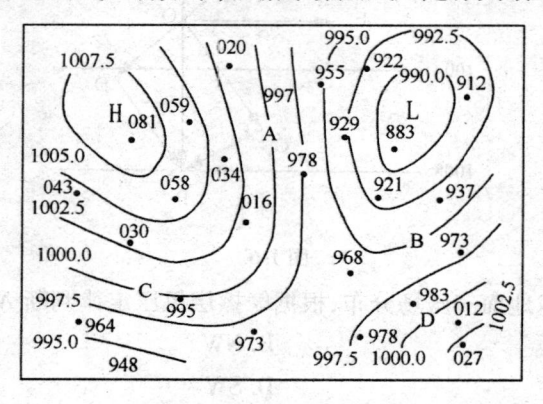

图 1-8

　　A. SW   B. NE
　　C. E   D. W

140. 在高压区,气流为_____。
　　A. 低层水平辐散高层水平辐合,并伴有下沉运动
　　B. 低层水平辐合高层水平辐散,并伴有上升运动
　　C. 低层水平辐散高层水平辐合,并伴有上升运动
　　D. 低层水平辐合高层水平辐散,并伴有下沉运动

141. 在低压区,气流为_____。
　　A. 低层水平辐散高层水平辐合,并伴有下沉运动
　　B. 低层水平辐合高层水平辐散,并伴有上升运动
　　C. 低层水平辐散高层水平辐合,并伴有上升运动
　　D. 低层水平辐合高层水平辐散,并伴有下沉运动

142. 下列说法正确的是_____。
　　A. 在高压区,低层水平辐合高层水平辐散,并伴有下沉运动
　　B. 在低压区,低层水平辐散高层水平辐合,并伴有下沉运动
　　C. 在高压区,低层水平辐合高层水平辐散,并伴有上升运动

D. 在低压区,低层水平辐合高层水平辐散,并伴有上升运动

143. 下列说法正确的是_____。
   A. 在高压区,低层水平辐散高层水平辐合,并伴有下沉运动
   B. 在低压区,低层水平辐合高层水平辐散,并伴有下沉运动
   C. 在高压区,低层水平辐合高层水平辐散,并伴有上升运动
   D. 在低压区,低层水平辐散高层水平辐合,并伴有上升运动

144. 从摩擦层下边界至30~50 m高的气层称为近地面层,在近地面层中_____。
   A. 风速一般随高度增大,在北半球逐渐向右偏转,在南半球向左偏转
   B. 风速一般随高度增大,在北半球逐渐向左偏转,在南半球向右偏转
   C. 风速随高度的变化与气层是否稳定无关,风向随高度的变化明显
   D. 风速随高度的变化主要与气层是否稳定有关,风向随高度的变化不明显

145. 在北太平洋上,某东行船舶处在前高后低的水平气压场中,将观测到的风向为_____。
   A. S   B. SSE
   C. NNW   D. N

146. 在北太平洋上,某东行船舶处在前低后高的水平气压场中,将观测到的风向为_____。
   A. S   B. SSE
   C. NNW   D. N

147. 在空气密度和纬度相同时,高压区中等压线的分布规律是_____。
   A. 曲率半径越大的地方越密集   B. 曲率半径越大的地方越稀疏
   C. 曲率半径越小的地方越密集   D. 等压线疏密与曲率半径无关

148. 下列说法正确的是_____。
   A. 通常低压越强,其中心区域风力越大
   B. 通常高压越强,其中心区域风力越大
   C. 通常低压越强,其外围风力越小
   D. 通常高压越强,其外围风力越小

149. 在近地面层中,实际风不完全沿等压线吹,而斜穿等压线吹,此时有_____。
   A. 南、北半球均偏向高压一侧吹
   B. 南半球偏向高压吹,北半球偏向低压吹
   C. 南、北半球均偏向低压一侧吹
   D. 南半球偏向低压吹,北半球偏向高压吹

150. 风的日变化规律表现为_____。
   A. 陆地比海洋明显   B. 海洋比陆地明显
   C. 陆地和海洋一样明显   D. 时而陆地明显,时而海洋明显

151. 风的脉动性在摩擦层中最明显,一日内最大的脉动性出现在_____。
   A. 清晨   B. 傍晚
   C. 午后   D. 深夜

152. 通常在近地面层风速具有明显的日变化特征,日变化幅度表现为_____。

①陆地大于海洋；②白天大于夜间；③白天小于夜间；④晴天大于阴天；⑤夏天大于冬天；⑥夏天小于冬天
   A. ①③④⑤   B. ①②④⑤⑥
   C. ①②④⑤   D. ②④⑥

153. 地转风的大小除与气压梯度有关外,还与什么有关系?
   A. 摩擦力和空气密度   B. 地理纬度和摩擦力
   C. 地理纬度和地表性质   D. 地理纬度和空气密度

154. 在日本传真地面图上,某点纬度30°,相邻气压线间隔1°纬距,若不考虑摩擦,则该点相应地转风速为_____。
   A. 38 m/s   B. 38 kn
   C. 10 m/s   D. 10 kn

155. 在日本传真地面图上,某点纬度30°,相邻气压线间隔2°纬距,若不考虑摩擦,则该点相应地转风速为_____。
   A. 19 m/s   B. 19 kn
   C. 10 m/s   D. 10 kn

156. 在日本传真地面图上,某点纬度30°,相邻气压线间隔3°纬距,若不考虑摩擦,则该点相应地转风速为_____。
   A. 19 m/s   B. 19 kn
   C. 13 m/s   D. 13 kn

157. 在日本传真地面图上,某点纬度30°,相邻气压线间隔4°纬距,若不考虑摩擦,则该点相应地转风速为_____。
   A. 19 m/s   B. 19 kn
   C. 10 m/s   D. 10 kn

158. 在开阔洋面上,平直等压线水平气压梯度大小相等,若在较高纬度出现大风时,则_____。
   A. 在较低纬度海域一定无大风   B. 在较低纬度海域一定有大风
   C. 在较低纬度海域可能有大风   D. 在较低纬度海域风力小于5级

159. 在开阔洋面上,平直等压线水平气压梯度大小相等,若在较高纬度未出现大风时,则_____。
   A. 在较低纬度海域一定无大风   B. 在较低纬度海域一定有大风
   C. 在较低纬度海域可能有大风   D. 在较低纬度海域风力不小于7级

160. 在开阔洋面上,平直等压线水平气压梯度大小相等,若在较低纬度出现大风时,则_____。
   A. 在较高纬度海域一定无大风   B. 在较高纬度海域一定有大风
   C. 在较高纬度海域可能有大风   D. 在较高纬度海域风力小于6级

161. 在开阔洋面上,平直等压线水平气压梯度大小相等,若在较低纬度未出现大风时,则_____。
   A. 在较高纬度海域一定无大风   B. 在较高纬度海域一定有大风
   C. 在较高纬度海域可能有大风   D. 在较低纬度海域风力不小于7级

第五节 大气湿度

1. 在对流层内,湿度_____。
   A. 水平方向分布均匀　　　　　　B. 水平方向分布不均匀
   C. 垂直方向分布均匀　　　　　　D. 随高度的增加而增加
2. 在大气层中,通常绝对湿度随高度的增加而_____。
   A. 迅速减小　　　　　　　　　　B. 不变
   C. 迅速增大　　　　　　　　　　D. 缓慢增大
3. 直接表示空气中水汽含量多少的物理量,除绝对湿度外,还有_____。
   A. 水汽压和温露差　　　　　　　B. 水汽压和露点
   C. 相对湿度和露点　　　　　　　D. 水汽压和饱和水汽压
4. 饱和水汽压表示空气容纳水汽的能力,其能力的大小取决于_____。
   A. 气压高低　　　　　　　　　　B. 温度高低
   C. 风速大小　　　　　　　　　　D. 云量多少
5. 表示空气距离饱和程度的湿度物理量是_____。
   A. 绝对湿度　　　　　　　　　　B. 水汽压
   C. 相对湿度　　　　　　　　　　D. 露点
6. 当空气中水汽含量不变且气压一定时,降低温度使其空气达到饱和时的温度称为露点,它表明_____。
   A. 露点越低,水汽含量越少　　　B. 露点高低不能反映水汽含量的多少
   C. 露点越低,水汽含量越多　　　D. 露点温度越高,水汽越不容易凝结
7. 当空气到达饱和时,气温(T)与露点(T_d)的近似关系是_____。
   A. $T_d < T$　　　　　　　　　　B. $T - T_d = 1$
   C. $T_d > T$　　　　　　　　　　D. $T_d = T$
8. 一块饱和水汽压为 20 hPa 的空气团,其相对湿度 75%,则实际水汽压是_____。
   A. 12 hPa　　　　　　　　　　　B. 15 hPa
   C. 10 hPa　　　　　　　　　　　D. 20 hPa
9. 在晴朗无风的夜晚,若空气中的水汽含量不变,则_____。
   A. 相对湿度减小　　　　　　　　B. 饱和水汽压增大
   C. 绝对湿度增大　　　　　　　　D. 相对湿度增大
10. 在同一气块中,相对湿度与温度露点差的关系是_____。
    A. 前者大,后者也大　　　　　　B. 两者等量变化
    C. 前者大,后者则小　　　　　　D. 两者并不相关
11. 一块水汽压为 12 hPa 的空气团,其相对湿度 60%,则饱和水汽压是_____。
    A. 12 hPa　　　　　　　　　　　B. 20 hPa
    C. 10 hPa　　　　　　　　　　　D. 15 hPa

12. 露点温度是用来表示_____的物理量。
    A. 温度   B. 密度
    C. 气压   D. 湿度

13. 饱和水汽压的大小说明_____。
    A. 空气中水汽含量的多少   B. 气压的高低
    C. 空气所容纳水汽的能力   D. 空气距离饱和状态的程度

14. 通常,绝对湿度的水平分布与纬度有关,其中绝对湿度最大的地区出现在_____。
    A. 中纬度地区   B. 赤道地区
    C. 高纬度地区   D. 极地区

15. 在晴朗无风的夜晚,空气中的水汽含量不变,则_____。
    A. 露点温度升高   B. 露点温度降低
    C. 温露差减小   D. 温露差增大

16. 在大气中,若水汽含量和气压不变时,气温上升时_____。
    A. 相对湿度下降   B. 相对湿度上升
    C. 绝对湿度上升   D. 露点温度下降

17. 表示空气未饱和的关系式是_____。
    A. $e/E<1$ B. $e/E=1$
    C. $e/E>1$ D. $e/E=0$

18. 表示空气距离饱和程度的湿度因子有_____。
    A. 绝对湿度 a、水汽压 e B. 相对湿度 f、温度露点差 $T-T_d$
    C. 水汽压 e、相对湿度 f D. 绝对湿度 a、温度露点差 $T-T_d$

19. 若干球温度为18℃,湿球温度为8℃,则可断定相对湿度_____。
    A. $f=0\%$ B. $f<100\%$
    C. $f=100\%$ D. $f>100\%$

20. 在海面上当相对湿度达到80%左右时常能观测到海雾出现,这是因为_____。
    A. 相对湿度的测算存在一定误差   B. 空气过于潮湿
    C. 空气中含有大量的盐分   D. 低层大气有较强逆温

21. 饱和水汽压是温度的函数,温度越高,空气的饱和水汽压_____。
    A. 越大   B. 不变
    C. 越小   D. 与温度无关

22. 饱和水汽压的大小主要取决于_____。
    A. 气压   B. 风速
    C. 温度   D. 云量

23. 相对湿度的大小说明_____。
    A. 空气中水汽含量的多少   B. 空气距离饱和状态的程度
    C. 气温的高低   D. 空气所容纳水汽的能力

24. 下列说法正确的是_____。
    A. 露点越低,表明空气的水汽含量越多
    B. 露点越低,表明空气越容易凝结

C. 露点越高,表明空气的水汽含量越多
D. 露点本身的高低不能表明空气的水汽含量的多少

25. 通常描述大气湿度的物理量有_____。
    ①绝对湿度;②蒸汽压;③饱和水汽压;④相对湿度;⑤露点温度;⑥水汽压
    A. ①③④⑤⑥ B. ①④⑤⑥
    C. ①②③④⑤⑥ D. ①②④⑤⑥

26. 直接表示空气中水汽含量多少的物理量有_____。
    ①绝对湿度;②相对湿度;③水汽压;④饱和水汽压;⑤露点;⑥温度露点差
    A. ②③④⑤ B. ①②④⑤⑥
    C. ①③⑤ D. ①③⑤⑥

27. 表示空气距离饱和程度的物理量有_____。
    ①湿度露点差;②相对湿度;③水汽压;④饱和水汽压;⑤干湿球温差;⑥温度露点差
    A. ①②③④⑥ B. ①⑤⑥
    C. ②③⑤⑥ D. ②⑤⑥

28. 若有两块等质量同气压的空气,均含有100 g水汽,若温度分别为20℃和10℃,则两块空气的_____。
    ①绝对湿度相等;②水汽压相等;③饱和水汽压相等;④相对湿度相等;⑤露点相等;⑥温度露点差相等
    A. ①②③④⑤ B. ①②⑤
    C. ②③⑤⑥ D. ②④⑤

29. 通常在内陆较干燥的地区,相对湿度的日、年变化规律与_____。
    A. 气温日、年变化规律相反 B. 气温日、年变化规律一致
    C. 气压日、年变化规律一致 D. 气压日、年变化规律相反

30. 通常在内陆较干燥且全年水汽压 e 变化不大的地区,绝对湿度 a 和相对湿度 f 的年变化规律是_____。
    A. a 和 f 夏季大,冬季小 B. 夏季 a 小 f 大,冬季 a 大 f 小
    C. a 和 f 夏季小,冬季大 D. 夏季 a 大 f 小,冬季 a 小 f 大

31. 通常在季风气候地区绝对湿度 a 和相对湿度 f 的年变化规律是_____。
    A. 夏季 a 大 f 小,冬季 a 小 f 大 B. a 和 f 夏季大,冬季小
    C. a 和 f 夏季小,冬季大 D. 夏季 a 小 f 大,冬季 a 大 f 小

32. 通常情况下,绝对湿度数值最大的季节出现在_____。
    A. 春季 B. 夏季
    C. 秋季 D. 冬季

33. 通常情况下,绝对湿度数值最小的季节出现在_____。
    A. 春季 B. 夏季
    C. 秋季 D. 冬季

34. 通常在沿海地区绝对湿度 a 和相对湿度 f 的日变化规律是_____。
    A. a 和 f 白天大,夜间小 B. a 和 f 白天小,夜间大
    C. 白天 a 大 f 小,夜间 a 小 f 大 D. 白天 a 小 f 大,夜间 a 大 f 小

35. 通常在沿海地区绝对湿度日、年变化规律与_____。
    A. 气温日、年变化规律相反   B. 气温日、年变化规律一致
    C. 气压日、年变化规律一致   D. 气压日、年变化规律相反

36. 通常，大气中的水汽分布规律为_____。
    A. 低空少于高空   B. 低纬地区多于高纬地区
    C. 夜间多于白天   D. 冬季多于夏季

37. 通常，大气中的水汽分布规律为_____。
    A. 低纬地区少于高纬地区   B. 白天少于夜间
    C. 高空多于低空   D. 冬季少于夏季

38. 空气中的水汽主要来源于_____。
    A. 雨滴、雪花的蒸发   B. 云、雾的蒸发
    C. 下垫面的蒸发   D. 冰雪融化

39. 通常水汽含量在水平方向上的分布为_____。
    A. 赤道<中低纬>高纬   B. 赤道>中低纬>高纬
    C. 赤道>中低纬<高纬   D. 赤道<中低纬<高纬

40. 通常水汽含量与季节的关系为_____。
    A. 冬季<春、秋季>夏季   B. 冬季>春、秋季>夏季
    C. 冬季>春、秋季<夏季   D. 冬季<春、秋季<夏季

41. 海面蒸发量的大小主要取决于_____。
    A. 表层海温的高低
    B. 海面上空气的饱和差和海面上风速的大小
    C. 空气的上升运动
    D. 纬度的高低

42. 一般而言，大气中的水汽分布规律为_____。
    A. 低空多于高空   B. 低纬地区少于高纬地区
    C. 夜间多于白天   D. 冬季多于夏季

43. 一般而言，大气中的水汽分布规律为_____。
    A. 低纬地区少于高纬地区   B. 白天多于夜间
    C. 高空多于低空   D. 冬季多于夏季

44. 使未饱和空气达到饱和凝结的途径是_____。
    A. 风速减小   B. 降低温度
    C. 气压升高   D. 气压下降

45. 大气中水汽饱和凝结的主要条件之一是_____。
    A. 升高温度   B. 降低温度
    C. 升高气压   D. 降低气压

46. 大气中水汽饱和凝结的主要条件之一是_____。
    A. 绝热上升   B. 绝热下沉
    C. 层结稳定   D. 逆温

47. 当未饱和空气中水汽含量一定时，使其达到饱和的方式是_____。

A. 绝热冷却 B. 绝热增热
C. 下沉运动 D. 增加水汽

48. 饱和空气绝热上升时,将发生的变化是_____。
A. 露点温度变大 B. 水汽凝结
C. 变成未饱和空气 D. 绝对湿度变大

49. 当空气随高度上升时,气温下降值最小的是_____。
A. 干空气 B. 未饱和湿空气
C. 饱和湿空气 D. 三种空气下降值相等

50. 温度相同的四块空气分别为干空气、未饱和空气、饱和空气和含水滴的饱和空气,绝热上升100 m后,温度分别为t_1、t_2、t_3、t_4,下列关系成立的是_____。
A. $t_1 = t_2 = t_3 = t_4$ B. $t_1 \leq t_2 = t_3 > t_4$
C. $t_1 \leq t_2 > t_3 = t_4$ D. $t_1 \leq t_2 < t_3 = t_4$

51. 使未饱和空气达到饱和凝结的途径是_____。
A. 风速增大 B. 升高温度
C. 增加水汽 D. 风速减小

52. 大气中水汽凝结的途径为_____。
①增加湿度;②降低温度;③增加温度;④绝热上升;⑤绝热下沉;⑥增加凝结核
A. ①②③④⑥ B. ①②④⑥
C. ②④⑤⑥ D. ①②④⑤⑥

53. 空气的冷却方式除绝热上升冷却外,还有_____。
A. 辐射冷却和下沉冷却 B. 辐射冷却和平流冷却
C. 下沉冷却和平流冷却 D. 辐射冷却和对流冷却

54. 下列说法正确的是_____。
A. 雾主要由辐射冷却和绝热冷却形成,云主要由平流冷却形成
B. 雾主要由绝热冷却和平流冷却形成,云主要由辐射冷却形成
C. 雾主要由平流冷却形成,云主要由辐射冷却和绝热冷却形成
D. 雾主要由辐射冷却和平流冷却形成,云主要由绝热冷却形成

55. 通常,只要舱内温度(T)与外界空气的露点(T_d)是_____关系时,则可以实施通风。
A. $T<T_d$ B. $T=T_d$
C. $T>T_d$ D. $T \leq T_d$

56. 通常,只要舱内温度(T)与外界空气的露点(T_d)是_____关系时,则不能通风。
A. $T<T_d$ B. $T=T_d$
C. $T>T_d$ D. $T \geq T_d$

57. 饱和水汽压是温度的函数,当温度相等时,水面与冰面的饱和水汽压关系为_____。
A. 水面与冰面相等 B. 水面大于冰面
C. 水面小于冰面 D. 与水面、冰面无关系

第六节　空气的垂直运动和大气稳定度

1. 在山的迎风坡,上升运动常形成云和降水,这类上升运动的起因为_____。
   A. 锋面抬升　　　　　　　　　　B. 地形抬升
   C. 热力对流　　　　　　　　　　D. 水平辐合辐散

2. 地面低压区气流上升,高压区气流下沉,这类垂直运动的起因为_____。
   A. 锋面抬升　　　　　　　　　　B. 地形抬升
   C. 热力对流　　　　　　　　　　D. 水平辐合辐散

3. 在大多数情况下,特别是较高和较厚云层的形成,_____过程起主要作用。
   A. 辐射冷却　　　　　　　　　　B. 绝热下沉
   C. 绝热上升　　　　　　　　　　D. 乱流交换

4. 凡是有强烈上升运动的地方往往都伴有_____。
   A. 微风、少云天气　　　　　　　B. 浓雾天气
   C. 晴好天气　　　　　　　　　　D. 阴雨、大风等恶劣天气

5. 通常上升运动出现在地面_____。
   A. 低气压控制区　　　　　　　　B. 高气压控制区
   C. 高压脊控制区　　　　　　　　D. 鞍形气压场内

6. 通常下沉运动出现在地面_____。
   A. 鞍形气压场内　　　　　　　　B. 高气压控制区
   C. 低气压控制区　　　　　　　　D. 低压槽控制区

7. 发展旺盛的积雨云顶部呈砧状,这是由于_____造成的。
   A. 高空风切变　　　　　　　　　B. 高空气温过低
   C. 对流层顶存在逆温层　　　　　D. 高空气压过低

8. 引起空气上升运动的主要原因是_____。
   ①不稳定层结;②稳定层结;③低层辐合;④低层辐散;⑤锋面抬升;⑥地形抬升
   A. ②③⑤⑥　　　　　　　　　　B. ①②④⑤⑥
   C. ①③⑤⑥　　　　　　　　　　D. ②④⑤⑥

9. 热力作用下引起的对流,其特点是_____。
   ①水平范围小;②持续时间短;③垂直速度小;④水平范围大;⑤持续时间长;⑥垂直速度大
   A. ①⑤⑥　　　　　　　　　　　B. ①②⑥
   C. ②③⑤　　　　　　　　　　　D. ②③④

10. 大气中上升运动的成因有_____。
    ①绝热冷却;②锋面抬升;③水平辐合辐散;④地形抬升;⑤冰晶效应;⑥热力对流
    A. ①②③④　　　　　　　　　　B. ①②④⑥
    C. ②③④⑥　　　　　　　　　　D. ②④⑤⑥

11. 大气干绝热直减率为_____。
    A. 1℃/1000 m   B. 1℃/100 m
    C. 0.65℃/1000 m   D. 0.6℃/100 m

12. 空气绝热上升时,_____气温垂直递减率最小。
    A. 干空气   B. 未饱和湿空气
    C. 饱和湿空气   D. 先是未饱和,后来变为饱和的空气

13. 在逆温层中,气温垂直递减率为_____。
    A. γ≤0   B. γ=0.65
    C. γ=1   D. γ>0

14. 有一干空气块a处于某一高度,它周围空气的温度直减率为1.2℃/100 m,当a受到外力冲击抬升后,其状态是_____。
    A. 转为下降   B. 停止上升
    C. 继续上升   D. 既不升也不降

15. 有一干空气块a处于某一高度,它周围空气的温度直减率为0.8℃/100 m,当a受到外力冲击抬升后,其状态是_____。
    A. 转为下降   B. 停止上升
    C. 继续上升   D. 既不升也不降

16. 比较干绝热线和湿绝热线,_____。
    A. 由于γ_d为常数,干绝热线是一系列斜率相同、互相平行的直线
    B. 由于γ_m为常数,干绝热线是一系列斜率相同、互相平行的直线
    C. 由于γ_m为常数,湿绝热线是一系列斜率相同、互相平行的直线
    D. 由于$\gamma_m<\gamma_d$,故湿绝热线位于干绝热线的左方

17. 比较干绝热线和湿绝热线,_____。
    A. 由于γ_d不是常数,干绝热线是一系列斜率不同、互相不平行的曲线
    B. 由于$\gamma_m<\gamma_d$,故湿绝热线位于干绝热线的右方
    C. 由于γ_m为常数,干绝热线是一系列斜率相同、互相平行的直线
    D. 由于$\gamma_d<\gamma_m$,故湿绝热线位于干绝热线的左方

18. 焚风_____。
    A. 发生在山顶   B. 发生在山的迎风面
    C. 是一种干热风   D. 是一种湿热风

19. 焚风_____。
    A. 是一种湿热风   B. 发生在山的背风面
    C. 发生在山的迎风面   D. 发生在山顶

20. 图1-9为焚风形成的示意图,气块在初始高度A点的温度为12℃,根据干绝热递减率确定B点的温度值X约为_____。
    A. 10℃   B. 2℃
    C. 0℃   D. -12℃

21. 图1-9为焚风形成的示意图,气块在初始高度A点的温度为12℃,根据干、湿绝热递减率确定C点的温度值Y约为_____。

图 1-9

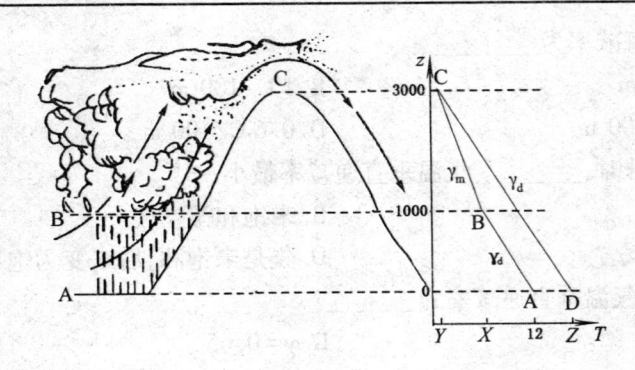

A. -10℃   B. -18℃
C. 0℃   D. 2℃

22. 图 1-9 为焚风形成的示意图,气块在初始高度 A 点的温度为 12℃,根据干绝热递减率确定 D 点的温度值 Z 约为_____。

A. 30℃   B. 2℃
C. 10℃   D. 20℃

23. 下列说法正确的是_____。
A. 空气在垂直运动过程中,可以近似看成是绝热的
B. 空气在水平运动过程中,可以近似看成是绝热的
C. 空气在垂直运动过程中,可以近似看成是非绝热的
D. 空气在水平和垂直运动过程中,都可以近似看成是绝热的

24. 下列说法正确的是_____。
A. 空气在垂直运动过程中,可以近似看成是非绝热的
B. 空气在水平运动过程中,可以近似看成是非绝热的
C. 空气在水平运动过程中,可以近似看成是绝热的
D. 空气在水平和垂直运动过程中,都可以近似看成是绝热的

25. 大气层结稳定度主要决定于_____。
A. 大气温度随高度的变化   B. 大气压力随高度的变化
C. 大气湿度随高度的变化   D. 风随高度的变化

26. 某层气温直减率小于湿绝热直减率,则该气层为_____。
A. 绝对稳定   B. 中性稳定
C. 条件性不稳定   D. 绝对不稳定

27. 条件性不稳定的大气层结判据为_____。
A. $\gamma < \gamma_m$ B. $\gamma_m > \gamma > \gamma_d$
C. $\gamma_m < \gamma < \gamma_d$ D. $\gamma > \gamma_d$

28. 绝对稳定的大气层结判据为_____。
A. $\gamma < \gamma_m$ B. $\gamma > \gamma_d$
C. $\gamma_m < \gamma < \gamma_d$ D. $\gamma_d < \gamma < \gamma_m$

29. 绝对不稳定的大气层结判据为_____。

A. $\gamma<\gamma_m$ B. $\gamma>\gamma_d$
C. $\gamma_m>\gamma>\gamma_d$ D. $\gamma_m<\gamma<\gamma_d$

30. 假设 $\gamma_m=0.6℃/100\ m$,条件性不稳定的大气层结的递减率为_____。
    A. $\gamma=0.5℃/100\ m$ B. $\gamma=1.2℃/100\ m$
    C. $\gamma=0.8℃/100\ m$ D. $\gamma=0℃/100\ m$

31. 图 1-10 为气温随高度的变化,其中圆圈为气块,圆圈外为环境。判断大气层结为稳定的是_____。
    A. A B. B
    C. C D. A、B、C 均错

32. 图 1-10 为气温随高度的变化,其中圆圈为气块,圆圈外为环境。判断大气层结为中性的是_____。
    A. A B. B
    C. C D. A、B、C 均错

33. 图 1-10 为气温随高度的变化,其中圆圈为气块,圆圈外为环境。判断大气层结为不稳定的是_____。
    A. A B. B
    C. C D. A、B、C 均错

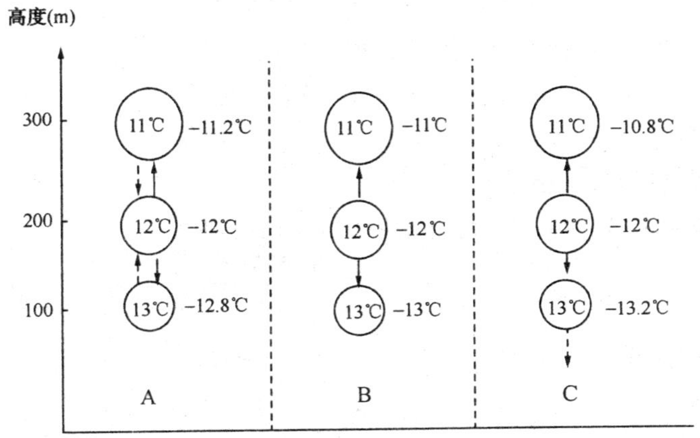

图 1-10

34. 图 1-11 为气温随高度的变化,判断大气层结为不稳定的是_____。
    A. A B. B
    C. C D. A、B、C 均错

35. 图 1-11 为气温随高度的变化,判断大气层结为稳定的是_____。
    A. A B. B
    C. C D. A、B、C 均错

36. 图 1-11 为气温随高度的变化,判断大气层结为中性的是_____。
    A. A B. B
    C. C D. A、B、C 均错

37. 测得空气温度直减率为 $-0.65℃/100\ m$,则可断定该气层为_____。

图 1-11

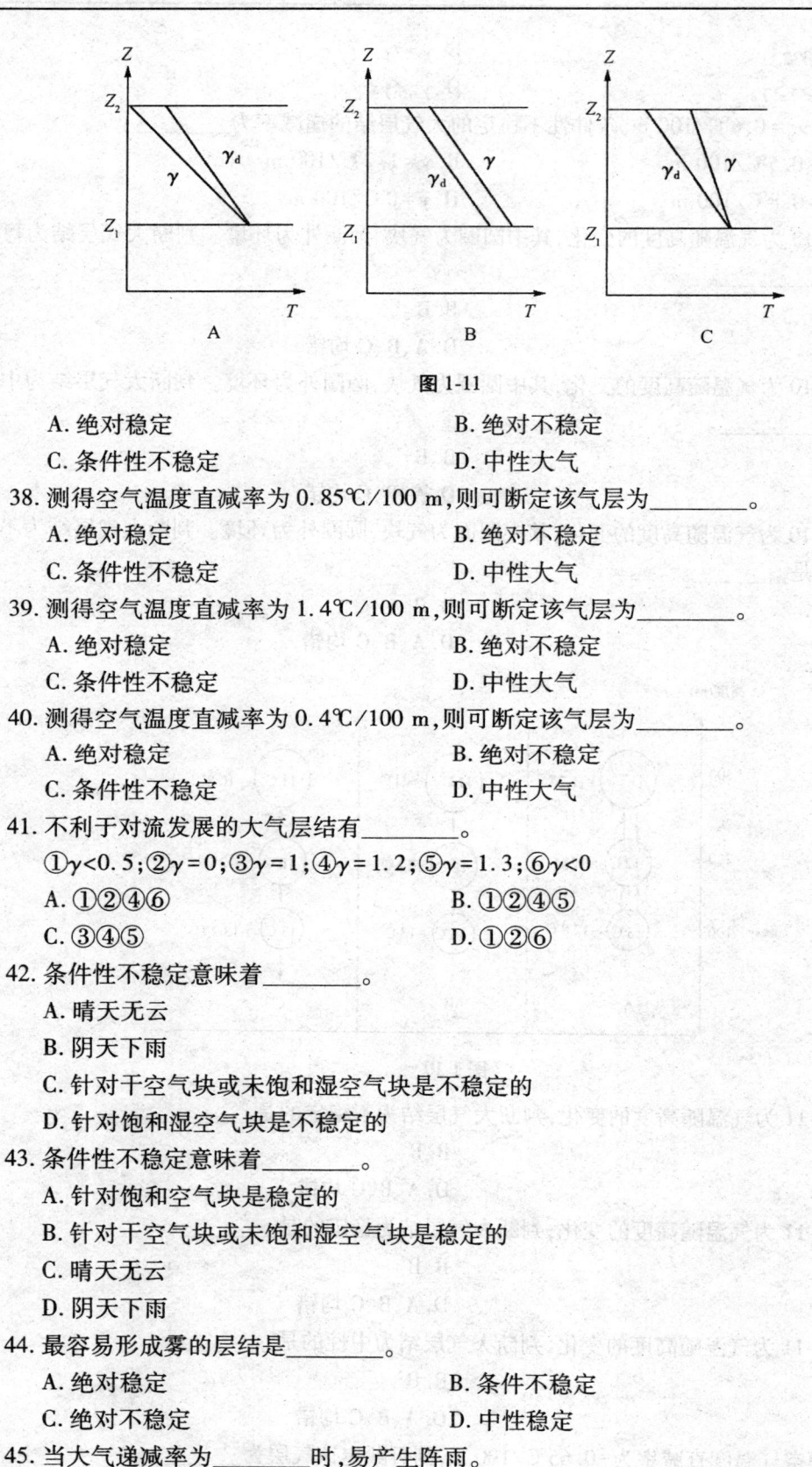

  A. 绝对稳定   B. 绝对不稳定
  C. 条件性不稳定   D. 中性大气

38. 测得空气温度直减率为 0.85℃/100 m，则可断定该气层为_____。
  A. 绝对稳定   B. 绝对不稳定
  C. 条件性不稳定   D. 中性大气

39. 测得空气温度直减率为 1.4℃/100 m，则可断定该气层为_____。
  A. 绝对稳定   B. 绝对不稳定
  C. 条件性不稳定   D. 中性大气

40. 测得空气温度直减率为 0.4℃/100 m，则可断定该气层为_____。
  A. 绝对稳定   B. 绝对不稳定
  C. 条件性不稳定   D. 中性大气

41. 不利于对流发展的大气层结有_____。
  ①$\gamma<0.5$；②$\gamma=0$；③$\gamma=1$；④$\gamma=1.2$；⑤$\gamma=1.3$；⑥$\gamma<0$
  A. ①②④⑥   B. ①②④⑤
  C. ③④⑤   D. ①②⑥

42. 条件性不稳定意味着_____。
  A. 晴天无云
  B. 阴天下雨
  C. 针对干空气块或未饱和湿空气块是不稳定的
  D. 针对饱和湿空气块是不稳定的

43. 条件性不稳定意味着_____。
  A. 针对饱和空气块是稳定的
  B. 针对干空气块或未饱和湿空气块是稳定的
  C. 晴天无云
  D. 阴天下雨

44. 最容易形成雾的层结是_____。
  A. 绝对稳定   B. 条件不稳定
  C. 绝对不稳定   D. 中性稳定

45. 当大气递减率为_____时，易产生阵雨。

A. $\gamma < 1℃/100\ m$　　　　　　　　B. $\gamma = 0$
C. $\gamma > 1℃/100\ m$　　　　　　　　D. 阵雨与大气层结无关

46. 当大气层结为_____状态时,易产生阵雨。
    A. 绝对稳定　　　　　　　　B. 绝对不稳定
    C. 逆温　　　　　　　　　　D. 中性稳定

47. 在大气层结不稳定时,容易产生_____。
    A. 层状云　　　　　　　　　B. 波状云
    C. 积状云　　　　　　　　　D. 雾或毛毛雨

48. 夏季大陆上的雷雨常发生在一天中的_____。
    A. 上午　　　　　　　　　　B. 午后
    C. 傍晚　　　　　　　　　　D. 夜间

49. 夏季海上的雷雨常常发生在一天中的_____。
    A. 上午　　　　　　　　　　B. 中午
    C. 下午　　　　　　　　　　D. 夜间

50. 绝对稳定_____。
    A. 多发生在气层上下温差极小的地方
    B. 多发生在气层上下温差极大的地方
    C. 在对流层大气中不出现
    D. 在逆温层附近不出现

51. 绝对稳定_____。
    A. 多发生在气层上下温差较大的地方
    B. 多发生在逆温层附近
    C. 在对流层大气中不出现
    D. 在逆温层附近不出现

52. 在绝对稳定的情况下_____。
    A. 常形成积状云
    B. 大气的对流及上升运动强
    C. 大气的对流及上升运动受到阻碍
    D. 在近地面层不利于雾的形成

53. 在绝对稳定的情况下_____。
    A. 大气的对流及上升运动强　　　B. 在近地面层有利于雾的形成
    C. 常形成积状云　　　　　　　　D. 不利于雾的形成

54. 大气不稳定意味着_____。
    A. 云不会发展,好天气　　　　　B. 云将发展,好天气
    C. 对流云将发展　　　　　　　　D. 层状云将发展

55. 大气不稳定意味着_____。
    A. Cu、Cb 发展　　　　　　　　B. St、Ns、As 发展
    C. Sc、Ac 发展　　　　　　　　D. Cs、Cc 发展

56. 大气层结稳定时,可能出现的云系为_____。

A. Cu、Cb   B. St、Ns、As
C. Sc、Cb   D. Cs、Cu

57. 属于稳定性天气的是_____。
    A. 阵雨雷阵雨   B. 阵性大风
    C. 冰雹龙卷风   D. 雾或毛毛雨

58. 不稳定性天气伴随_____。
    A. 连续性降水   B. 毛毛雨
    C. 阵性降水   D. 雾

59. 稳定性天气可能伴随_____。
    A. 毛毛雨或雾   B. 阵雨雷阵雨
    C. 阵性大风冰雹   D. 龙卷风

60. 下列正确的概念是_____。
    A. 积状云发展是大气不稳定的标志
    B. 层状云发展是大气不稳定的标志
    C. 波状云发展是大气不稳定的标志
    D. 所有云发展都是大气不稳定的标志

61. 下列正确的概念是_____。
    A. 积状云发展是大气稳定的标志
    B. 层状云或波状云发展是大气稳定的标志
    C. 所有云发展都是大气不稳定的标志
    D. 大气稳定意味着云不发展

62. 下列正确的概念是_____。
    A. Cu、Cb 发展是大气稳定的标志
    B. St、As、Ns 发展是大气稳定的标志
    C. 所有云发展都是大气不稳定的标志
    D. 大气稳定意味着云不发展

63. 下列正确的概念是_____。
    A. Cu、Cb 发展是大气不稳定的标志
    B. St、As、Ns 发展是大气不稳定的标志
    C. 所有云发展都是大气不稳定的标志
    D. 大气稳定意味着云不发展

64. 逆温层是指气温随着高度的增加而_____。
    A. 升高的气层   B. 降低的气层
    C. 先升后降的气层   D. 先降后升的气层

65. 逆温层是指气温随着高度的下降而_____。
    A. 升高的气层   B. 降低的气层
    C. 先升后降的气层   D. 先降后升的气层

66. 在晴朗微风的夜间,近地层空气降温而形成的逆温层称为_____。
    A. 平流逆温   B. 辐射逆温

C. 下沉逆温　　　　　　　　　　D. 锋面逆温

67. 暖湿空气流到冷的下垫面上,在近地层形成的逆温层称为_____。
    A. 平流逆温　　　　　　　　　B. 辐射逆温
    C. 下沉逆温　　　　　　　　　D. 锋面逆温

68. 在自由大气中,空气下沉压缩增温而形成的逆温层称为_____。
    A. 平流逆温　　　　　　　　　B. 辐射逆温
    C. 下沉逆温　　　　　　　　　D. 锋面逆温

69. 在冷暖气团交界的过渡层内形成的逆温层称为_____。
    A. 平流逆温　　　　　　　　　B. 辐射逆温
    C. 下沉逆温　　　　　　　　　D. 锋面逆温

70. 逆温的种类不包括_____。
    A. 辐射逆温　　　　　　　　　B. 下沉逆温
    C. 平流逆温　　　　　　　　　D. 上升逆温

71. 辐射逆温常常出现在_____。
    A. 晴朗无风的白天　　　　　　B. 阴天无风的白天
    C. 晴朗无风的夜间　　　　　　D. 阴天大风的夜间

72. 逆温层结有利于产生_____。
    A. 阵雨　　　　　　　　　　　B. 冰雹
    C. 雾或毛毛雨　　　　　　　　D. 对流性天气

73. 当大气中存在强逆温层时,最_____。
    A. 有助于对流的发展　　　　　B. 不利于层状云或雾的形成
    C. 有利于积雨云的形成　　　　D. 不利于积状云的形成

74. 当气温垂直递减率 γ<0 时,表明_____。
    A. 气温随高度的增加而下降　　B. 气温随高度的增加而上升
    C. 气温随高度的增加不变　　　D. 该层对流强

75. 当气温垂直递减率 γ=0 时,表明_____。
    A. 气温随高度的增加而下降　　B. 气温随高度的增加而上升,即逆温
    C. 气温随高度的增加不变,即等温　　D. 该层对流强

76. 逆温的存在_____。
    A. 可以抑制对流的发展　　　　B. 有助于对流的发展
    C. 不利于层状云或雾的形成　　D. 有利于积状云的形成

77. 逆温层的存在有利于产生_____。
    A. 雷阵雨　　　　　　　　　　B. 阵性大风
    C. 冰雹或龙卷风　　　　　　　D. 层状云或雾

78. 低层逆温层的存在有利于产生_____。
    A. 雷阵雨　　　　　　　　　　B. 阵性大风
    C. 冰雹或龙卷风　　　　　　　D. 雾或毛毛雨

79. 逆温按其成因分为_____。
    ①辐射逆温;②平流逆温;③对流逆温;④锋面逆温;⑤下沉逆温;⑥乱流逆温

A. ①②④⑤⑥ B. ①③④⑤⑥
C. ②③④⑤⑥ D. ①②④⑤

第七节 云和降水

1. 形成云的最主要的冷却过程为_____。
   A. 绝热冷却 B. 辐射冷却
   C. 平流冷却 D. 乱流冷却
2. 云形成的主要条件是_____。
   A. 水平运动 B. 下沉运动
   C. 水平运动+水汽 D. 上升运动+水汽
3. 云消散的主要条件是_____。
   A. 上升运动 B. 下沉运动
   C. 水平运动+水汽 D. 上升运动+水汽
4. 云是由大气中_____成分组成的。
   ①微小水滴;②二氧化碳;③杂质;④氢气;⑤冰晶;⑥臭氧
   A. ①③⑤ B. ①②④⑤⑥
   C. ②③④⑤⑥ D. ②④⑤
5. 在大气层结不稳定条件下,形成的云为_____。
   A. 层状云 B. 波状云
   C. 积状云 D. 卷状云
6. 孤立、分散、垂直发展的云块,具有底部水平、顶部明显隆起呈圆弧或菜花状结构的云为_____。
   A. 层状云 B. 积状云
   C. 波状云 D. 卷状云
7. 完全属于低云的是_____。
   A. Ci、Cu、St B. As、St、Cs
   C. St、Cu、Ns D. Ac、Cc、Cb
8. 通常能够产生阵性降水的云是_____。
   A. Cs、Ac B. Fn、St
   C. Ns、As D. Cu、Cb
9. 伴随雷暴、阵雨、大风等剧烈天气现象的云是_____。
   A. Cs B. Cb
   C. Ns D. Fn
10. 出现阵性降水、阵性大风和雷暴等剧烈天气现象的云为_____。
    A. 卷云 B. 积云
    C. 雨层云 D. 积雨云

11. 在大气层结不稳定时,容易产生_____天气。
    A. 层状云   B. 波状云
    C. 阵性降水   D. 雾或毛毛雨

12. 在大气层结稳定条件下,由系统性抬升作用形成的云为_____。
    A. 层状云   B. 波状云
    C. 积状云   D. 卷状云

13. 水平范围广、云顶较为平坦、形如海面起伏、均匀成层的云为_____。
    A. 卷状云   B. 波状云
    C. 积状云   D. 层状云

14. 通常能够产生连续性降水的云是_____。
    A. Ns、As   B. Fn、St
    C. Cs、Ac   D. Cu、Cb

15. 在大气层结稳定或逆温条件下,由乱流和大气波动形成的云为_____。
    A. 层状云   B. 波状云
    C. 积状云   D. 乳状云

16. 水平范围广、云顶有逆温、云呈波浪起伏状的碎云块和云片或云层、且排列整齐的云为_____。
    A. 乳状云   B. 波状云
    C. 积状云   D. 层状云

17. 完全属于积状云的有_____。
    A. Ci、Cu、St   B. As、St、Cs
    C. St、Cu、Ns   D. Cu、Cb

18. 完全属于层状云的有_____。
    A. Ci、Cu、St   B. As、St、Cs
    C. St、Cu、Ns   D. Cu、Cb

19. 完全属于波状云的有_____。
    A. Cc、Ac、Sc   B. As、St、Cs
    C. St、Cu、Ns   D. Cu、Cb

20. 发展旺盛的积雨云顶部呈砧状,这是由_____造成的。
    A. 高空风切变   B. 高空气温过低
    C. 对流层顶存在逆温层   D. 高空气压过低

21. 通常出现_____是大气层结稳定的标志。
    ①浓积云;②积雨云;③雨层云;④高层云;⑤卷层云;⑥高积云
    A. ①③④⑤⑥   B. ②④⑤⑥
    C. ②③④⑤   D. ③④⑤⑥

22. 下列属于低云的有_____。
    ①Cu;②Sc;③Ac;④Fn;⑤Cs;⑥Cc
    A. ①②③④⑤⑥   B. ①②④
    C. ②③④⑥   D. ②④⑤⑥

23. 产生连续性降水的云是_____。
    ①Cs；②Ns；③Cb；④St；⑤As；⑥Ac
    A. ①③④⑤⑥   B. ②④⑤⑥
    C. ②④⑤   D. ②⑤⑥

24. 典型的暖锋降水属于_____。
    A. 间歇性降水   B. 阵性降水
    C. 连续性降水   D. 积雨云的降水

25. 降水强度变化很快，具有骤降骤止，天空时暗时亮，持续时间短（通常为几分钟到几小时）并伴有强阵风等特点的降水现象属于_____。
    A. 间歇性降水   B. 阵性降水
    C. 连续性降水   D. 毛毛雨

26. 连续性降水主要来自_____。
    A. Ns 或 As   B. Sc 或厚薄不均匀的 As
    C. Cb、Cucong 或不稳定的 Sc   D. Fn 或 Ac

27. 间歇性降水主要来自_____。
    A. Ns 或 As   B. Sc 或厚薄不均匀的 As
    C. Cb、Cu   D. Cs 或厚薄不均匀的 Ac

28. 阵性降水主要来自_____。
    A. Ns 或 As   B. Sc 或厚薄不均匀的 As
    C. Cb、浓 Cu 或不稳定的 Sc   D. Ci 或不稳定的 St

29. 能产生连续性降水的云是_____。
    A. 雨层云   B. 层云
    C. 淡积云   D. 积雨云

30. 能产生强烈阵性降水的云是_____。
    A. 雨层云   B. 层云
    C. 淡积云   D. 积雨云

31. 在各种性质的降水过程中，一般降水强度的变化为_____。
    A. 累计降水量多的降水强度大
    B. 降水持续时间长的降水强度大
    C. 连阴雨降水强度小、阵性降水强度大
    D. 连阴雨降水强度大、阵性降水强度小

32. 易产生云雨天气的区域有_____。
    ①低压区；②高压区；③山的迎风坡；④山的背风坡；⑤西风槽前；⑥西风槽后
    A. ①③④⑤⑥   B. ①②⑤⑥
    C. ①③④⑥   D. ①③⑤

33. 依据我国气象部门规定的降水量分级，中雨是指 24 小时降水量达到_____。
    A. 0.1～10 mm   B. 5.1～15.0 mm
    C. 10.1～25.0 mm   D. 25.1～50.0 mm

34. 依据我国气象部门规定的降水量分级，暴雨是指 24 小时降水量达到_____。

A. 50.1~100.0 mm B. >100.0 mm
C. 10.1~25.0 mm D. 25.1~50.0 mm

35. 依据我国气象部门规定的降水量分级,大雪是指24小时降雪量达到_____。
A. 2.6~5.0 mm B. >10.0 mm
C. >5.0 mm D. 1.1~2.5 mm

36. 依据我国气象部门规定的降水量分级,小雨是指24小时降水量达到_____。
A. 0.1~10 mm B. 10.1~25.0 mm
C. 25.1~50.0 mm D. <0.1 mm

第八节　雾和能见度

1. 雾和云的形成机理一样,主要区别在于_____。
A. 云由冰晶组成,雾由水滴组成 B. 云悬挂在空中,雾贴近地表
C. 云可见,雾不可见 D. 云稳定,雾不稳定

2. 最有利于形成雾的大气层结是_____。
A. 中性 B. 稳定
C. 绝对不稳定 D. 条件不稳定

3. 一般对船舶航行影响较大、较常见的雾是_____。
A. 辐射雾 B. 锋面雾
C. 平流雾 D. 蒸汽雾

4. 据统计,引起船舶海上碰撞事故最多的海洋气象环境因素是_____。
A. 风 B. 浪
C. 流 D. 雾

5. 下列说法正确的是_____。
A. 云和雾均悬浮在空中 B. 云悬浮在空中,而雾贴近地表面
C. 云和雾均贴近地表面 D. 雾悬浮在空中,而云贴近地表面

6. 在暖湿空气流经较冷的下垫面时,气温下降,达到饱和凝结形成的雾是_____。
A. 锋面雾 B. 蒸汽雾
C. 平流雾 D. 辐射雾

7. 平流雾的形成原因是_____。
A. 暖湿空气流经较冷的水面 B. 海面辐射冷却
C. 冷空气流经较暖的水面 D. 暖海流覆盖在冷海流之上

8. 平流雾常产生在冷暖海流交汇海域的_____。
A. 暖水面一侧 B. 冷水面一侧
C. 冷暖水面的混合区 D. 混合区两侧

9. 通常平流雾易产生在_____。
A. 水面温度梯度很小的水域 B. 水面温度梯度很大的水域

C. 水面温度比气温高的水域　　　　　D. 海陆交界的区域

10. 通常最适宜于平流雾形成的风力条件是_____。
    A. 无风　　　　　　　　　　　　　B. 7~8级
    C. 2~4级　　　　　　　　　　　　D. 5~6级

11. 通常适宜于平流雾形成的海气温差是_____。
    A. 大于8℃　　　　　　　　　　　B. 0~6℃
    C. 6~8℃　　　　　　　　　　　　D. 小于0℃

12. 平流雾产生的时间一般是在_____。
    A. 气温最低的早晨　　　　　　　　B. 在阴天有云时
    C. 黄昏气温下降时　　　　　　　　D. 一天中任何时候

13. 黄海南部在_____的风情下最易形成平流雾。
    A. 东南风(SE)6~7级　　　　　　　B. 东北风(NE)2~3级
    C. 东南风(SE)2~4级　　　　　　　D. 西北风(NW)2~3级

14. 在各种雾中,水平范围最广、持续时间最长的雾是_____。
    A. 辐射雾　　　　　　　　　　　　B. 蒸发雾
    C. 平流雾　　　　　　　　　　　　D. 锋面雾

15. 在各种雾中,_____对航海威胁最大,并常被称为海雾。
    A. 平流雾　　　　　　　　　　　　B. 蒸发雾
    C. 辐射雾　　　　　　　　　　　　D. 锋面雾

16. 在海上一种浓度大、厚度厚、范围广、持续时间长的雾通常是_____。
    A. 辐射雾　　　　　　　　　　　　B. 锋面雾
    C. 蒸汽雾　　　　　　　　　　　　D. 平流雾

17. 海上平流雾趋于消散的条件是_____。
    A. 风向小角度转变　　　　　　　　B. 风力增大
    C. 锋面过境　　　　　　　　　　　D. 风力减弱

18. 不易使平流雾消散的条件是_____。
    A. 风力增大至6级以上　　　　　　B. 冷锋过境
    C. 风向有较大角度改变　　　　　　D. 风向有小角度改变

19. 当海上出现平流雾时,通常_____。
    A. 低层大气有逆温　　　　　　　　B. 高层大气有逆温
    C. 中层大气有逆温　　　　　　　　D. 低层大气没有逆温

20. 入夏以后西太平洋副热带高压北移并西伸,其西伸脊的边缘控制我国近海时,可能出现_____。
    A. 雷暴　　　　　　　　　　　　　B. 持续的中到大雨
    C. 平流雾　　　　　　　　　　　　D. 晴朗少云

21. 春季,江淮气旋出海前,黄海处于气旋东部,容易生成_____。
    A. 锋面雾　　　　　　　　　　　　B. 辐射雾
    C. 蒸发雾　　　　　　　　　　　　D. 平流雾

22. 调查表明,北太平洋产生海雾时的表层海温大致限于_____。

A. 8℃ B. 16℃
C. 20℃ D. 24℃

23. 调查表明,我国海域(除 8 月份黄海北部外)产生海雾时的表层海温界限大致为_____。
A. 8℃ B. 16℃
C. 20℃ D. 24℃

24. 调查表明,8月份黄海北部产生海雾时的表层海温界限大致为_____。
A. 8℃ B. 16℃
C. 20℃ D. 24℃

25. 平流雾形成的条件应包括_____。
①冷却条件;②环流条件;③水汽条件;④稳定度条件
A. ①②③ B. ①②③④
C. ①③④ D. ①③

26. 有利于我国沿海平流雾的消散条件是_____。
①白天变为夜间;②晴转阴天;③大风 ④冷锋过境;⑤风向变为 NW~W;⑥进入暖洋面
A. ①②③④⑤ B. ①④⑤⑥
C. ②③④⑤⑥ D. ③④⑤⑥

27. 平流雾消散的条件是_____。
①冷锋过境;②风力减弱至很小;③风向大角度转变;④海水温度上升;⑤风力增强至很大;⑥吹偏南风
A. ①②③⑤ B. ①⑤⑥
C. ②③④ D. ①③⑤

28. 平流雾的形成需要满足的条件是_____。
①环流条件;②水汽条件;③气压条件;④冷却条件;⑤云状条件;⑥稳定度条件
A. ①②③⑥ B. ①②④⑤⑥
C. ①②④⑥ D. ②④⑤⑥

29. 有利于我国沿海平流雾形成的条件是_____。
①冷的海面;②低层逆温层结;③海气温差 0~6℃;④充沛的水汽;⑤风力 2~4 级;⑥风向范围 S~SE~E
A. ②③④⑤⑥ B. ①②③④⑤⑥
C. ①③④⑤⑥ D. ②④⑤⑥

30. 陆地表面夜间降温,低层空气受其影响冷却而形成的雾,属于_____。
A. 平流雾 B. 蒸发雾
C. 辐射雾 D. 锋面雾

31. 辐射雾形成的主要条件是_____。
A. 晴夜、微风和近地面层水汽充沛 B. 晴夜、微风和近地面层水汽稀少
C. 晴夜、大风和近地面层水汽稀少 D. 白天、大风和近地面层水汽充沛

32. 晴夜、微风和近地面层水汽比较充沛,是形成_____的三个主要条件。

A. 平流雾 B. 蒸发雾
C. 辐射雾 D. 锋面雾

33. 冬季,最有利于辐射雾生成的天气和时间是_____。
    A. 晴朗的白天 B. 晴朗的夜晚
    C. 阴天的夜晚 D. 阴雨的夜晚

34. 辐射雾发生最频繁的季节在_____。
    A. 春夏 B. 夏秋
    C. 冬春 D. 秋冬

35. 在冬季较易产生辐射雾的时间和地点是_____。
    A. 傍晚的海面 B. 日出时的海面
    C. 日出前的港内 D. 日出后的港内

36. 辐射雾常常出现在_____。
    A. 冷性反气旋前部 B. 暖性反气旋中心附近
    C. 暖性反气旋后部 D. 冷性反气旋中心附近

37. 在变性冷高压中部控制的港湾内,夜间和清晨有时会出现_____。
    A. 平流雾 B. 锋面雾
    C. 地形雾 D. 辐射雾

38. 经过空气直接冷却过程形成的雾是_____。
    A. 蒸汽雾、辐射雾 B. 锋面雾、蒸汽雾
    C. 辐射雾、平流雾 D. 蒸汽雾、平流雾

39. 在冬季中高纬度冷高压中部控制的沿海,出现一种范围不大、厚度薄的雾是_____。
    A. 平流雾 B. 锋面雾
    C. 蒸汽雾 D. 辐射雾

40. 辐射雾一年四季都能产生,频率最高出现在_____。
    A. 初春 B. 初夏
    C. 夏末初秋 D. 秋冬

41. 辐射雾在一天中最浓的时间在_____。
    A. 日出前 B. 中午
    C. 日落前后 D. 夜间

42. 冬季辐射雾较易产生(或最浓)的时间和地点是_____。
    A. 傍晚,远海 B. 日出前,远海
    C. 傍晚,港口或沿岸 D. 日出前,港口或沿岸

43. 辐射雾易产生在_____。
    A. 冷高压中心控制的海面 B. 冷高压中心控制的陆面
    C. 副热带高压中心控制的海面 D. 副热带高压中心控制的陆面

44. 具有明显日变化的雾是_____。
    ①辐射雾;②海上平流雾;③蒸汽雾;④锋面雾;⑤沿海平流雾;⑥海上辐射雾
    A. ①③⑤ B. ①②④⑤⑥
    C. ②③⑤⑥ D. ①④⑤

45. 有利于辐射雾的消散的条件是_____。
    ①日出辐射强；②阴天；③冷锋过境；④夜间转白天；⑤强风；⑥静止无风
    A. ②③④⑤   B. ①②④⑤⑥
    C. ①③④⑤   D. ②④⑤⑥

46. 有利于辐射雾形成的条件是_____。
    ①白天；②微风；③近地面水汽充沛；④晴天；⑤夜间；⑥秋冬季节
    A. ①②③④⑥   B. ②③④⑤⑥
    C. ①③④⑤⑥   D. ②④⑤⑥

47. 锋面移动伴随的雾通常是_____。
    A. 辐射雾   B. 蒸汽雾
    C. 平流雾   D. 锋面雾

48. 通常锋面雾最多出现在_____。
    A. 冷锋前   B. 冷锋后
    C. 锢囚锋两侧   D. 暖锋后

49. _____易形成锋面雾。
    A. 第二型冷锋前   B. 第一型冷锋前
    C. 暖锋后   D. 暖锋前

50. 冬季中高纬大陆东部海面易发生蒸汽雾的条件是_____。
    A. 水面温度稍低于气温   B. 水面温度远低于气温
    C. 水面温度略高于气温   D. 水面温度远高于气温

51. 锋面雾产生的典型部位是_____。
    A. 暖锋前、锢囚锋两侧   B. 第一型冷锋前、后
    C. 第二型冷锋前、后   D. 暖锋后、锢囚锋两侧

52. 浓度及发生时间不受气温日变化影响的雾是_____。
    A. 沿海平流雾   B. 辐射雾
    C. 锋面雾   D. 蒸汽雾

53. 产生锋面雾的蒸发过程是_____。
    A. 雨滴在暖气团中蒸发   B. 雨滴在冷气团中蒸发
    C. 暖水面蒸发的水汽进入冷空气 D. 冷水面蒸发的水汽进入暖空气

54. 在内陆和沿海地区无明显日变化的雾是_____。
    A. 蒸汽雾   B. 辐射雾
    C. 平流雾   D. 锋面雾

55. 直接通过蒸发过程形成的雾是_____。
    A. 蒸汽雾、辐射雾   B. 锋面雾、蒸汽雾
    C. 辐射雾、平流雾   D. 蒸汽雾、平流雾

56. 锋面雾常出现在_____。
    ①第一型冷锋前；②锢囚锋前后；③第二型冷锋后；④暖锋后；⑤暖锋前；⑥第一型冷锋后
    A. ①②③④⑤   B. ②④⑥

C. ②⑤⑥ D. ②④⑤⑥

57. 寒冷空气覆盖在较暖水面上形成的雾称为_____。
    A. 平流雾 B. 辐射雾
    C. 锋面雾 D. 蒸汽雾

58. 产生蒸汽雾的蒸发过程是_____。
    A. 雨滴在暖气团中蒸发 B. 雨滴在冷气团中蒸发
    C. 暖水面蒸发的水汽进入冷空气 D. 冷水面蒸发的水汽进入暖空气

59. 在水面温度远高于气温的情况下,易形成_____。
    A. 锋面雾 B. 蒸汽雾
    C. 平流雾 D. 辐射雾

60. 易发生蒸汽雾的情况是_____。
    A. 水面温度远高于气温 B. 水面温度远低于气温
    C. 水面温度与气温相等 D. 水面温度稍低于气温

61. 具有明显日变化特征的雾是_____。
    A. 锋面雾、蒸汽雾 B. 蒸汽雾、辐射雾
    C. 蒸汽雾、平流雾 D. 平流雾、辐射雾

62. 在风速 5~40 m/s 都能观测到的雾是_____。
    A. 平流雾 B. 辐射雾
    C. 锋面雾 D. 海上蒸汽雾

63. 不受风速大小影响的雾是_____。
    A. 平流雾 B. 辐射雾
    C. 锋面雾 D. 海上蒸汽雾

64. 北太平洋上的主要雾区位于_____。
    A. 菲律宾以东洋面 B. 20~30°N 之间大洋中部洋面
    C. 台湾以东洋面 D. 日本北海道至阿留申群岛附近海面

65. 在全球海洋上,雾最多的海区之一是_____。
    A. 澳大利亚附近海面 B. 秘鲁和智利沿海
    C. 圣劳伦斯湾、纽芬兰岛附近 D. 阿拉伯海西部和北部海面

66. 世界海洋上最著名的雾区之一是_____。
    A. 日本北海道以东至阿留申群岛一带洋面
    B. 秘鲁和智利沿海
    C. 台湾、菲律宾以东洋面
    D. 北欧沿岸

67. 世界海洋上著名的雾区之一是_____。
    A. 地中海 B. 比斯开湾
    C. 西欧沿岸至冰岛一带洋面 D. 亚速尔群岛一带洋面

68. 日本北海道至阿留申群岛附近的海雾,主要出现在_____。
    A. 冬季 B. 初春
    C. 夏季 D. 秋季

69. 西欧沿岸至冰岛一带洋面的平流雾主要出现在_____。
    A. 春季   B. 夏季
    C. 秋季   D. 冬季

70. 在挪威和西欧沿岸,冬季多雾,雾的种类属于_____。
    A. 平流雾   B. 蒸发雾
    C. 辐射雾   D. 锋面雾

71. 在日本北海道以东洋面,冬季主要受_____的影响。
    A. 平流雾   B. 蒸发雾
    C. 辐射雾   D. 锋面雾

72. 在挪威和冰岛之间的洋面,_____平流雾最频繁。
    A. 春季   B. 夏季
    C. 秋季   D. 冬季

73. 冬季,航行于中国至加拿大的大圆航线上的船舶常遇到_____。
    A. 大风浪但能见度良好   B. 风浪小但能见度良好
    C. 大风大浪又有雾   D. 风浪小但有雾

74. 世界海洋上雾的高发区集中出现在_____。
    A. 大洋中心区域   B. 赤道附近热带洋面上
    C. 中高纬大洋东部   D. 中高纬大洋西部

75. 世界海洋上的雾主要出现在_____。
    A. 春夏   B. 夏秋
    C. 冬春   D. 秋冬

76. 纽芬兰附近洋面常年多雾,其最盛期出现在_____。
    A. 12月~次年1月   B. 1~3月
    C. 4~8月   D. 9~11月

77. 在40°S以南整个高纬度的西风漂流上,终年有雾,其最盛期出现在_____。
    A. 3~5月   B. 6~8月
    C. 9~11月   D. 12月~次年2月

78. 世界海洋的雾除了产生在冷暖海流汇合的海域外,还多产生在_____。
    A. 信风带海洋西岸附近海域   B. 信风带海洋东岸附近海域
    C. 信风带海洋中央附近海域   D. 信风带海洋南岸附近海域

79. 英吉利海峡形成海雾的有利风向条件是_____。
    A. NW风   B. SW风
    C. NE风   D. SE风

80. 我国海域的雾北起渤海南至北部湾,大致呈带状分布。雾区分布特点是_____。
    A. 南窄北宽,南多北少   B. 南窄北宽,南少北多
    C. 南宽北窄,南多北少   D. 南宽北窄,南少北多

81. 我国近海出现雾的时间分布特点是_____。
    A. 南晚北早,南多北少   B. 南晚北早,南少北多
    C. 南早北晚,南多北少   D. 南早北晚,南少北多

82. 中国近海雾最多的海域是_____。
    A. 长江口附近海域　　　　　　　B. 珠江口附近海域
    C. 闽江口附近海域　　　　　　　D. 成山头附近海域

83. 我国沿海多雾区之一是_____。
    A. 南海南部　　　　　　　　　　B. 台湾海峡东部
    C. 台山至舟山群岛一带　　　　　D. 渤海

84. 我国成山头附近海域出现雾的概率最大的月份在_____。
    A. 2~3 月　　　　　　　　　　　B. 4~5 月
    C. 6~7 月　　　　　　　　　　　D. 12 月~次年 1 月

85. 广东沿海的雾季在_____。
    A. 2~3 月　　　　　　　　　　　B. 4~5 月
    C. 6~7 月　　　　　　　　　　　D. 12 月~次年 1 月

86. 长江口附近海面雾的最盛期在_____。
    A. 2~3 月　　　　　　　　　　　B. 4~6 月
    C. 6~7 月　　　　　　　　　　　D. 12 月~次年 1 月

87. 我国东部海域形成海雾的有利风场条件是_____。
    A. SW 风 2~4 级　　　　　　　　B. NE 风 6~8 级
    C. NW 风 2~4 级　　　　　　　　D. SE 风 2~4 级

88. 我国东部海域形成海雾的有利风场条件是_____。
    A. W 风 2~4 级　　　　　　　　 B. E 风 6~8 级
    C. N 风 2~4 级　　　　　　　　 D. S 风 2~4 级

89. 我国东部海域形成海雾的有利风场条件是_____。
    A. W 风 2~4 级　　　　　　　　 B. S 风 6~8 级
    C. N 风 2~4 级　　　　　　　　 D. E 风 2~4 级

90. 我国沿海平流雾相对较少的海域在_____。
    A. 渤海　　　　　　　　　　　　B. 黄海中南部
    C. 长江口至舟山群岛　　　　　　D. 南海北部

91. 台湾海峡雾的分布特点是_____。
    A. 东部多,西部少　　　　　　　 B. 东部少,西部多
    C. 东西部都较少　　　　　　　　D. 东西部都较多

92. 我国近海雾区从春到夏_____。
    A. 雾区由北向南推移　　　　　　B. 雾区由南向北推移
    C. 雾区由东向西推移　　　　　　D. 雾区由西向东推移

93. 我国东部海域的雾在_____的情况下可以消散。
    A. 湿度增大　　　　　　　　　　B. 风向由 E 转为 SE
    C. 风向由 SE 转为 NW　　　　　 D. 水温低于气温

94. 我国沿海雾区分布特点为_____。
    ①南窄北宽;②南少北多;③雾区从春至夏由北向南推进;④南多北少;⑤南宽北窄;
    ⑥雾区从春至夏由南向北推进

56

A. ①④⑥　　　　　　　　　　　B. ②③⑤
C. ③④⑤　　　　　　　　　　　D. ①②⑥

95. 一般来说，我国沿海雾出现较少的海区是_____。
①渤海；②南海中部和南部；③台湾海峡东部；④北部湾；⑤黄海中部和南部；⑥台湾以东洋面
A. ①②③⑥　　　　　　　　　　B. ②④⑤⑥
C. ②③④⑤　　　　　　　　　　D. ①②⑤⑥

96. 一般来说，我国沿海的多雾区有_____。
①渤海；②南海中部和南部；③台湾海峡西部；④北部湾；⑤成山头至石岛；⑥闽浙沿岸至长江口
A. ②③④⑤⑥　　　　　　　　　B. ①④⑤⑥
C. ③④⑤⑥　　　　　　　　　　D. ②④⑤⑥

97. 利用露点水温图解法可以测算海雾生消，当露点温度高于水温时，则_____。
A. 产生海雾　　　　　　　　　　B. 无海雾
C. 生雾的趋势增大　　　　　　　D. 生雾的可能性越来越小

98. 当海面无雾，水温高于露点温度时，则_____。
A. 产生海雾　　　　　　　　　　B. 不会产生海雾
C. 生雾的可能性越来越大　　　　D. 生雾的可能性越来越小

99. 当干、湿球温度表的读数差逐渐增大时，则表明_____。
A. 生成雾　　　　　　　　　　　B. 成雾的可能性增大
C. 成雾的可能性减小　　　　　　D. 读数差与成雾无关

100. 海上航行船舶遇到浓雾时，测得的干球温度和湿球温度的差值会出现_____。
A. 正的大值　　　　　　　　　　B. 负的大值
C. 接近零　　　　　　　　　　　D. 负的小值

101. 用露点 T_d 和表层水温 T_w 测算海雾的生消，当 $T_d>T_w$ 时，则_____。
A. 不会生成雾　　　　　　　　　B. 可能生成雾
C. 与雾生消无关　　　　　　　　D. 生雾的可能性越来越小

102. 在有雾的情况下，当测得水温高于露点温度时，则表明_____。
A. 雾不会发生变化　　　　　　　B. 不可能出现雾
C. 雾将越来越浓　　　　　　　　D. 雾将趋于消散

103. 根据干湿球温度表读数的差异变化可以推算平流雾的生消，当干湿球温度的读数趋于一致时，则_____。
A. 不会出现平流雾　　　　　　　B. 出现平流雾
C. 向生雾的趋势发展　　　　　　D. 雾在逐渐消失

104. 在下列天气系统的哪个部位可产生平流雾_____。
A. 移动性高压的前部　　　　　　B. 移动性高压的后部
C. 低压的后部　　　　　　　　　D. 冷锋后部

105. 图1-12是我国近海出现雾的四种天气形势，其中A图为_____。
A. 入海冷高压西部　　　　　　　B. 太平洋副高西伸脊西部

C. 江淮气旋东部 D. 静止锋或冷锋前部
106. 图 1-12 是我国近海出现雾的四种天气形势,其中 B 图为_____。
 A. 入海冷高压西部 B. 太平洋副高西伸脊西部
 C. 江淮气旋东部 D. 静止锋或冷锋前部
107. 图 1-12 是我国近海出现雾的四种天气形势,其中 C 图为_____。
 A. 入海冷高压西部 B. 太平洋副高西伸脊西部
 C. 江淮气旋东部 D. 静止锋或冷锋前部
108. 图 1-12 是我国近海出现雾的四种天气形势,其中 D 图为_____。
 A. 入海冷高压西部 B. 太平洋副高西伸脊西部
 C. 江淮气旋东部 D. 静止锋或冷锋前部

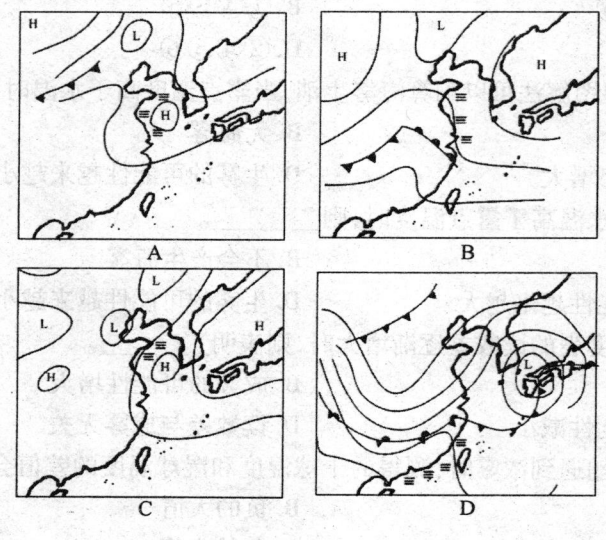

图 1-12

109. 我国沿海及太平洋海域容易产生海雾的天气系统模式是_____。
 ①入海冷高压东部;②太平洋高压西伸脊西部;③江淮气旋西部;④江淮气旋东部;
 ⑤冷锋或静止锋前部;⑥入海冷高压西部
 A. ②④⑤⑥ B. ①②④⑤
 C. ②③⑤⑥ D. ①②④⑤⑥
110. 我国沿海及太平洋海域容易产生海雾的天气系统模式是_____。
 ①静止锋或冷锋前部;②太平洋高压西伸脊西部;③江淮气旋西部;④江淮气旋东部;
 ⑤太平洋高压中心附近;⑥入海冷高压西部
 A. ①②③⑥ B. ①②④⑥
 C. ②③⑤⑥ D. ②④⑤⑥
111. 所谓"能见"是指_____。
 A. 在白天,目力能辨认出目标物的形体和轮廓
 B. 在白天,目力能清晰看到的最远目标物
 C. 在夜间,目力能辨认出目标物的形体和轮廓
 D. 在夜间,所见目标灯的发光点模糊,灯光散乱

112. 所谓"能见"是指_____。
    A. 在白天,目力能清晰看到的最远目标物
    B. 在白天,看不清目标物的轮廓,分不清其形体
    C. 在夜间,能清楚地看见目标灯的发光点
    D. 在夜间,所见目标灯的发光点模糊,灯光散乱

113. 影响海面能见度的因子除雾外,还有_____。
    A. 风、霾、雨、雪和低云等
    B. 沙尘暴、霾、雨、雪和高云等
    C. 沙尘暴、霾、雨、雪和低云等
    D. 沙尘暴、霾、雨、雪和中云等

114. 浓雾的水平能见距离为_____。
    A. Vis<0.5 n mile   B. Vis<1 n mile
    C. Vis<5 n mile   D. Vis<10 n mile

115. 轻雾的水平能见距离为_____。
    A. 小于 0.5 n mile   B. 小于 1 n mile
    C. 0.5~5 n mile   D. 大于 5 n mile

116. 影响海面能见度的最主要的天气现象是_____。
    A. 低云   B. 雨
    C. 雾   D. 雷暴

第一章参考答案

第一节 大气概况

1. B 2. D 3. D 4. C 5. C 6. B 7. A 8. A 9. B 10. C
11. D 12. C 13. B 14. D 15. A 16. B 17. A 18. C 19. D 20. C
21. B 22. C 23. D 24. A 25. B 26. D 27. C 28. C 29. A 30. B
31. A 32. C 33. A

第二节 气 温

1. B 2. A 3. B 4. B 5. B 6. D 7. B 8. C 9. D 10. B
11. C 12. B 13. B 14. B 15. C 16. D 17. A 18. A 19. B 20. B
21. D 22. B 23. A 24. B 25. B 26. B 27. C 28. D 29. B 30. D
31. B 32. A 33. D 34. D 35. D 36. B 37. D 38. B 39. D 40. D
41. C 42. C 43. A 44. C 45. C 46. C 47. C 48. A 49. B 50. C
51. C 52. B 53. A 54. A 55. B 56. D 57. D 58. B

第三节 气 压

1. A 2. C 3. B 4. B 5. A 6. B 7. D 8. D 9. B 10. A
11. B 12. A 13. D 14. B 15. D 16. C 17. B 18. D 19. D 20. D
21. A 22. B 23. A 24. D 25. A 26. D 27. C 28. D 29. A 30. A
31. D 32. A 33. C 34. C 35. D 36. D 37. A 38. B 39. C 40. C
41. C 42. D 43. B 44. C 45. C 46. D 47. B 48. B 49. B 50. C
51. A 52. D 53. C 54. B 55. B 56. C 57. B 58. C 59. B 60. D
61. D 62. B 63. D 64. C 65. A 66. B 67. D 68. B 69. A 70. A
71. C

第四节 空气水平运动——风

1. D 2. B 3. B 4. B 5. A 6. A 7. D 8. B 9. A 10. A
11. D 12. C 13. A 14. A 15. B 16. B 17. B 18. B 19. C 20. B
21. C 22. B 23. A 24. C 25. D 26. A 27. B 28. B 29. A 30. A
31. A 32. C 33. C 34. A 35. C 36. A 37. B 38. A 39. C 40. C
41. B 42. B 43. D 44. B 45. B 46. B 47. B 48. B 49. B 50. B
51. D 52. A 53. D 54. B 55. B 56. D 57. C 58. B 59. B 60. B
61. B 62. B 63. B 64. A 65. A 66. B 67. C 68. C 69. B 70. D
71. A 72. A 73. B 74. C 75. D 76. D 77. A 78. B 79. B 80. C
81. C 82. B 83. D 84. C 85. C 86. C 87. A 88. D 89. B 90. A
91. C 92. B 93. D 94. D 95. D 96. C 97. D 98. A 99. B 100. C
101. B 102. C 103. A 104. A 105. B 106. A 107. D 108. B 109. C 110. A
111. C 112. B 113. D 114. C 115. B 116. B 117. D 118. B 119. A 120. D

121. A 122. D 123. B 124. C 125. A 126. C 127. D 128. B 129. C 130. B
131. C 132. B 133. D 134. A 135. A 136. D 137. A 138. B 139. C 140. A
141. B 142. D 143. A 144. D 145. B 146. C 147. A 148. A 149. C 150. A
151. C 152. C 153. D 154. A 155. A 156. C 157. B 158. B 159. C 160. C
161. A

第五节　大气湿度

1. B   2. A   3. B   4. B   5. C   6. A   7. D   8. B   9. D   10. C
11. B 12. D 13. C 14. B 15. C 16. A 17. A 18. B 19. B 20. C
21. B 22. C 23. B 24. C 25. A 26. C 27. D 28. B 29. A 30. D
31. B 32. B 33. D 34. C 35. B 36. B 37. D 38. C 39. B 40. D
41. B 42. A 43. B 44. B 45. B 46. A 47. A 48. B 49. C 50. D
51. C 52. B 53. B 54. D 55. C 56. A 57. B

第六节　空气的垂直运动和大气稳定度

1. B   2. D   3. C   4. D   5. A   6. B   7. C   8. C   9. B   10. C
11. B 12. C 13. A 14. C 15. A 16. A 17. B 18. C 19. B 20. B
21. A 22. D 23. A 24. B 25. A 26. A 27. C 28. A 29. B 30. C
31. A 32. B 33. C 34. A 35. C 36. B 37. A 38. C 39. B 40. A
41. D 42. B 43. B 44. A 45. C 46. B 47. C 48. B 49. D 50. A
51. B 52. C 53. B 54. A 55. A 56. B 57. D 58. C 59. A 60. A
61. B 62. B 63. A 64. A 65. B 66. B 67. C 68. C 69. D 70. D
71. C 72. C 73. D 74. B 75. C 76. A 77. D 78. D 79. A

第七节　云和降水

1. A   2. D   3. B   4. A   5. C   6. B   7. C   8. D   9. B   10. D
11. C 12. A 13. D 14. A 15. B 16. B 17. D 18. B 19. A 20. C
21. D 22. B 23. C 24. C 25. B 26. A 27. C 28. C 29. A 30. D
31. C 32. D 33. C 34. A 35. C 36. A

第八节　雾和能见度

1. B   2. B   3. C   4. D   5. B   6. C   7. A   8. B   9. B   10. C
11. B 12. D 13. C 14. C 15. A 16. D 17. C 18. D 19. A 20. C
21. D 22. C 23. B 24. D 25. D 26. D 27. B 28. C 29. B 30. C
31. A 32. C 33. B 34. D 35. C 36. D 37. D 38. C 39. B 40. D
41. A 42. D 43. B 44. A 45. D 46. B 47. C 48. C 49. D 50. D
51. A 52. C 53. B 54. D 55. B 56. C 57. B 58. C 59. B 60. A
61. B 62. D 63. D 64. D 65. B 66. A 67. C 68. C 69. B 70. B
71. D 72. B 73. C 74. D 75. A 76. C 77. D 78. B 79. B 80. B
81. D 82. D 83. C 84. C 85. A 86. B 87. D 88. D 89. D 90. A
91. B 92. B 93. C 94. D 95. A 96. C 97. A 98. B 99. C 100. C

101. B 102. D 103. C 104. B 105. A 106. C 107. B 108. D 109. A 110. B
111. A 112. C 113. C 114. A 115. C 116. C

第二章 大气环流

1. 产生大气环流最基本的因素是_____。
   A. 海陆分布　　　　　　　　　B. 太阳辐射随纬度分布不均匀
   C. 地球自转　　　　　　　　　D. 大地形作用

2. 大气环流_____。
   A. 通常是指全球性大范围的大气运行现象,它既包括平均状况也包括瞬时状况
   B. 反映了大气运动的基本状态和基本特性,但不是各种天气系统活动的基础
   C. 指某种大气环流状态是以各种特定的天气过程为背景的
   D. 仅决定各地的天气类型,而不决定各地气候的形成和特点

3. 大气环流_____。
   A. 通常是指全球性大范围的大气运行现象,它只包括平均状况而不包括瞬时状况
   B. 反映了大气运动的基本状态和基本特性,是各种不同尺度天气系统活动的基础
   C. 指某种大气环流状态是以各种特定的天气过程为背景的
   D. 仅决定各地的天气类型,而不决定各地气候的形成和特点

4. 关于大气环流,下列说法正确的是_____。
   A. 通常是指全球性大范围的大气运行现象,它只包括平均状况而不包括瞬时状况
   B. 反映了大气运动的基本状态和基本特性,但不是各种天气系统活动的基础
   C. 各种特定的天气过程是以某种大气环流状态为背景的
   D. 仅决定各地的天气类型,而不决定各地气候的形成和特点

5. 关于大气环流,下列说法正确的是_____。
   A. 通常是指全球性大范围的大气运行现象,它包括平均状况也包括瞬时状况
   B. 反映了大气运动的基本状态和基本特性,但不是各种天气系统活动的基础
   C. 某种大气环流状态是以各种特定的天气过程为背景的
   D. 不仅决定各地的天气类型,而且决定各地气候的形成和特点

6. 形成大气"单圈环流"的基本因素是_____。
   A. 海陆分布　　　　　　　　　B. 太阳辐射随纬度分布均匀

C. 地球自转　　　　　　　　　　D. 太阳辐射随纬度分布不均匀

7. 形成大气"三圈环流"的主要因素是_____。
   A. 太阳辐射随纬度分布不均匀和海陆分布
   B. 太阳辐射随纬度分布不均匀和地形影响
   C. 太阳辐射随纬度分布不均匀和地球自转
   D. 地球自转和海陆分布

8. 在整个北半球范围内，从南到北构成了大气的"三圈环流"，其中_____。
   ①赤道环流；②中间环流；③极地环流
   A. ①和②是正环流，③是反环流　　B. ②和③是正环流，①是反环流
   C. ①和③是正环流，②是反环流　　D. ①②③都是正环流

9. 形成大气"三圈环流"和行星风带的主要假设条件是_____。
   A. 太阳辐射随纬度分布均匀　　　B. 地表均匀且平坦
   C. 海陆分布不均匀　　　　　　　D. 地球不自转

10. 在大气环流中，单圈环流的假设条件是_____。
    ①地表性质均匀；②地球不自转；③地表温度均匀；④地势平坦；⑤地表湿度均匀；⑥太阳辐射均匀
    A. ①②③④⑤⑥　　　　　　　　B. ①②④
    C. ②③④　　　　　　　　　　　D. ②④⑤

11. 海陆热力差异之一是_____。
    A. 海水热容量比陆地小　　　　　B. 海水热容量比陆地大
    C. 海水热容量与陆地相同　　　　D. 海陆热力差异与热容量无关

12. 海陆热力差异之一是_____。
    A. 热量在海水中混合的厚度比在陆地小
    B. 热量在海水中混合的厚度比在陆地大
    C. 热量在海水中混合的厚度与陆地相同
    D. 海陆热力差异与热量在海水中混合的厚度无关

13. 海陆热力差异直接影响气压系统的年变化，有利于低压系统发展的情况是_____。
    A. 冬季海洋、夏季大陆　　　　　B. 冬季大陆、夏季海洋
    C. 冬季海洋、冬季大陆　　　　　D. 夏季大陆、夏季海洋

14. 海陆热力差异直接影响气压系统的年变化，有利于高压系统发展的情况是_____。
    A. 冬季海洋、夏季大陆　　　　　B. 夏季大陆、夏季海洋
    C. 冬季海洋、冬季大陆　　　　　D. 冬季大陆、夏季海洋

15. 图 2-1 是全球气压带和风带的分布示意图，图中的 A 带为_____。
    A. 赤道低压带　　　　　　　　　B. 南半球副极地低压带
    C. 北半球副极地低压带　　　　　D. 南半球副热带高压带

16. 图 2-1 是全球气压带和风带的分布示意图，图中的 B 带为_____。
    A. 赤道低压带　　　　　　　　　B. 南半球副热带高压带
    C. 北半球副极地低压带　　　　　D. 北半球副热带高压带

17. 图 2-1 是全球气压带和风带的分布示意图，图中的 C 带为_____。

A. 赤道低压带 　　　　　　　　　B. 南半球副极地低压带
C. 北半球副极地低压带 　　　　　D. 南半球副热带高压带

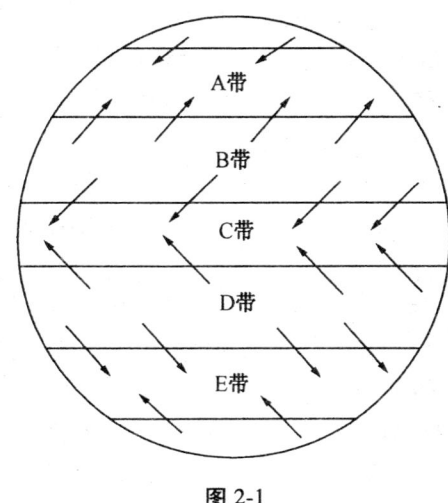

18. 图2-1是全球气压带和风带的分布示意图,图中的D带为_____。
    A. 赤道低压带 　　　　　　　　　B. 南半球副热带高压带
    C. 北半球副极地低压带 　　　　　D. 北半球副热带高压带

19. 图2-1是全球气压带和风带的分布示意图,图中的E带为_____。
    A. 赤道低压带 　　　　　　　　　B. 南半球副极地低压带
    C. 北半球副极地低压带 　　　　　D. 南半球副热带高压带

图 2-1

20. 副热带高压带与赤道低压带之间的风带属于_____。
    A. 盛行西风带 　　　　　　　　　B. 信风带
    C. 极地东风带 　　　　　　　　　D. 赤道无风带

21. "咆哮"西风带位于_____。
    A. 北半球副高与北半球副极地低压带　B. 赤道低压与北半球副高
    C. 南半球副高与南半球副极地低压带　D. 赤道低压与南半球副高

22. 盛行西风带位于_____。
    A. 副高与副极地低压带之间 　　　B. 赤道低压带与副高之间
    C. 极高与副极地低压带之间 　　　D. 东北信风与东南信风之间

23. 极地东风带位于_____。
    A. 北半球极地高压与副极地低压带之间
    B. 极地高压与副高之间
    C. 南半球副高与副极地低压带之间
    D. 北半球副高与副极地低压带之间

24. 南、北半球的信风带稳定少变,盛行方向分别为_____。
    A. 北半球东南风、南半球东北风 　B. 南、北半球均为东北风
    C. 北半球东北风、南半球东南风 　D. 南、北半球均为东南风

25. 北半球副热带高压带下沉气流,向南、北分流形成_____。

A. 东风带、东南信风带　　　　　　B. 盛行西风带、东南信风带
C. 东风带、东北信风带　　　　　　D. 东北信风带、盛行西风带

26. 在北半球副热带高压带中,低层向南辐散的气流形成_____。
A. 东北信风带　　　　　　　　　　B. 东南信风带
C. 盛行西风带　　　　　　　　　　D. 南半球西风带

27. 在南半球副热带高压带中,低层向南的气流形成_____。
A. 东北信风带　　　　　　　　　　B. 东南信风带
C. 盛行西风带　　　　　　　　　　D. 东风带

28. 南半球副热带高压带下沉气流,向南、北分流形成_____。
A. 东风带、东南信风带　　　　　　B. 盛行西风带、东南信风带
C. 东风带、东北信风带　　　　　　D. 盛行西风带、东北信风带

29. 在南半球副热带高压带中,低层向北辐散的气流形成_____。
A. 东北信风带　　　　　　　　　　B. 东南信风带
C. 盛行西风带　　　　　　　　　　D. 南半球西风带

30. 赤道无风带的天气特征是_____。
A. 无对流,云量少,有雷雨　　　　B. 下沉增温,闷热少雨
C. 对流旺盛,云量多,有雷雨　　　D. 多阴雨天气,能见度差

31. 副热带无风带的天气特征是_____。
A. 气流下沉增温,闷热少雨　　　　B. 对流旺盛,云量多,有雷雨
C. 气流上升增温,闷热少雨　　　　D. 多阴雨天气,能见度差

32. 平均位置在赤道南、北纬10°以内称为_____。
A. 赤道无风带　　　　　　　　　　B. 东北信风带
C. 东南信风带　　　　　　　　　　D. 盛行西风带

33. 南、北半球的信风特点是_____。
A. 风速较大,风向稳定　　　　　　B. 风速不大,风向不稳定
C. 风速不大,风向稳定　　　　　　D. 风速较大,风向不稳定

34. 图 2-2 是全球气压带和风带的分布示意图,图中的 A 带为_____。
A. NE 信风带　　　　　　　　　　B. 南半球盛行西带
C. SE 信风带　　　　　　　　　　D. 北半球极地东带

35. 图 2-2 是全球气压带和风带的分布示意图,图中的 B 带为_____。
A. NE 信风带　　　　　　　　　　B. 北半球盛行西带
C. SE 信风带　　　　　　　　　　D. 北半球极地东带

36. 图 2-2 是全球气压带和风带的分布示意图,图中的 C 带为_____。
A. NE 信风带　　　　　　　　　　B. 南半球盛行西带
C. SE 信风带　　　　　　　　　　D. 北半球极地东带

37. 图 2-2 是全球气压带和风带的分布示意图,图中的 D 带为_____。
A. NE 信风带　　　　　　　　　　B. 南半球盛行西带
C. SE 信风带　　　　　　　　　　D. 北半球极地东带

38. 图 2-2 是全球气压带和风带的分布示意图,图中的 E 带为_____。

A. NE 信风带 B. 南半球盛行西带
C. SE 信风带 D. 北半球极地东带

39. 图 2-2 是全球气压带和风带的分布示意图,图中的 F 带为_____。

A. 北半球极地东带 B. 南半球盛行西带
C. SE 信风带 D. 南半球极地东带

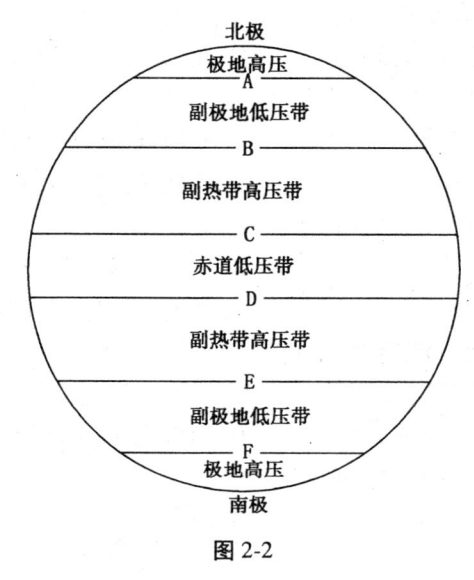

```
        北极
     极地高压
        A
     副极地低压带
        B
     副热带高压带
        C
     赤道低压带
        D
     副热带高压带
        E
     副极地低压带
        F
     极地高压
        南极
```

图 2-2

40. 在三圈环流模型中,形成的气压带主要有_____。
①赤道低压带;②副热带高压带;③极地高压;④极地低压;⑤副热带低压带;⑥副极地低压带

A. ①③⑤⑥ B. ①②⑤⑥
C. ②④⑥ D. ①②③⑥

41. 一年四季均存在的大型气压系统称为永久性大气活动中心,出现在亚洲及北太平洋地区的永久性大气活动中心有_____。

A. 北太平洋副高和阿留申低压 B. 蒙古高压和印度低压
C. 北太平洋副高和印度低压 D. 蒙古高压和阿留申低压

42. 随季节而改变的大型气压系统称为半永久性大气活动中心,出现在北美洲及大西洋地区的半永久性大气活动中心有_____。

A. 北美高压和冰岛低压 B. 北美高压和北美低压
C. 北大西洋副高和北美低压 D. 北大西洋副高和冰岛低压

43. 随季节而改变的大型气压系统称为半永久性大气活动中心,出现在亚洲及北太平洋地区的半永久性大气活动中心有_____。

A. 北太平洋副高和阿留申低压 B. 北太平洋副高和印度低压
C. 蒙古高压和印度低压 D. 蒙古高压和阿留申低压

44. 一年四季均存在的大型气压系统称为永久性大气活动中心,出现在北美洲及大西洋地区的永久性大气活动中心有_____。

A. 北美高压和冰岛低压 B. 北美高压和北美低压

C. 北大西洋副高和北美低压　　　　D. 北大西洋副高和冰岛低压

45. 在北大西洋上，永久性低压活动中心出现在_____。
   A. 冰岛附近　　　　　　　　　　B. 格陵兰半岛
   C. 比斯开湾　　　　　　　　　　D. 阿留申群岛附近

46. 出现在北美及大西洋地区的半永久性大气活动中心有_____。
   A. 北美高压和冰岛低压　　　　　B. 北美高压和北美低压
   C. 北大西洋副高和北美低压　　　D. 北大西洋副高和冰岛低压

47. 下列属于永久性大气活动中心的有_____。
   A. 冰岛低压、阿留申低压　　　　B. 非洲低压、蒙古高压
   C. 亚洲低压、北美高压　　　　　D. 夏威夷高压、澳大利亚高压

48. 下列属于永久性大气活动中心的有_____。
   A. 非洲低压、蒙古高压　　　　　B. 冰岛低压、阿留申低压、北美高压
   C. 夏威夷高压、亚速尔高压　　　D. 亚速尔高压、西伯利亚高压

49. 下列属于半永久性大气活动中心的有_____。
   A. 冰岛低压、阿留申低压　　　　B. 非洲低压、蒙古高压
   C. 夏威夷高压、亚速尔高压　　　D. 南极高压、北极高压

50. 下列属于永久性大气活动中心的有_____。
   A. 冰岛低压、亚速尔高压　　　　B. 印度低压、非洲低压
   C. 蒙古高压、北极高压　　　　　D. 北美高压、夏威夷高压

51. 属于半永久性大气活动中心的有_____。
   A. 冰岛低压、非洲低压　　　　　B. 阿留申低压、北美高压
   C. 夏威夷高压、北极高压　　　　D. 澳大利亚高压、印度低压

52. 夏季，由海陆热力差异而产生的水平气压梯度方向是_____。
   A. 由海洋指向陆地　　　　　　　B. 由陆地指向海洋
   C. 平行于海岸线　　　　　　　　D. 与海岸线成10°~20°交角指向海洋

53. 冬季，由海陆热力差异而产生的水平气压梯度方向是_____。
   A. 由海洋指向陆地　　　　　　　B. 陆地指向海洋
   C. 平行于海岸线　　　　　　　　D. 与海岸线成10°~20°交角指向海洋

54. 冰岛低压发展最强盛的季节出现在_____。
   A. 春季　　　　　　　　　　　　B. 夏季
   C. 秋季　　　　　　　　　　　　D. 冬季

55. 在亚洲及北太平洋地区，夏季发展强盛的气压系统是_____。
   A. 北太平洋副高和阿留申低压　　B. 蒙古高压和印度低压
   C. 北太平洋副高和印度低压　　　D. 蒙古高压和阿留申低压

56. 在北美洲及大西洋洋地区，冬季发展强盛的气压系统是_____。
   A. 北美高压和冰岛低压　　　　　B. 北美高压和北美低压
   C. 北大西洋副高和北美低压　　　D. 北大西洋副高和冰岛低压

57. 下列属于永久性大气活动中心的有_____。
   ①海上副高；②赤道低压带；③西伯利亚高压；④印度低压；⑤冰岛低压；⑥阿留申低压

A.①②⑤⑥ B.①②④⑤⑥
C.①②③④⑥ D.①②④⑤

58. 冬季存在的大气活动中心是_____。
①冰岛低压；②印度低压；③夏威夷高压；④北美高压；⑤西伯利亚高压；⑥阿留申低压
A.①②③④⑤⑥ B.①③④⑤⑥
C.②③④⑤⑥ D.②④⑤⑥

59. 夏季存在的大气活动中心是_____。
①亚速尔高压；②蒙古高压；③冰岛低压；④北美高压；⑤印度低压；⑥夏威夷高压
A.①②③④⑤⑥ B.①②④⑤⑥
C.①③⑤⑥ D.②④⑤⑥

60. 夏季影响我国东部气候的大气活动中心有_____。
①亚洲低压；②蒙古高压；③西北太平洋副高；④阿留申低压；⑤台风；⑥西伯利亚高压
A.①③④⑤ B.②④⑤⑥
C.①③ D.②④⑤

61. 通过分析海平面平均气压场，可以得到_____结论。
A. 冬季海洋和夏季大陆上有利于高压系统发展
B. 冬季大陆和夏季大陆上有利于高压系统发展
C. 冬季海洋和夏季海洋上有利于高压系统发展
D. 冬季大陆和夏季海洋上有利于高压系统发展

62. 通过分析海平面平均气压场，可以得到_____结论。
A. 冬季海洋和夏季大陆上有利于低压系统发展
B. 冬季大陆和夏季大陆上有利于低压系统发展
C. 冬季海洋和夏季海洋上有利于低压系统发展
D. 冬季大陆和夏季海洋上有利于低压系统发展

63. 在1月份海平面平均气压场上，存在的典型高压系统有_____。
A. 蒙古高压、北美高压 B. 澳大利亚高压、非洲高压、南美高压
C. 蒙古高压、澳大利亚高压 D. 北美高压、南美高压

64. 在7月份海平面平均气压场上，存在的典型高压系统有_____。
A. 蒙古高压、北美高压 B. 澳大利亚高压、非洲高压、南美高压
C. 蒙古高压、澳大利亚高压 D. 北美高压、南美高压

65. 阿留申低压发展最盛的季节是_____。
A. 春季 B. 夏季
C. 秋季 D. 冬季

66. 亚速尔高压发展最盛的季节是_____。
A. 春季 B. 夏季
C. 秋季 D. 冬季

67. 夏威夷高压发展最盛的季节是_____。
A. 春季 B. 夏季
C. 秋季 D. 冬季

68. 通过分析海平面平均风场,可以得到_____的结论。
    A. 冬季风多从海洋吹向陆地　　　　B. 冬季风多平行于海岸线吹
    C. 夏季风多从陆地吹向海洋　　　　D. 夏季风多从海洋吹向陆地

69. 我国近海,年平均大风(风力≥8级)日数最多的海域是_____。
    A. 渤海　　　　　　　　　　　　　B. 黄海
    C. 东海　　　　　　　　　　　　　D. 南海

70. 泰国湾的夏季盛行风向为_____。
    A. NW　　　　　　　　　　　　　　B. SW
    C. SE　　　　　　　　　　　　　　D. NE

71. 我国华南沿海、菲律宾及附近洋面夏季盛行_____。
    A. 东南风　　　　　　　　　　　　B. 东北风
    C. 西南风　　　　　　　　　　　　D. 西北风

72. 冬季,日本附近海面的盛行风向为_____。
    A. 东北风　　　　　　　　　　　　B. 西北风
    C. 东南风　　　　　　　　　　　　D. 西南风

73. 华南沿海、菲律宾及附近洋面冬季盛行_____。
    A. 北风　　　　　　　　　　　　　B. 东北风
    C. 西北风　　　　　　　　　　　　D. 西南风

74. 我国南海夏季盛行_____。
    A. 东南风　　　　　　　　　　　　B. 东北风
    C. 西南风　　　　　　　　　　　　D. 南风

75. 我国南海冬季盛行_____。
    A. 北风　　　　　　　　　　　　　B. 东北风
    C. 西北风　　　　　　　　　　　　D. 西南风

76. 我国东部海区夏季盛行_____。
    A. 东北风　　　　　　　　　　　　B. 东南风
    C. 西北风　　　　　　　　　　　　D. 西南风

77. 统计表明,我国海域年平均大风(≥8级)日数是_____。
    A. 黄、渤海沿岸最多　　　　　　　B. 东海沿岸次之
    C. 南海沿岸最少　　　　　　　　　D. 黄海、渤海、东海和南海大致一样多

78. 统计表明,我国海域年平均大风(≥8级)日数是_____。
    A. 东海沿岸最少　　　　　　　　　B. 黄、渤海沿岸次之
    C. 南海沿岸最多　　　　　　　　　D. 黄海、渤海、东海和南海大致一样多

79. 冬季北印度洋盛行_____。
    A. 东北风　　　　　　　　　　　　B. 西北风
    C. 东南风　　　　　　　　　　　　D. 西南风

80. 在中纬度对流层的中、上部,盛行_____。
    A. 东风　　　　　　　　　　　　　B. 南风
    C. 西风　　　　　　　　　　　　　D. 北风

81. 通常,将大范围风向随季节而有规律转变的盛行风称为_____。
    A. 季风   B. 海陆风
    C. 山谷风   D. 焚风

82. 由海陆热力差异引起的季风称为海陆季风,它主要出现在_____。
    A. 赤道地区   B. 中低纬地区
    C. 高纬地区   D. 极地地区

83. 季风容易在下列哪种区域形成_____。
    A. 广阔的洋面上   B. 多岛屿地区
    C. 海陆交界地区   D. 大陆内部

84. 产生季风环流的基本因素是_____。
    A. 气象要素水平分布不均匀和地转偏向力作用
    B. 行星风带的季节性位移、海陆分布或大地形作用
    C. 稳定的气压带和气象要素水平分布不均匀或大地形作用
    D. 稳定的气压带和海陆分布

85. 下列不是产生季风环流的基本因素是_____。
    A. 行星风带的季节性位移   B. 海陆分布
    C. 大地形作用   D. 气象要素水平分布不均匀

86. 世界上最强盛、范围最广的季风是_____。
    A. 赤道非洲季风   B. 南亚季风
    C. 东亚季风   D. 南美季风

87. 在海陆热力差异引起的季风中,最强盛的季风是_____。
    A. 东亚季风   B. 南亚季风
    C. 北美季风   D. 南美季风

88. 在世界大洋上,主要由季风引起大风浪的海域是_____。
    A. 北太平洋   B. 北大西洋
    C. 北印度洋   D. 比斯开湾

89. 季风形成的主要原因是_____。
    ①海陆热力差异;②地面摩擦作用;③大地形作用;④行星风带移动;⑤太阳辐射均匀;⑥大气层结稳定
    A. ①②③④⑤⑥   B. ①②④⑤
    C. ②③⑤   D. ①③④

90. 世界季风主要分布在_____。
    ①东亚;②南亚;③东南亚;④比斯开湾;⑤赤道非洲;⑥北美洲大陆东岸
    A. ①②③④⑤⑥   B. ①②④⑤⑥
    C. ①②③⑤   D. ①②④⑤

91. 东亚季风形成的主要原因是_____。
    A. 行星风带的季节性位移   B. 海陆热力差异
    C. 地形动力作用   D. 太阳辐射随纬度均匀

92. 我国黄海、渤海冬季盛行_____。

A. 东北风 B. 西北风
C. 西南风 D. 东南风

93. 中国东部沿海夏季盛行_____。
　　A. 东北信风 B. 东南季风
　　C. 西北季风 D. 西南季风

94. 长江口冬季季风风向为_____。
　　A. 西北风 B. 东北风
　　C. 东南风 D. 西南风

95. 台湾海峡冬季季风风向为_____。
　　A. 东南风 B. 西北风
　　C. 东北风 D. 西南风

96. 东亚季风的特点是_____。
　　A. 冬季风强于夏季风,来临慢 B. 冬季风弱于夏季风,来临慢
　　C. 冬季风强于夏季风,来临快 D. 冬季风弱于夏季风,来临快

97. 东亚夏季风的气候特征是_____。
　　A. 高温、潮湿和多雨 B. 低温、潮湿和多雨
　　C. 高温、干燥和少雨 D. 低温、潮湿和少雨

98. 东亚冬季风的气候特征是_____。
　　A. 高温、潮湿和多雨 B. 低温、潮湿和多雨
　　C. 低温、干燥和少雨 D. 低温、潮湿和少雨

99. 下列说法正确的是_____。
　　A. 东亚的冬季风小于夏季风 B. 东亚的冬季风小于南亚的冬季风
　　C. 东亚的冬季风大于南亚的冬季风 D. 东亚的夏季风大于南亚的夏季风

100. 下列说法正确的是_____。
　　A. 南亚的冬季风小于夏季风 B. 南亚的冬季风大于夏季风
　　C. 南亚的冬季风大于东亚的冬季风 D. 南亚的夏季风小于东亚的夏季风

101. 南亚季风形成的最主要原因是_____。
　　A. 海陆热力差异 B. 行星风带的季节性位移
　　C. 地形动力作用 D. 冷暖海流交汇

102. 南亚夏季风的盛行风向是_____。
　　A. S风 B. SE风
　　C. SW风 D. NE风

103. 南亚冬季风的盛行风向是_____。
　　A. SW风 B. N风
　　C. NW风 D. NE风

104. 造成北印度洋西南季风的原因是_____。
　　A. 行星风带季节性北移和热带风暴频繁
　　B. 行星风带季节性北移和海陆热力差异
　　C. 热带风暴频繁和海陆热力差异

D. 热带风暴频繁和岬角效应

105. 北印度洋的 NE 季风转变为 SW 季风的转换期大约在_____。
　　A. 5 月　　　　　　　　　　　B. 8 月
　　C. 11 月　　　　　　　　　　 D. 1 月

106. 北印度洋的 SW 季风转变为 NE 季风的转换期大约在_____。
　　A. 5 月　　　　　　　　　　　B. 8 月
　　C. 10 月　　　　　　　　　　 D. 12 月

107. 北印度洋的 SW 季风最强盛期出现在_____。
　　A. 5 月初到 6 月末　　　　　　B. 11 月到次年 4 月
　　C. 9 月末到 10 月末　　　　　 D. 7 月初到 8 月末

108. 南亚季风的特点是_____。
　　A. 夏季风强于冬季风, 来临慢　　B. 夏季风弱于冬季风, 来临慢
　　C. 夏季风强于冬季风, 来临快　　D. 夏季风弱于冬季风, 来临快

109. 下列不是形成北印度洋夏季强劲 SW 季风原因的是_____。
　　A. 海陆热力差异　　　　　　　B. 行星风带季节性位移
　　C. 青藏高原大地形作用　　　　D. 气象要素水平分布不均匀

110. 形成北印度洋夏季强劲 SW 季风最主要的原因是_____。
　　A. 海陆热力差异　　　　　　　B. 行星风带季节性位移
　　C. 青藏高原大地形作用　　　　D. 地转偏向力

111. 北印度洋冬季风风力不大, 其原因是_____。
　　A. 受 SE 信风带控制　　　　　B. 北方冷空气受喜马拉雅山阻挡
　　C. 海陆热力差异　　　　　　　D. 行星风带季节性位移

112. 夏季形成北印度洋强劲季风的原因是_____。
　　①南半球信风带北移; ②大地形作用; ③印度半岛的岬角效应; ④北半球信风带南下;
　　⑤强的印度低压; ⑥澳大利亚高压发展
　　A. ①②③⑤⑥　　　　　　　　 B. ①②⑤
　　C. ②③④⑤⑥　　　　　　　　 D. ②⑤⑥

113. 澳大利亚北部夏季盛行_____。
　　A. 西北风　　　　　　　　　　B. 西南风
　　C. 东南风　　　　　　　　　　D. 东北风

114. 澳大利亚北部冬季盛行_____。
　　A. 西北风　　　　　　　　　　B. 西南风
　　C. 东南风　　　　　　　　　　D. 东北风

115. 西非的塞内加尔夏季盛行_____。
　　A. 西北风　　　　　　　　　　B. 西南风
　　C. 东南风　　　　　　　　　　D. 东北风

116. 西非的塞内加尔冬季盛行_____。
　　A. 西北风　　　　　　　　　　B. 西南风
　　C. 东南风　　　　　　　　　　D. 东北风

117. 北美大陆东岸的得克萨斯州夏季盛行_____。
    A. 北风   B. 西风
    C. 南风   D. 东风

118. 北美大陆东岸的得克萨斯州冬季盛行_____。
    A. 北风   B. 西风
    C. 南风   D. 东风

119. 巴西东海岸夏季盛行_____。
    A. 西北风   B. 西南风
    C. 东南风   D. 东北风

120. 巴西东海岸冬季盛行_____。
    A. 西北风   B. 西南风
    C. 东南风   D. 东北风

121. 海陆风中的海风是指_____。
    A. 白天由陆地吹向海面的风   B. 白天由海面吹向陆地的风
    C. 夜间由陆地吹向海面的风   D. 夜间由海面吹向陆地的风

122. 海陆风中的陆风是指_____。
    A. 白天由海洋吹向陆地的风   B. 夜间由陆地吹向海洋的风
    C. 白天由陆地吹向海洋的风   D. 夜间由海洋吹向陆地的风

123. 山谷风中的山风是指_____。
    A. 白天自谷底沿山坡吹向山顶的风
    B. 白天自山顶沿山坡吹向谷底的风
    C. 夜间自谷底沿山坡吹向山顶的风
    D. 夜间自山顶沿山坡吹向谷底的风

124. 山谷风中的谷风是指_____。
    A. 白天自谷底沿山坡吹向山顶的风
    B. 夜间自山顶沿山坡吹向谷底的风
    C. 白天自山顶沿山坡吹向谷底的风
    D. 夜间自谷底沿山坡吹向山顶的风

125. 具有海陆风和山谷风的地区,夜间地面上吹_____。
    A. 海风和谷风   B. 陆风和山风
    C. 海风和山风   D. 陆风和谷风

126. 具有海陆风和山谷风的地区,白天地面上吹_____。
    A. 陆风和谷风   B. 陆风和山风
    C. 海风和山风   D. 海风和谷风

127. 在受海陆风和山谷风的共同影响的港口,离岸风发生的时间和构成是_____。
    A. 白天,海风+谷风   B. 白天,陆风+山风
    C. 夜间,海风+谷风   D. 夜间,陆风+山风

128. 在受海陆风和山谷风的共同影响的港口,向岸风发生的时间和构成是_____。
    A. 夜间,海风+谷风   B. 白天,陆风+山风

    C. 白天,海风+谷风　　　　　　　　D. 夜间,陆风+山风

129. 海陆风现象最明显的地区处在_____。
    A. 赤道　　　　　　　　　　　　　B. 中低纬度
    C. 中高纬度　　　　　　　　　　　D. 极地

130. 我国沿海的_____港口受海陆风和山谷风的影响较明显。
    A. 上海港　　　　　　　　　　　　B. 黄埔港
    C. 连云港　　　　　　　　　　　　D. 大连港

131. 海风和陆风交替期间可暂时出现_____。
    A. 静风　　　　　　　　　　　　　B. 大风
    C. 暴风　　　　　　　　　　　　　D. 强风

132. 通常海风的日间变化为_____。
    A. 始于2~5时,到凌晨时最强　　　　B. 始于8~11时,到13~15时最强
    C. 始于12时左右,到傍晚时最强　　 D. 始于8~11时,到半夜时最强

133. 最显著的海陆风出现在_____。
    A. 中低纬度地区　　　　　　　　　B. 极地
    C. 中高纬度地区　　　　　　　　　D. 任何地区

134. 白天最强的海风和谷风出现在_____。
    A. 凌晨　　　　　　　　　　　　　B. 午后
    C. 傍晚　　　　　　　　　　　　　D. 上午

135. 下列说法正确的是_____。
    A. 山谷风在夏季较弱,冬季较强　　B. 山谷风强弱与季节无关
    C. 谷风比山风强些　　　　　　　　D. 山风比谷风强些

136. 下列说法正确的是_____。
    A. 山谷风在夏季较强,冬季较弱　　B. 山谷风在夏季较弱,冬季较强
    C. 山谷风强弱与季节无关　　　　　D. 山风比谷风强些

137. 下列说法正确的是_____。
    A. 海风比陆风强,垂直厚度薄　　　B. 海风比陆风弱,垂直厚度厚
    C. 海风比陆风弱,垂直厚度薄　　　D. 海风比陆风强,垂直厚度厚

138. 下列说法正确的是_____。
    A. 海陆风通常出现在大范围气压场不均匀分布,即等压线时密时疏的天气形势下
    B. 海陆风通常出现在大范围气压场的气压梯度较大,即等压线比较密集的天气形势下
    C. 海陆风通常出现在大范围气压场比较均匀,即等压线比较稀疏的天气形势下
    D. 海陆风通常出现在大范围气压场不均匀分布,即等压线比较密集的天气形势下

139. 在台湾海峡,冬季东北风和夏季西南风均比邻近海域强,其主要原因是_____。
    A. 岬角效应　　　　　　　　　　　B. 海岸效应
    C. 波流效应　　　　　　　　　　　D. 狭管效应

140. 我国山东半岛的成山头附近海域,偏北风通常比周围海域大1~2级,其主要原因是_____。

A. 岬角效应　　　　　　　　　　B. 狭管效应
C. 海陆热力差异作用　　　　　　D. 波流效应

141. 在渤海海峡,冬季西北风和夏季东南风均比邻近海域强,其主要原因是_____。
    A. 岬角效应　　　　　　　　　　B. 海岸效应
    C. 波流效应　　　　　　　　　　D. 狭管效应

142. 在我国东部海域,在相同的水平气压梯度下,通常偏北风比偏南风强,其主要原因是_____。
    A. 岬角效应　　　　　　　　　　B. 海岸效应
    C. 波流效应　　　　　　　　　　D. 狭管效应

143. 由于狭管效应,台湾海峡夏季盛行_____。
    A. SW 风　　　　　　　　　　　B. SE 风
    C. S 风　　　　　　　　　　　　D. E 风

144. 当风从开阔的海面吹入海峡口时,可导致_____。
    A. 风速减小　　　　　　　　　　B. 风速增大
    C. 风速不变　　　　　　　　　　D. 风速为零

145. 好望角附近海域,风力通常比周围海域大,其主要原因是_____。
    A. 岬角效应　　　　　　　　　　B. 海陆热力差异作用
    C. 流波效应　　　　　　　　　　D. 狭管效应

146. 大风频率终年都较高的海区是_____。
    A. 北大西洋　　　　　　　　　　B. 北太平洋
    C. 北印度洋　　　　　　　　　　D. 南半球咆哮西风带

147. 好望角航线终年盛行大风,其风向多为_____。
    A. 偏西风　　　　　　　　　　　B. 偏东风
    C. 偏北风　　　　　　　　　　　D. 偏南风

148. 大风频率终年都较高的海区是_____。
    A. 北大西洋　　　　　　　　　　B. 北太平洋
    C. 北印度洋　　　　　　　　　　D. 南半球西风带海区

149. 冬季我国海域常盛行偏北大风,其中_____。
    A. 渤海、黄海多东北风　　　　　B. 渤海、黄海多北风
    C. 东海主要为北风和东北风　　　D. 南海以西北风为主

150. 大风频率冬季最高的海区是_____。
    A. 北大西洋中高纬　　　　　　　B. 北印度洋
    C. 北大西洋低纬　　　　　　　　D. 北太平洋低纬

151. 大风频率夏季最高的海区是_____。
    A. 北印度洋　　　　　　　　　　B. 北太平洋中高纬
    C. 北大西洋低纬　　　　　　　　D. 北太平洋低纬

152. 世界著名的狂风恶浪海域主要有_____。
    ①冬季北大西洋中高纬度;②夏季北太平洋;③冬季北太平洋中高纬度;④好望角;⑤夏季北大西洋;⑥夏季北印度洋

A. ①③④⑥ B. ①②④⑤⑥
C. ①③④⑤⑥ D. ①④⑤⑥

153. 在冬季世界大洋中主要狂风恶浪海域有_____。
①北太平洋中高纬；②北印度洋；③百慕大海域；④北大西洋中高纬；⑤好望角；⑥合恩角
A. ①②③④⑤⑥ B. ①④⑤⑥
C. ②③④⑤⑥ D. ②④⑤⑥

154. 在低纬度南印度洋面上，风向多为_____。
A. SW B. SE
C. NW D. NE

155. 冬季，船舶在由上海前往秦皇岛的航行过程中，对船舶航行影响最大的大浪区为_____。
A. 成山头附近 B. 长江口
C. 黄海南部 D. 黄海中部

第二章参考答案

1. B	2. A	3. B	4. C	5. D	6. D	7. C	8. C	9. B	10. B
11. B	12. B	13. A	14. D	15. C	16. D	17. A	18. B	19. B	20. B
21. C	22. A	23. A	24. C	25. D	26. A	27. C	28. B	29. B	30. C
31. A	32. A	33. C	34. D	35. B	36. A	37. C	38. B	39. D	40. D
41. A	42. B	43. C	44. D	45. A	46. B	47. A	48. C	49. B	50. A
51. D	52. A	53. B	54. D	55. C	56. A	57. A	58. B	59. C	60. C
61. D	62. A	63. A	64. B	65. D	66. B	67. B	68. D	69. C	70. B
71. C	72. B	73. B	74. C	75. B	76. B	77. C	78. B	79. A	80. C
81. A	82. B	83. C	84. B	85. D	86. B	87. A	88. C	89. D	90. C
91. B	92. B	93. B	94. A	95. C	96. C	97. A	98. C	99. C	100. A
101. B	102. C	103. D	104. B	105. A	106. C	107. D	108. C	109. D	110. B
111. B	112. A	113. A	114. C	115. B	116. D	117. C	118. A	119. D	120. C
121. B	122. B	123. D	124. A	125. B	126. D	127. C	128. C	129. B	130. C
131. A	132. B	133. A	134. B	135. C	136. A	137. D	138. C	139. D	140. A
141. D	142. B	143. A	144. B	145. A	146. D	147. A	148. D	149. C	150. A
151. A	152. A	153. B	154. B	155. A					

第三章

影响航海的海洋环境要素

第一节 海 流

1. 风和海流的方向_____。
   A. 都是指来向   B. 风是指来向,流是指去向
   C. 都是指去向   D. 风是指去向,流是指来向

2. 海浪和海流的方向_____。
   A. 都是指来向   B. 浪是指来向,流是指去向
   C. 都是指去向   D. 浪是指去向,流是指来向

3. 航向和流向_____。
   A. 都是指来向   B. 航向是指来向,流是指去向
   C. 都是指去向   D. 航向是指去向,流是指来向

4. 表层大洋海流系统形成的主要原因是_____。
   A. 气压   B. 水温差
   C. 大气环流   D. 气象要素分布不均匀

5. 海流的主要成因是_____。
   A. 风和海水的密度   B. 风和气温差
   C. 地球与日月间的引力 D. 风和水温差

6. 由于大范围盛行风所引起的一种流向和流速都比较稳定的海流,称为_____。
   A. 漂流   B. 梯度流
   C. 风生流   D. 潮流

7. 由风对海面的切应力、地转偏向力、黏滞摩擦力达到平衡时形成的稳定海流是_____。
   A. 补偿流   B. 地转流

C. 风海流　　　　　　　　　　　　　D. 潮流

8. 在北半球,表层风海流的流向偏于风去向之_____。
   A. 右约 45°　　　　　　　　　　　B. 左约 45°
   C. 右约 28°　　　　　　　　　　　D. 左约 28°

9. 在南半球,表层风海流的流向偏于风去向之_____。
   A. 右约 45°　　　　　　　　　　　B. 左约 45°
   C. 右约 28°　　　　　　　　　　　D. 左约 28°

10. 在无限深海中,表层风海流的流向_____。
    A. 与风向反向　　　　　　　　　　B. 在北半球偏于风的去向右边 45°
    C. 与风向同向　　　　　　　　　　D. 在北半球偏于风的来向右边 45°

11. 表层风海流的流向与风向的关系为_____。
    A. 南北半球均偏向风去向之右约 45°
    B. 南北半球均偏向风去向之左约 45°
    C. 北半球偏向风去向之右约 45°,南半球偏向风去向之左约 45°
    D. 北半球偏向风去向之左约 45°,南半球偏向风去向之右约 45°

12. 北半球无限深海中,风海流的方向和流速随着深度的增加其_____。
    A. 方向向右偏转,流速变大　　　　B. 方向向左偏转,流速变大
    C. 方向向右偏转,流速变小　　　　D. 方向向左偏转,流速变小

13. 风海流分为_____。
    A. 风生流,地转流　　　　　　　　B. 地转流,补偿流
    C. 定海流,地转流　　　　　　　　D. 定海流,风生流

14. 若深海海面风向为 SW 风,则表层风海流的流向应为_____。
    A. 在北半球为南流,在南半球为西流
    B. 在北半球为东流,在南半球为北流
    C. 在北半球为北流,在南半球为东流
    D. 在北半球为西流,在南半球为南流

15. 表层风海流的大小_____。
    A. 与海面风速成正比　　　　　　　B. 与海面风速成反比
    C. 与纬度的正弦成反比　　　　　　D. 与纬度的正弦平方根成正比

16. 若深海海面风向为 NE 风,则表层风海流的流向应为_____。
    A. 在北半球为南流,在南半球为西流
    B. 在北半球为西流,在南半球为南流
    C. 在北半球为东流,在南半球为北流
    D. 在北半球为北流,在南半球为东流

17. 在近岸浅海水域中,表层风海流的流向与风向_____。
    A. 几乎垂直　　　　　　　　　　　B. 几乎一致
    C. 几乎相反　　　　　　　　　　　D. 不定

18. 若深海海面风向为 SE 风,则表层风海流的流向应为_____。
    A. 在北半球为南流,在南半球为西流

B. 在北半球为西流,在南半球为北流

C. 在北半球为南流,在南半球为东流

D. 在北半球为北流,在南半球为西流

19. 若深海海面风向为 NW 风,则表层风海流的流向应为_____。

A. 在北半球为南流,在南半球为东流

B. 在北半球为西流,在南半球为北流

C. 在北半球为东流,在南半球为南流

D. 在北半球为北流,在南半球为西流

20. 当海水的水平压力梯度与地转偏向力平衡时形成的稳定流动是_____。

A. 补偿流   B. 地转流

C. 风海流   D. 潮流

21. 下列说法正确的是_____。

A. 海流对船舶运动有一定影响

B. 较弱的海流对天气和气候有显著影响

C. 海雾的形成与冷、暖海流的分布无关

D. 海流不能带动冰山移动

22. 海洋上最主要的海流是_____。

A. 风海流   B. 地转流

C. 补偿流   D. 潮流

23. 下列说法正确的是_____。

A. 补偿流只有水平方向的   B. 补偿流只有垂直方向的

C. 出现上升流的海区常伴随低温   D. 出现上升流的海区常伴随高温

24. 下列说法正确的是_____。

A. 补偿流只有水平方向的

B. 补偿流只有垂直方向的

C. 补偿流既有水平方向的,也有垂直方向的

D. 出现上升流的海区常伴随高温

25. 地转流(又称梯度流)可分为_____。

A. 密度流、倾斜流   B. 补偿流、潮流

C. 定海流、风生流   D. 向岸流、离岸流

26. 由于不均匀外压场作用下引起的等压面倾斜而产生的梯度流称为_____。

A. 密度流   B. 倾斜流

C. 补偿流   D. 外压流

27. 下列说法正确的是_____。

A. 在大洋上,潮流的量值极小,主要考虑风海流

B. 在大洋上,潮流不能忽略

C. 在近海,潮流的量值极小,主要考虑风海流

D. 在近海,潮流的量值极小,主要考虑密度流

28. 下列说法正确的是_____。

A. 在近海,潮流的量值极小,主要考虑梯度流
B. 在近海,潮流的量值不可忽视,常有强大的潮流
C. 在大洋上,潮流的量值不可忽视,常有强大的潮流
D. 在大洋上,潮流的量值极小,主要考虑密度流

29. 流经暖海区的海流称为_____。
   A. 暖流   B. 冷流
   C. 中性流   D. 补偿流

30. 流经冷海区的海流称为_____。
   A. 中性流   B. 冷流
   C. 暖流   D. 补偿流

31. 下列说法正确的是_____。
   A. 冷海流是指水温低的海流,也称寒流
   B. 冷海流是指水温低于它所经海域水温的海流
   C. 冷海流是指由海水深处流向表层的海流
   D. 冷海流是指由海水表层流向深处的海流

32. 下列说法正确的是_____。
   A. 暖海流是指水温高于它所流经海域水温的海流
   B. 暖海流是指水温高的海流
   C. 暖海流是指由海水深处流向表层的海流
   D. 暖海流是指由海水表层流向深处的海流

33. 下列说法正确的是_____。
   A. 冷海流是指水温低的海流,也称寒流
   B. 暖海流是指水温高的海流
   C. 中性流是指水温与它所流经海域水温基本一致的海流
   D. 冷海流是指由海水深处流向表层的海流

34. 从低纬海区流向高纬海区的海流一般为_____。
   A. 中性流   B. 冷流
   C. 变性流   D. 暖流

35. 从高纬海区流向低纬海区的海流一般为_____。
   A. 冷流   B. 中性流
   C. 变性流   D. 暖流

36. 北太平洋的主要表层海流系统为_____。
   A. 低纬度为顺时针环流,高纬度为逆时针环流
   B. 低纬度为逆时针环流,高纬度为顺时针环流
   C. 低纬度为顺时针环流,高纬度为顺时针环流
   D. 低纬度为逆时针环流,高纬度为逆时针环流

37. 赤道逆流属于_____。
   A. 暖流   B. 冷流
   C. 中性流   D. 变性流

38. 北大西洋的主要表层海流系统为_____。
    A. 低纬度为顺时针环流,高纬度为顺时针环流
    B. 低纬度为逆时针环流,高纬度为顺时针环流
    C. 低纬度为顺时针环流,高纬度为逆时针环流
    D. 低纬度为逆时针环流,高纬度为逆时针环流

39. 在盛行西风带中海流流向大致是_____。
    A. 自北向南　　　　　　　　　B. 自南向北
    C. 自东向西　　　　　　　　　D. 自西向东

40. 北半球 NE 信风带形成的海流_____。
    A. 向西流动　　　　　　　　　B. 向东流动
    C. 向西南流动　　　　　　　　D. 向西北流动

41. 南半球 SE 信风带形成的海流_____。
    A. 向西南流动　　　　　　　　B. 向东流动
    C. 向西流动　　　　　　　　　D. 向西北流动

42. 北赤道海流和南赤道海流的流向为_____。
    A. 北赤道海流向北,南赤道海流向南　　B. 都是从西向东
    C. 北赤道海流向南,南赤道海流向北　　D. 都是从东向西

43. 中高纬度北太平洋西边界的海流是指_____。
    A. 北太平洋流　　　　　　　　B. 阿拉斯加海流
    C. 黑潮　　　　　　　　　　　D. 亲潮

44. 中高纬度北大西洋西边界的海流是指_____。
    A. 墨西哥湾流　　　　　　　　B. 拉布拉多海流
    C. 北大西洋海流　　　　　　　D. 加那利海流

45. 中低纬度北大西洋西边界的海流是指_____。
    A. 加那利海流　　　　　　　　B. 北大西洋海流
    C. 拉布拉多海流　　　　　　　D. 墨西哥湾流

46. _____的表层海流主要由季风引起。
    A. 南太平洋　　　　　　　　　B. 北印度洋
    C. 大西洋　　　　　　　　　　D. 西北太平洋

47. 北太平洋西岸中低纬度的海流是_____。
    A. 北太平洋流　　　　　　　　B. 黑潮
    C. 赤道逆流　　　　　　　　　D. 加利福尼亚海流

48. 北太平洋东岸中低纬度的海流是_____。
    A. 北太平洋流　　　　　　　　B. 加利福尼亚海流
    C. 亲潮　　　　　　　　　　　D. 黑潮

49. 在南半球信风带所产生的海流是_____。
    A. 向西流动　　　　　　　　　B. 向东流动
    C. 向西北流动　　　　　　　　D. 向东南流动

50. 下列发生季风海流系统的大洋是_____。

A. 南印度洋 B. 北印度洋
C. 南太平洋 D. 北太平洋

51. 形成世界大洋表层海流系统的主要因素之一是_____。
 A. 气温沿纬度分布不均匀 B. 同一纬度气压分布不均匀
 C. 潮涨潮落 D. 地转偏向力

52. 赤道逆流的位置与赤道无风带一致,平均位置在_____。
 A. 3°S~5°S B. 3°N~5°N
 C. 3°N~3°S D. 5°N~5°S

53. 在北半球信风带风所产生的海流是_____。
 A. 向东流动 B. 向西流动
 C. 向西南流动 D. 向东北流动

54. 存在冷水环流和暖水环流两个大型环流系统的大洋是_____。
 A. 南印度洋、北大西洋 B. 北印度洋、北太平洋
 C. 南太平洋、南印度洋 D. 北太平洋、北大西洋

55. 根据世界大洋环流模式,北半球中、低纬度海域呈_____。
 A. 顺时针环流,属暖水环流系统 B. 顺时针环流,属冷水环流系统
 C. 逆时针环流,属冷水环流系统 D. 逆时针环流,属暖水环流系统

56. 依据世界大洋环流模式,南太平洋低纬度洋面上海流系统为_____。
 A. 季节性环流 B. 反时针大环流
 C. 顺时针大环流 D. 反时针小环流

57. 在南半球自赤道至40°S之间的三大洋海流模式是_____。
 A. 各成一个顺时针大环流 B. 各大洋沟通的自西向东环流
 C. 各成一个逆时针大环流 D. 各大洋沟通的自东向西环流

58. 形成世界大洋表层海流系统的主要因素是_____。
 A. 海水密度分布不均匀 B. 气温沿纬度分布不均匀
 C. 波流效应 D. 盛行风带

59. 形成世界大洋表层海流系统的主要因素是_____。
 A. 海水密度分布均匀 B. 海水盐度分布不均匀
 C. 海陆分布 D. 波流效应

60. 南赤道流的北界在_____。
 A. 赤道附近 B. 4°N附近
 C. 4°S附近 D. 5°N~5°S

61. 北印度洋的赤道逆流出现的季节是_____。
 A. 冬季 B. 秋季
 C. 夏季 D. 春季

62. 夏季,印度洋赤道逆流消失,整个北印度洋直到5°S表层海流均为_____。
 A. 西流 B. 东流
 C. 东北流 D. 西南流

63. 下列说法正确的是_____。

A. 世界上最强的暖流出现在大洋的东部

B. 世界上最强的冷流出现在大洋的东部

C. 大洋西边界流水温高,流速大,将大量的热量和水汽向高纬度输送

D. 大洋东边界流水温高,流速大,将大量的热量和水汽向高纬度输送

64. 世界海洋主要表层海流系统的形成是_____等因子共同作用的结果。

　　A. 盛行风带、地转偏向力、海陆岸形分布

　　B. 地转风、梯度风

　　C. 水平压强梯度力、水平地转偏向力

　　D. 风对海面的切应力、地转偏向力、黏滞摩擦力

65. 北大西洋低纬度和高纬度存在着两个海流环流是_____。

　　A. 低纬的顺时针环流,高纬的逆时针环流

　　B. 低纬的逆时针环流,高纬的顺时针环流

　　C. 低纬的顺时针环流,高纬的顺时针环流

　　D. 低纬的逆时针环流,高纬的逆时针环流

66. 依据大洋环流模式,南半球中、低纬度洋面上的环流系统为_____。

　　A. 逆时针方向大环流圈　　　　B. 季风环流圈

　　C. 顺时针方向大环流圈　　　　D. 逆时针方向小环流圈

67. 亲潮是_____。

　　A. 暖流　　　　　　　　　　　B. 冷流

　　C. 中性流　　　　　　　　　　D. 变性流

68. 世界海洋上最强大的暖流是_____。

　　A. 黑潮　　　　　　　　　　　B. 墨西哥湾流

　　C. 巴西海流　　　　　　　　　D. 东澳海流

69. 大西洋最强大的冷流是_____。

　　A. 拉布拉多海流　　　　　　　B. 加利福尼亚海流

　　C. 黑潮　　　　　　　　　　　D. 亲潮

70. 大西洋中最强大的暖流为_____。

　　A. 黑潮　　　　　　　　　　　B. 亲潮

　　C. 北太平洋海流　　　　　　　D. 墨西哥湾流

71. 太平洋中最强大的暖流为_____。

　　A. 黑潮　　　　　　　　　　　B. 东澳海流

　　C. 北赤道流　　　　　　　　　D. 加利福尼亚海流

72. 亲潮和黑潮的汇合处在_____。

　　A. 千岛群岛南部　　　　　　　B. 琉球群岛东部

　　C. 夏威夷群岛一带　　　　　　D. 北海道东南大约40°N一带

73. 北太平洋东岸中低纬度的海流是_____。

　　A. 赤道逆流　　　　　　　　　B. 加利福尼亚海流

　　C. 北太平洋流　　　　　　　　D. 黑潮

74. 世界上最强大的两个寒流是_____。

A. 拉布拉多海流、亲潮　　　　　　　　B. 墨西哥湾流、黑潮
C. 北大西洋流、北太平洋流　　　　　　D. 北赤道流、南赤道流

75. 世界上最强大的两个暖流是_____。
　　A. 拉布拉多海流、亲潮　　　　　　　　B. 墨西哥湾流、黑潮
　　C. 北大西洋流、北太平洋流　　　　　　D. 北赤道流、南赤道流

76. 世界上最强大的两个中性流是_____。
　　A. 拉布拉多海流、亲潮　　　　　　　　B. 墨西哥湾流、黑潮
　　C. 北大西洋流、北太平洋流　　　　　　D. 北赤道流、南赤道流

77. _____属于冷流。
　　A. 北太平洋海流　　　　　　　　　　　B. 阿拉斯加海流
　　C. 加利福尼亚流　　　　　　　　　　　D. 北赤道流

78. _____属于暖流。
　　A. 拉布拉多海流　　　　　　　　　　　B. 加那利海流
　　C. 东格陵兰流　　　　　　　　　　　　D. 挪威海流

79. 下列属于暖海流的是_____。
　　A. 福克兰海流　　　　　　　　　　　　B. 秘鲁海流
　　C. 西澳大利亚海流　　　　　　　　　　D. 马达加斯加海流

80. 在出现上升流的海区,一般将伴随_____。
　　A. 高温　　　　　　　　　　　　　　　B. 低温
　　C. 低密度　　　　　　　　　　　　　　D. 高盐度

81. 索马里海流出现流速最大的时间为_____。
　　A. 1~3月　　　　　　　　　　　　　　B. 4~6月
　　C. 7~9月　　　　　　　　　　　　　　D. 10~12月

82. 夏季,北印度洋季风流与_____构成一个顺时针方向的环流系统。
　　A. 北赤道环流　　　　　　　　　　　　B. 赤道逆流
　　C. 南赤道海流　　　　　　　　　　　　D. 前三者都错

83. 在_____海域的赤道逆流消失。
　　A. 冬季太平洋　　　　　　　　　　　　B. 夏季大西洋
　　C. 冬季印度洋　　　　　　　　　　　　D. 夏季印度洋

84. 在冬季阿拉伯海、孟加拉湾的海流为_____。
　　A. 左旋季风流　　　　　　　　　　　　B. 右旋季风流
　　C. 往返式季风流　　　　　　　　　　　D. 东向季风流

85. 南印度洋的暖海流为_____。
　　A. 西澳大利亚海流　　　　　　　　　　B. 马达加斯加海流
　　C. 东澳大利亚海流　　　　　　　　　　D. 索马里海流

86. 南印度洋的冷海流为_____。
　　A. 西澳大利亚海流　　　　　　　　　　B. 马达加斯加海流
　　C. 东澳大利亚海流　　　　　　　　　　D. 索马里海流

87. 白令海海流和来自北冰洋经白令海峡流出的沿亚洲大陆东岸向南流的海流

为_____。

A. 黑潮 B. 亲潮

C. 阿留申海流 D. 堪察加海流

88. 从菲律宾以东部洋面流经日本东南部转向东的海流是_____。

A. 北赤道流 B. 黑潮

C. 北太平洋流 D. 亲潮

89. 下列海流中属于冷流的是_____。

A. 加那利海流 B. 巴西海流

C. 北大西洋海流 D. 挪威海流

90. 阿拉伯海的表层海流_____。

A. 全年均为右旋季风流 B. 夏季为右旋季风流,冬季为左旋季风流

C. 全年均为左旋季风流 D. 夏季为左旋季风流,冬季为右旋季风流

91. 孟加拉湾的表层海流_____。

A. 夏季为左旋季风流,冬季为右旋季风流

B. 全年均为右旋季风流

C. 夏季为右旋季风流,冬季为左旋季风流

D. 全年均为左旋季风流

92. 北太平洋中高纬主要海流有_____。

①黑潮;②亲潮;③加利福尼亚海流;④墨西哥湾流;⑤阿留申海流;⑥北太平洋海流

A. ②③④⑤⑥ B. ①②④⑤

C. ②③④⑥ D. ②⑤⑥

93. 具有暖流性质的海流有_____。

①北赤道流;②黑潮;③阿拉斯加海流;④墨西哥湾流;⑤亲潮;⑥加利福尼亚海流

A. ①②③④⑥ B. ①②④⑥

C. ②③④ D. ②④⑤⑥

94. 具有冷流特性的海流有_____。

①本格拉海流;②拉布拉多海流;③挪威海流;④加利福尼亚海流;⑤加那利海流;⑥亲潮

A. ①②④⑤⑥ B. ①②④⑥

C. ②③④⑤⑥ D. ②④⑤⑥

95. 夏季,印度洋_____不存在。

①索马里海流;②北印度洋的东北流;③北赤道海流;④南赤道海流;⑤北印度洋的西南流;⑥赤道逆流

A. ①③④⑤⑥ B. ②③⑥

C. ③⑤⑥ D. ②④⑤⑥

96. 北大西洋的暖性海流有_____。

①墨西哥湾流;②北赤道流;③挪威海流;④北大西洋海流;⑤加那利海流;⑥拉布拉多海流

A. ①③④ B. ①②④⑤

C. ②③④⑥　　　　　　　　　　　　D. ④⑤⑥

97. 黄海暖流基本呈_____。
   A. 冬弱夏强,从渤海海峡北部流入渤海
   B. 冬强夏弱,从渤海海峡南部流入渤海
   C. 冬强夏弱,从渤海海峡北部流入渤海
   D. 冬弱夏强,从渤海海峡南部流入渤海

98. 南海的海流具有季风漂流的特性,其季风转换月份为_____。
   A. 1月和7月　　　　　　　　　　　B. 3月和9月
   C. 4月和10月　　　　　　　　　　　D. 6月和12月

99. 夏季,我国南海的海流主要是_____。
   A. 东北流　　　　　　　　　　　　B. 西南流
   C. 西北流　　　　　　　　　　　　D. 东南流

100. 影响我国近海的著名暖流是_____。
   A. 北太平洋海流　　　　　　　　　B. 北赤道流
   C. 黑潮　　　　　　　　　　　　　D. 亲潮

101. 中国东部沿海的沿岸流属于_____。
   A. 自北向南的暖流　　　　　　　　B. 自北向南的冷流
   C. 自南向北的暖流　　　　　　　　D. 自南向北的冷流

102. 中国东海的外海流系包括_____。
   A. 东海暖流　　　　　　　　　　　B. 亲潮
   C. 对马暖流　　　　　　　　　　　D. 日本暖流

103. 黑潮在北上过程中的三个分支海流是_____。
   A. 台湾暖流、黄海暖流和日本暖流　　B. 台湾暖流、渤海暖流和日本暖流
   C. 台湾暖流、渤海暖流和对马暖流　　D. 台湾暖流、黄海暖流和对马暖流

104. 下列说法正确的是_____。
   A. 南海的表层海流具有季风漂流的性质
   B. 南海的表层海流以潮流为主
   C. 南海的表层海流冬季大部分地区为 S 流,夏季大部分地区为 N 流
   D. 南海的表层海流冬季大部分地区为 NE 流,夏季大部分地区为 SW 流

105. 下列说法正确的是_____。
   A. 南海的表层海流以潮流为主
   B. 南海的表层海流冬季大部分地区为 SW 流,夏季大部分地区为 NE 流
   C. 南海的表层海流冬季大部分地区为 S 流,夏季大部分地区为 N 流
   D. 南海的表层海流冬季大部分地区为 NE 流,夏季大部分地区为 SW 流

106. 渤海海峡在稳定情况下,终年有_____。
   A. 南进北出海流,流速夏强冬弱　　　B. 北进南出海流,流速夏强冬弱
   C. 北进南出海流,流速夏弱冬强　　　D. 南进北出海流,流速终年不变

107. 中国东部沿海的沿岸流最强出现在_____。
   A. 春季　　　　　　　　　　　　　B. 夏季

C. 冬季 D. 秋季

108. 黑潮的分支有_____。
①台湾暖流;②黄海暖流;③中国沿岸流;④对马暖流;⑤亲潮;⑥渤海暖流
A. ①②③④ B. ①②④
C. ②④⑤⑥ D. ②④⑥

109. 地中海与其他海洋的海流相比具有_____。
A. 属于季风海流 B. 独自形成一个逆时针环流
C. 自东向西流 D. 独自形成一个顺时针环流

110. 地中海和黑海的海流基本为_____。
A. 自西向东流动 B. 自东向西流动
C. 逆时针方向流动 D. 顺时针方向流动

111. 地中海的海流基本上是_____。
A. 非洲沿海为东流,欧洲沿海为西流
B. 非洲沿海为西流,欧洲沿海为东流
C. 非洲和欧洲沿海均为西流
D. 非洲和欧洲沿海均为东流

112. 亚丁湾的海流是_____。
A. 冬季东海流,夏季西海流 B. 全年均为西海流
C. 冬季西海流,夏季东海流 D. 全年均为东海流

113. 红海和亚丁湾的海流是_____。
A. 冬季经亚丁湾流入红海,夏季经亚丁湾流出红海
B. 全年均经亚丁湾流出红海
C. 冬季经亚丁湾流出红海,夏季经亚丁湾流入红海
D. 全年均经亚丁湾流入红海

第二节 海 浪

1. 通常影响船舶航速的海洋气象环境因素主要有_____。
A. 风、冰、雾、流 B. 风、浪、雾、流
C. 冰、浪、流、雾 D. 风、浪、冰、雾

2. 在通常情况下,影响船速的最主要因素是_____。
A. 海冰 B. 海流
C. 海浪 D. 海雾

3. 对于特定的船舶,其实际航速主要取决于_____。
A. 浪高和浪向 B. 浪高和周期
C. 周期和浪向 D. 波长和浪高

4. 浪高是指_____。

A. 平均海平面到波峰垂直距离 　　　　　B. 波峰到波谷的水平距离
C. 波峰到波谷的垂直距离 　　　　　　　D. 平均海平面到波谷的垂直距离

5. 波陡 δ 是指_____。（H:波高；λ:波长；T:周期）
A. T/H 　　　　　　　　　　　　　　　B. λ/H
C. H/T 　　　　　　　　　　　　　　　D. H/λ

6. 在大洋上,当波陡 δ 接近_____时,波浪开始破碎。
A. 1/9 　　　　　　　　　　　　　　　　B. 1/7
C. 1/5 　　　　　　　　　　　　　　　　D. 1/3

7. "海浪"通常是指_____。
A. 风浪、涌浪、近岸浪 　　　　　　　　B. 风浪、涌浪、海啸
C. 涌浪、海啸、潮波 　　　　　　　　　D. 海啸、潮波、内波

8. 风区内的风直接吹刮海面引起的海面波动,称为_____。
A. 近岸浪 　　　　　　　　　　　　　　B. 涌浪
C. 风浪 　　　　　　　　　　　　　　　D. 风暴潮

9. 风浪离开风区传至远处的波浪或风区里风停息后遗留下来的波浪,称为_____。
A. 涌浪 　　　　　　　　　　　　　　　B. 风浪
C. 内波 　　　　　　　　　　　　　　　D. 驻波

10. 当船舶航行至曲折海岸的凸出处时,波浪通常_____。
A. 波向辐散,波高变大,波浪冲击力加强
B. 波向辐合,波高变大,波浪冲击力加强
C. 波向辐合,波高变小,波浪冲击力减弱
D. 波向辐散,波高变小,波浪冲击力加强

11. _____可以作为预测台风或风暴到来前的征兆。
A. 潮波 　　　　　　　　　　　　　　　B. 内波
C. 风暴潮 　　　　　　　　　　　　　　D. 涌浪

12. 通常海浪不包括_____。
A. 海啸 　　　　　　　　　　　　　　　B. 风浪
C. 涌浪 　　　　　　　　　　　　　　　D. 近岸浪

13. 通常海浪不包括_____。
A. 近岸浪 　　　　　　　　　　　　　　B. 风浪
C. 涌浪 　　　　　　　　　　　　　　　D. 内波

14. "无风不起浪"是指_____。
A. 风浪 　　　　　　　　　　　　　　　B. 涌浪
C. 近岸浪 　　　　　　　　　　　　　　D. 内波

15. "无风三尺浪"是指_____。
A. 海啸 　　　　　　　　　　　　　　　B. 风浪
C. 涌浪 　　　　　　　　　　　　　　　D. 风暴潮

16. 在同一海域,风浪方向与海面风向之间的角度为_____。
A. 90° 　　　　　　　　　　　　　　　　B. 45°

C. 28°　　　　　　　　　　　　D. 0°

17. 在同一海域,涌浪的传播方向与海面上的实际风向之间的角度为_____。
   A. 0°　　　　　　　　　　　　B. 28°
   C. 45°　　　　　　　　　　　 D. 任意角度

18. 根据有关规定,船舶观测海浪时应_____。
   A. 对风浪和涌浪分别进行观测和记录
   B. 对风浪和涌浪的合成波进行观测和记录
   C. 选择风浪和涌浪两者波高大者进行观测和记录
   D. 对有效波高 $H_{1/3}$ 进行观测和记录

19. 涌浪是指_____。
   A. 风区内的风直接吹刮海面引起的海面波动
   B. 在海洋中,密度相差较大的水层界面上的波动
   C. 由两列波向相反的正弦波叠加得到一种波形不向前传播的波
   D. 风浪离开风区传至远处的波浪或风区里风停息后遗留下来的波浪

20. 风浪是指_____。
   A. 风区内的风直接吹刮海面引起的海面波动
   B. 风浪离开风区传至远处的波浪或风区里风停息后遗留下来的波浪
   C. 风浪或涌浪传至浅水或近岸区域后,因受地形影响将发生一系列变化的波浪
   D. 因强热带风暴、台风、寒潮等强风暴影响引起的海面异常升高的现象

21. 对于风浪和涌浪,下列叙述中有关两者波向与风向关系正确的是_____。
   A. 风浪波向与风向一致,涌浪波向与风向常不一致
   B. 风浪波向与风向常不一致,涌浪波向与风向一致
   C. 风浪波向与风向一致,涌浪波向与风向一致
   D. 风浪波向与风向常不一致,涌浪波向与风向常不一致

22. 由于气象原因引起的海水波浪有_____。
   ①风暴潮;②地震波;③潮汐波;④风浪;⑤内波;⑥涌浪
   A. ①③④⑤⑥　　　　　　　　B. ①④⑥
   C. ①②④⑤⑥　　　　　　　　D. ①②④⑥

23. 通常海浪其内涵应包括_____。
   ①海啸;②风浪;③涌浪;④近岸浪;⑤内波;⑥潮汐波
   A. ①②③④⑥　　　　　　　　B. ①②③⑤
   C. ②③④⑤　　　　　　　　　D. ②③④

24. 深水波的波速与_____有关。
   ①风速;②波长;③周期;④水深
   A. ①②　　　　　　　　　　　B. ②③
   C. ③④　　　　　　　　　　　D. ①④

25. 波长较长,波面较平坦和光滑的海浪是_____。
   A. 风浪　　　　　　　　　　　B. 涌浪
   C. 近岸浪　　　　　　　　　　D. 风暴潮

26. 海面风浪大小除了与风力大小有关外,还与_____因素有关。
    A. 水温和水深　　　　　　　　　　B. 风时和水深
    C. 风区和水温　　　　　　　　　　D. 风区和风时
27. 风浪在成长过程中,风浪充分成长的要素取决于_____。
    A. 风速　　　　　　　　　　　　　B. 风时
    C. 风区　　　　　　　　　　　　　D. 三者都对
28. 当风的要素相同时,风浪的尺寸_____。
    A. 在深水中的大,在浅水中的小　　　B. 与水深无关
    C. 在深水中的小,在浅水中的大　　　D. 水温高则大,水温低则小
29. 风浪充分成长所需要的最小风区和最小风时与风速的关系是_____。
    A. 成反比　　　　　　　　　　　　B. 成正比
    C. 无关系　　　　　　　　　　　　D. 不确定
30. 在大洋上当风速一定时,风浪的充分成长取决于_____。
    A. 风区、风时　　　　　　　　　　B. 纬度、季节
    C. 水深、季节　　　　　　　　　　D. 风时、纬度
31. 风浪成长三要素是指_____。
    A. 风力、水深、风区　　　　　　　B. 水深、风区、风时
    C. 风速、风区、风时　　　　　　　D. 风力、风时、水深
32. 风速越大,风浪充分成长所需要的最小风区越_____和最小风时越_____。
    A. 小;短　　　　　　　　　　　　B. 小;长
    C. 大;短　　　　　　　　　　　　D. 大;长
33. 风速越小,风浪充分成长所需要的最小风区越_____和最小风时越_____。
    A. 小;短　　　　　　　　　　　　B. 小;长
    C. 大;短　　　　　　　　　　　　D. 大;长
34. 在风浪的过渡状态中,风浪随风时的增加而_____。
    A. 增大　　　　　　　　　　　　　B. 减弱
    C. 不变　　　　　　　　　　　　　D. 无法确定
35. 在风浪的定常状态中,由于受风区尺度的限制,风浪_____。
    A. 迅速减小　　　　　　　　　　　B. 迅速增大
    C. 趋于稳定　　　　　　　　　　　D. 无法确定
36. 对于水深浅的海域,风浪较快地趋于充分成长,这是由于_____导致的。
    A. 水平压强梯度力　　　　　　　　B. 水平地转偏向力
    C. 海底摩擦力　　　　　　　　　　D. 海水黏滞力
37. 涌浪在其传播过程中的重要特点是_____。
    A. 周期不变,波长和波高增大　　　B. 波高增加的同时,周期和波长变小
    C. 波高不变,波长和周期变大　　　D. 波高衰减的同时,周期和波长变大
38. 涌浪在传播过程中_____。
    A. 波长大的衰减快,波长小的衰减慢
    B. 衰减快慢与波长大小无关

C. 波长大的波速快,波长小的波速慢
D. 波长大的波速慢,波长小的波速快

39. 当波浪由深水区传至浅水或近岸区域,其变化为_____。
    A. 波向不变
    B. 波高减小
    C. 波面变陡、卷倒和破碎
    D. 波长增大

40. 当波浪由深水区传至浅水或近岸区域时,其变化为_____。
    A. 波长变长
    B. 周期变长
    C. 波高增大
    D. 波陡变缓,移速加快

41. 当波浪由深水区传至浅水或近岸时,其变化为_____。
    A. 波长变小
    B. 周期变长
    C. 波高减小
    D. 波面变缓

42. 当波浪由深水区传至浅水或近岸时,其变化为_____。
    A. 波长变长
    B. 周期变短
    C. 波高减小
    D. 波面变缓

43. 当波浪由深水区传至浅水或近岸时,其变化为_____。
    A. 波长变长
    B. 周期变长
    C. 波高减小
    D. 波面变陡

44. 涌浪在传播过程中,逐渐衰减的因素有_____。
    ①波高;②波长;③周期
    A. ①
    B. ①②
    C. ②③
    D. ①②③

45. 在涌浪波高衰减的过程中,说法正确的是_____。
    ①波长大的衰减慢,小的衰减快;②周期增加;③波速减小;④波长小的衰减慢,大的衰减快;⑤能量减小;⑥波高减小
    A. ①②⑤⑥
    B. ①②④⑤⑥
    C. ②③⑤⑥
    D. ②④⑤⑥

46. 在大洋中风浪充分成长与_____因素有关。
    ①风向;②水温;③风速;④风区;⑤水深;⑥风时
    A. ①②④
    B. ①②④⑥
    C. ③④⑤⑥
    D. ③④⑥

47. 风浪的三种状态是指_____。
    A. 初生状态、发展状态、消亡状态
    B. 过渡状态、定常状态、充分成长状态
    C. 初生状态、成熟状态、充分成长状态
    D. 过渡状态、发展状态、定常状态

48. 在涌浪波高衰减的过程中,_____。
    A. 波长大的衰减快,小的衰减慢
    B. 波高衰减时,波长变小
    C. 波长大的衰减慢,小的衰减快
    D. 大波高衰减慢,小波高衰减快

49. 涌浪在传播过程中,_____。

A. 波高衰减,周期和波长逐渐加大
B. 波高增大,周期和波长逐渐加大
C. 波高不变,波长和周期逐渐加大
D. 周期不变,波长和波高逐渐加大

50. 当波浪由深水区传至浅水或近岸区域后,会出现_____。
①能量集中、波高增大;②波面变陡、卷倒和破碎;③波向折射、绕射和反射;④能量分散,波高减小;⑤波面变缓、卷倒和破碎;⑥波向不变
A. ②③④⑥
B. ①⑤⑥
C. ①②③
D. ④⑤⑥

51. 有利于波浪的波高增大的情况是_____。
A. 气温高于水温
B. 波浪与海流的方向正交
C. 波浪与海流同向
D. 波浪与海流相向或接近于相向

52. 关于流波效应的研究表明,有利于波高增大的情况是_____。
A. 波浪和海流的运动方向相反或接近相反
B. 波浪和海流的运动方向相同或接近相同
C. 波浪和海流的方向正交
D. 流速比波速小很多

53. 关于流波效应的研究表明,_____。
A. 波浪和海流的运动方向相反或接近相反时,波高减小
B. 波浪和海流的运动方向相反或接近相反时,波高不变
C. 波浪和海流的运动方向相同或接近相同时,波高减小
D. 波浪和海流的运动方向相同或接近相同时,波高增大

54. 据统计,当流速 2~3 kn,风速 10~15 m/s,流向与浪向相向运动的情况下,其波高_____。
A. 减小 20%~30%
B. 增大 20%~30%
C. 增大一倍
D. 不变

55. 关于海气温差对海浪影响的研究表明,有利于波高增大的情况是_____。
A. 气温高于海温
B. 波高与海气温差无关
C. 气温等于海温
D. 海温高于气温

56. 统计表明,在严冬风速相同的条件下,气温比水温每低 1℃,波高约增大_____。
A. 1%
B. 10%
C. 5%
D. 0.5%

57. 冬季北太平洋日本东部黑潮流域,有时出现比预料高 2~3 倍的异常大浪,有魔鬼海域之称。其原因是_____。
A. 水温高于气温达 10℃以上和流波效应
B. 气温高于水温达 10℃以上和流波效应
C. 海底地形影响和流波效应
D. 海底地形影响和气旋爆发性发展

58. 波高分析图上的波高为_____。
A. 平均波高
B. 均方根波高
C. 有效波高
D. 合成波高

59. 通常将_____符号称为有效波高。

   A. $H_{1/3}$
   B. $H_{1/10}$
   C. $H_{1/100}$
   D. $H_{1/5}$

60. 国际、国内海浪预报图上的波高为_____。

   A. 平均波高
   B. 均方根波高
   C. 有效波高
   D. 大波的平均波高

61. 在下列波高中最大的是_____。

   A. $H_{1/3}$
   B. $H_{1/10}$
   C. $H_{1/100}$
   D. $H_{1/1000}$

62. 设有效波高之值为1个单位,则其他统计波高与其比值为_____。

   A. $\bar{H}$ 为 0.63
   B. $H_{1/10}$ 为 1.94
   C. $H_{1/100}$ 为 1.27
   D. $H_{1/1000}$ 为 1.61

63. 设有效波高之值为1个单位,则其他统计波高与其比值为_____。

   A. $\bar{H}$ 为 1.27
   B. $H_{1/10}$ 为 1.61
   C. $H_{1/100}$ 为 0.63
   D. $H_{1/1000}$ 为 1.94

64. 关于流波效应的研究表明,_____。

   A. 波浪和海流的运动方向相反或接近相同时,波高不变
   B. 波浪和海流的运动方向相同或接近相同时,波高增大
   C. 波浪和海流的运动方向相反或接近相反时,波高减小
   D. 波浪和海流的运动方向相反或接近相反时,波高增大

65. 比有效波高大的波高有_____。

   ①频繁出现的波高;②平均波高$\bar{H}$;③$H_{1/10}$;④$H_{1/100}$;⑤$H_{1/1000}$;⑥$H_{1/50}$
   A. ①③④⑤⑥
   B. ①②④⑤⑥
   C. ③④⑤⑥
   D. ②④⑤⑥

66. 太平洋波浪的基本状况之一是_____。

   A. 北太平洋南部夏季波浪最大
   B. 北太平洋北部2月份波浪最大
   C. 南太平洋北部2月份波浪最大
   D. 南太平洋南部夏季波浪较大

67. 夏季多狂风恶浪的海区是_____。

   A. 北太平洋
   B. 北大西洋
   C. 北印度洋
   D. 北半球的西风带

68. 世界大洋大浪频率全年最高的海域为_____。

   A. 冬季北大西洋的中高纬
   B. 南半球西风带
   C. 夏季北印度洋
   D. 冬季北太平洋的中高纬

69. 北太平洋最大风速和浪高的海区处在_____。

   A. 菲律宾东部
   B. 中国近海
   C. 日本海
   D. 阿留申群岛西部

70. 冬半年比斯开湾航线海况十分恶劣,经常可以遇到10 m以上大浪,这是因为_____。

A. 冬半年北大西洋低纬海域为狂风恶浪区
B. 湾口对着大西洋,当波浪传入后,水深变深,波高剧增
C. 因狭管效应,从北岸流入南岸流出的海流又进一步使波高增大
D. 湾口对着大西洋,当波浪传入后,水深变浅,波高剧增

71. 下列为世界著名的狂风恶浪海域的有_____。
①好望角附近洋面;②比斯开湾;③夏季北印度洋;④百慕大附近洋面;⑤夏季北大西洋;⑥冬季北太平洋中高纬度洋面
A. ①②③④⑥ B. ①②④⑤⑥
C. ②③④⑥   D. ①②③⑥

72. 在世界大洋中冬季主要狂风恶浪海域有_____。
①北印度洋;②北太平洋中高纬洋面;③北大西洋中高纬洋面;④好望角附近洋面;⑤百慕大附近洋面;⑥地中海
A. ①②③④⑤ B. ②③④
C. ②③④⑤⑥ D. ②④⑤⑥

73. 冬半年比斯开湾航线海况十分恶劣,经常可以遇到 10 m 以上大浪,这是因为_____。
①冬半年北大西洋中高纬海域为狂风恶浪区;②湾口对着大西洋,当波浪传入后,水深变浅,波高剧增;③因狭管效应,从北岸流入南岸流出的海流又进一步使波高增大;④冬半年北大西洋低纬海域为狂风恶浪区;⑤湾口对着大西洋,当波浪传入后,水深变浅,波高减小;⑥因流波效应,从北岸流入南岸流出的海流又进一步使波高增大
A. ①②⑥ B. ①②④⑥
C. ③④⑤⑥ D. ②④⑥

74. 中国近海风浪分布特征为_____。
A. 夏季风浪大,秋季风浪小   B. 冬季风浪大,秋季风浪小
C. 冬季风浪大,夏季风浪小   D. 春季风浪大,夏季风浪小

75. 东海的浪分布特点为_____。
A. 冬季多南向浪,夏季多西北浪   B. 冬季多西北浪,夏季多东南浪
C. 夏季多南向浪,冬季多东北浪   D. 夏季多南向浪,冬季多东北浪

76. 冬季中国近海主要浪向分布为_____。
A. 渤海、黄海、东海、南海均多东北浪
B. 渤海、黄海多西北浪,东海、南海多东北浪
C. 渤海、黄海、东海、南海均多西北浪
D. 渤海、黄海多北浪,东海、南海多东浪

77. 冬季中国近海大浪频率最高出现在_____。
A. 渤海海峡   B. 北部湾
C. 长江口   D. 台湾海峡

78. 夏季中国近海主要浪向分布为_____。
A. 渤海、黄海、东海多东南浪,南海多西南浪
B. 渤海、黄海、东海、南海均多东南浪

C. 渤海、黄海东南浪,东海、南海多西南浪

D. 渤海、黄海、东海、南海均多西南浪

79. 中国近海风浪的季节分布为_____。

A. 冬、夏季风浪大,春、秋季风浪小

B. 秋、冬季风浪大,春、夏季风浪小

C. 冬、春季风浪大,夏、秋季风浪小

D. 春、秋季风浪大,冬、夏季风浪小

80. 渤海的浪分布特点为_____。

A. 冬季多南向浪,夏季多东北浪　　B. 冬季多西北浪,夏季多东南浪

C. 夏季多西北浪,冬季多东南浪　　D. 夏季多北向浪,冬季多南向浪

81. 南海的浪分布特点为_____。

A. 冬季多南向浪,夏季多西北浪　　B. 冬季多西北浪,夏季多东north浪

C. 夏季多南向浪,冬季多东北浪　　D. 夏季多东北浪,冬季多南向浪

82. 冬季中国近海大浪区多出现在_____。

A. 台湾海峡、长江口附近和台湾以东海域

B. 台湾海峡、北部湾和成山头附近海域

C. 台湾海峡、成山头附近和台湾以东海域

D. 台湾海峡、长江口附近和北部湾海域

第三节　海　温

1. 表层海水温度是指海水表面到水下_____深的海水温度。

A. 1.5 m B. 1 m

C. 10 m D. 0.5 m

2. 水文要素相对来说比较稳定、季节变化小的水域是_____。

A. 海峡 B. 海湾

C. 洋 D. 海

3. 北半球大洋表层等水温线的分布特点是_____。

A. 大洋东、西部均疏密均匀　　B. 与纬度平行

C. 大洋东部密集,西部稀疏　　D. 大洋东部稀疏,西部密集

4. 南半球大洋表层等水温线的分布特点是_____。

A. 大洋东部稀疏,西部密集　　B. 大致与纬圈平行

C. 大洋东部密集,西部稀疏　　D. 大洋中部密集,东西部稀疏

5. 大洋水温年较差较大值出现在_____。

A. 赤道海区 B. 热带海区

C. 温带海区 D. 寒带海区

6. 大洋水温日较差较大值出现在_____。

A. 赤道低纬海区 B. 中纬海区
C. 高纬海区 D. 冰洋海区

7. 大洋表层水温的变化相位和气温的变化相位两者之间的关系是_____。
   A. 前者超前于后者 B. 前者滞后于后者
   C. 两者同相位 D. 前者有时超前、有时滞后于后者

8. 中国近海表层水温分布特点之一是_____。
   A. 冬季南北海区温差很大 B. 冬季同纬度,沿岸表层水温高于外海
   C. 夏季南北海区温差很大 D. 夏季同纬度,沿岸表层水温低于外海

9. 大洋表层水温的水平分布主要取决于_____。
   ①太阳辐射;②海流;③经度;④海陆分布;⑤天气;⑥纬度
   A. ①②③④⑥ B. ①②⑥
   C. ②③④⑤ D. ①②④

10. 中国近海表层水温特点是_____。
    ①冬季南北海区温差很大;②冬季同纬度沿岸表层水温低于外海;③夏季南北海区温差较小;④夏季同纬度沿岸表层水温高于外海;⑤冬季南北海区温差很小;⑥夏季表层等水温线比冬季密集
    A. ①②③④⑥ B. ②④⑤⑥
    C. ①②③④ D. ②⑤⑥

11. 与气温的变化相比,大洋表层水温的日变化和年变化具有_____。
    ①水温的变化幅度小;②冬季水温比气温高,夏季气温比水温高;③水温日较差纬度越低越大;④水温年较差在温带海区最大;⑤水温年较差在热带海区最大;⑥水温的变化位相落后于气温的变化位相
    A. ①②③④ B. ①②④⑥
    C. ①③④⑤⑥ D. ②④⑤⑥

12. 中国近海水温的日、年变化特点是_____。
    ①沿岸日较差比中央海区大;②北部海区的日较差比南部海区大;③日较差冬季比夏季大;④年较差比日较差大得多;⑤年较差比日较差小得多;⑥北部海区的日较差比南部海区小
    A. ①④⑤⑥ B. ①④⑥
    C. ②③④⑤ D. ①②④

13. 海水密度是_____的函数。
    A. 盐度、温度、压力 B. 温度、海流、风力
    C. 温度、湿度、压力 D. 盐度、深度、风力

第三章参考答案

第一节 海 流

1. B	2. B	3. C	4. C	5. A	6. A	7. C	8. A	9. B	10. B
11. C	12. C	13. D	14. B	15. A	16. B	17. B	18. D	19. A	20. B
21. A	22. A	23. C	24. C	25. A	26. B	27. A	28. B	29. B	30. C
31. B	32. A	33. C	34. D	35. A	36. A	37. C	38. C	39. D	40. A
41. C	42. D	43. D	44. B	45. D	46. B	47. D	48. B	49. A	50. D
51. D	52. B	53. B	54. D	55. A	56. B	57. C	58. D	59. C	60. B
61. A	62. B	63. C	64. A	65. B	66. A	67. B	68. B	69. A	70. D
71. A	72. D	73. B	74. A	75. B	76. D	77. C	78. D	79. D	80. B
81. C	82. C	83. D	84. A	85. B	86. A	87. B	88. B	89. A	90. B
91. C	92. D	93. C	94. A	95. C	96. A	97. C	98. C	99. A	100. C
101. B	102. C	103. D	104. A	105. B	106. C	107. C	108. B	109. B	110. C
111. A	112. C	113. A							

第二节 海 浪

1. B	2. C	3. A	4. C	5. D	6. B	7. A	8. C	9. A	10. B
11. D	12. A	13. D	14. A	15. C	16. D	17. D	18. A	19. D	20. A
21. A	22. B	23. D	24. B	25. B	26. D	27. D	28. A	29. B	30. A
31. C	32. D	33. A	34. A	35. C	36. C	37. D	38. C	39. C	40. C
41. A	42. D	43. D	44. A	45. A	46. D	47. D	48. C	49. A	50. C
51. D	52. A	53. C	54. B	55. D	56. C	57. A	58. D	59. A	60. C
61. D	62. D	63. D	64. D	65. C	66. B	67. C	68. B	69. C	70. D
71. D	72. B	73. A	74. C	75. D	76. C	77. D	78. A	79. C	80. B
81. C	82. C								

第三节 海 温

1. D	2. C	3. D	4. B	5. C	6. A	7. B	8. A	9. D	10. C
11. A	12. B	13. A							

第四章 船舶海洋水文气象观测

1. 在船舶海洋水文气象观测中,每次开始观测时间应从_____。
   A. 正点前 10 min   B. 正点前 30 min
   C. 接近正点时   D. 正点后 10 min
2. 在船舶海洋水文气象观测过程中,要求观测气压的时间应在_____。
   A. 正点前 15 min 进行   B. 接近正点进行
   C. 正点前 10 min 进行   D. 正点前 30 min 进行
3. 在船舶海洋水文气象观测过程中,要求气象项目的观测时间应在_____。
   A. 正点前 30 min 开始   B. 接近正点开始
   C. 正点前 15 min 开始   D. 正点前 20 min 开始
4. 在通常情况下,船舶海洋水文气象观测的时间为_____。
   A. 00Z、06Z、12Z、18Z   B. 03Z、09Z、15Z、21Z
   C. 00Z、12Z   D. 08Z、14Z、20Z、02Z
5. 船舶如遇海上天气、海况恶劣,风、气压、海浪等项目要求加密观测时间间隔为_____。
   A. 0.5 h   B. 2 h
   C. 3 h   D. 1 h
6. 如因特殊原因不能按时进行气象观测时,要求补测的时间应在_____。
   A. 正点前 30 min   B. 正点后 1 h 内
   C. 正点后 2 h 内   D. 正点后 30 min 内
7. 船舶海洋水文气象观测要求的"三性"是指_____。
   A. 同时性、代表性、准确性   B. 国际性、先进性、准确性
   C. 国际性、安全性、准确性   D. 客观性、先进性、准确性
8. 气象要素主要包括_____。
   ①气压、气温;②气团、锋面;③湿度、天气现象;④风、云、能见度;⑤高、低压系统;⑥切变线、急流

A. ①②③④⑤⑥ B. ①②④⑥
C. ①③④ D. ②④⑤⑥

9. 属于气象要素的是_____。
①气压、气温；②雾、气团、锋面；③相对湿度、沙尘暴；④风、云、能见度；⑤湿度、高压、低压；⑥雨、雪、雷暴
A. ①③④⑥ B. ①②④⑤⑥
C. ②③④⑥ D. ②④⑤⑥

10. 为使百叶箱中湿球温度计的纱布始终保持湿润状态,必须经常给水匣添加_____。
A. 饮用水 B. 溶冰水
C. 海水 D. 蒸馏水

11. 在百叶箱中,当观测到湿球温度接近干球温度时,则表明空气_____。
A. 接近饱和 B. 未饱和
C. 过饱和 D. 已经饱和

12. 观测干湿球温度表时,视线应与温度表水银柱顶端保持_____。
A. 水平 B. 垂直
C. 仰视30° D. 俯视30°

13. 观测干湿球温度表时,_____。
A. 对着阳光,先读小数后读整数 B. 对着阳光,先读整数后读小数
C. 遮住阳光,先读小数后读整数 D. 遮住阳光,先读整数后读小数

14. 观测干湿球温度表时,读数读到_____。
A. 整数 B. 小数一位
C. 小数两位 D. 小数三位

15. 观测干湿球温度表时,当湿球纱布冻结,则_____。
A. 湿球读数取干球读数 B. 停止湿球温度的观测
C. 读数为干球读数的一半 D. 读数为干球读数的四分之一

16. 若干球温度为20℃,湿球温度为20℃,则相对湿度是_____。
A. 0% B. 12%
C. 88% D. 100%

17. 干湿球温度差值可以表征天气状态的物理量是_____。
A. 气压 B. 空气湿度
C. 空气密度 D. 能见度

18. 若测得干、湿球温度均为12℃,则相对湿度f和露点温度T_d分别为_____。
A. $f=0$, $T_d=12℃$ B. $f=100\%$, $T_d=0℃$
C. $f=0$, $T_d=0℃$ D. $f=100\%$, $T_d=12℃$

19. 若测得某气团的实际水汽压为9 hPa,相对湿度为75%,则饱和水汽压是_____。
A. 9 hPa B. 7 hPa
C. 12 hPa D. 15 hPa

20. 在实际工作中,反映空气是否饱和的气象要素是_____。
A. 干湿球温差和水汽压 B. 干湿球温差和相对湿度

C. 干湿球温差和绝对温度　　　　　D. 干湿球温度和露点

21. 在空盒气压表上读数后，除温度订正外，还需进行_____才能得到本站气压。
   A. 刻度订正和纬度订正　　　　　B. 高度订正和刻度订正
   C. 刻度订正和补充订正　　　　　D. 高度订正和补充订正

22. 本站气压经过_____可以得到海平面气压。
   A. 刻度订正　　　　　　　　　　B. 补充订正
   C. 温度订正　　　　　　　　　　D. 高度订正

23. 空盒气压表距离海面高度 10 m，测得本站气压为 1005.0 hPa，则海平面气压为_____。
   A. 1006.0 hPa　　　　　　　　　B. 1003.7 hPa
   C. 1004.0 hPa　　　　　　　　　D. 1006.3 hPa

24. 空盒气压表距离海面高度 20 m，测得本站气压为 1000.0 hPa，则海平面气压为_____。
   A. 1002.0 hPa　　　　　　　　　B. 997.5 hPa
   C. 1002.5 hPa　　　　　　　　　D. 998.0 hPa

25. 某船放置空盒气压表的高度距离海面 24 m，测得本站气压为 1000.9 hPa，则海平面气压为_____。
   A. 997.9 hPa　　　　　　　　　　B. 999.7 hPa
   C. 1003.9 hPa　　　　　　　　　D. 1000.2 hPa

26. 通常观测气压使用的标准仪器是_____。
   A. 船上和气象站均使用水银气压表
   B. 船上使用空盒气压表，气象站使用水银气压表
   C. 船上使用水银气压表，气象站使用空盒气压表
   D. 船上通常使用的标准仪器是水银气压表

27. 船舶观测气压时，空盒气压表的放置通常为_____。
   A. 国外船上的表和国产表均悬挂在墙壁上使用
   B. 国外船上的表水平放置使用，国产表悬挂在墙壁上使用
   C. 国外船上的表和国产表均水平放置使用
   D. 国外船上的表悬挂在墙壁上使用，国产表水平放置使用

28. 利用空盒气压表，从读数到得到本站气压需要的订正是_____。
   A. 温度订正、刻度订正、补充订正
   B. 湿度订正、刻度订正、补充订正
   C. 高度订正、刻度订正、补充订正
   D. 纬度订正、刻度订正、补充订正

29. 利用空盒气压表，从读数到得到海平面气压需要的订正是_____。
   A. 纬度订正、温度订正、高度订正、湿度订正
   B. 湿度订正、温度订正、高度订正、纬度订正
   C. 高度订正、温度订正、纬度订正、补充订正
   D. 温度订正、刻度订正、补充订正、高度订正

30. 在船上用空盒气压表观测气压时,将观测到的气压表读数经过_____,才得到本站的气压。
    ①刻度订正;②纬度订正;③温度订正;④高度订正;⑤补充订正;⑥空气密度订正
    A. ①②④⑤   B. ①③⑤
    C. ②③④⑥   D. ①③④⑤

31. 世界气象组织规定,海面风的观测应取_____。
    A. 正点观测前 2 min 的平均   B. 正点观测前 10 min 的平均
    C. 正点观测前 5 min 的平均   D. 正点观测前 15 min 的平均

32. 正确表达船风、视风和真风三者的矢量关系式为_____。
    A. 船风 = 真风 + 视风   B. 真风 = 视风 + 船风
    C. 视风 = 真风 + 船风   D. 视风 = 真风 − 船风

33. 船风 V_S、视风 V_A 和真风 V_T 三者的矢量关系式为_____。
    A. $V_S + V_A + V_T = 0$ B. $V_S + V_A = V_T$
    C. $V_S + V_T = V_A$ D. $V_A + V_T = V_S$

34. 测得真风向为 67°,用 16 方位法表示的风向是_____。
    A. NEE   B. ENE
    C. NNE   D. NEN

35. 测得真风向为 338°,用 16 方位法表示的风向是_____。
    A. NWW   B. WNW
    C. NWN   D. NNW

36. 某轮航向正西,航速 20 kn,测得视风为北风,风速 10 m/s,则真风为_____。
    A. 225°、10 m/s   B. 45°、14 m/s
    C. 45°、10 m/s   D. 225°、14 m/s

37. 某轮航向 360°,航速 10 kn,视风向 315°,视风速 7 m/s,则真风为_____。
    A. 90°、10 kn   B. 270°、5 kn
    C. 270°、10 kn   D. 180°、10 kn

38. 某轮航向正北,航速 20 kn,测得视风向正东,视风速 10 m/s,则真风为_____。
    A. 315°、14 m/s   B. 135°、10 m/s
    C. 315°、10 m/s   D. 135°、14 m/s

39. 某轮航向 NE,航速 20 kn,测得左舷 45°受风,风速 14 m/s,则真风为_____。
    A. 315°、20 kn   B. 315°、10 kn
    C. 135°、20 kn   D. 135°、10 kn

40. 某轮航向正南,航速 28 kn,测得视风从右舷 45°吹来,视风速 10 m/s,则真风为_____。
    A. 135°、14 m/s   B. 135°、10 m/s
    C. 315°、10 m/s   D. 315°、14 m/s

41. 某轮航向正北,航速 20 kn,视风向不明,视风速接近静风,则真风为_____。
    A. 000°、0 kn   B. 000°、20 kn
    C. 180°、10 kn   D. 180°、20 kn

42. 某轮航向 SE,航速 20 kn,测得视风向为正南,风速为 14 m/s,其真风为_____。
   A. 225°、10 m/s   B. 45°、10 m/s
   C. 225°、20 m/s   D. 45°、20 m/s

43. 某轮航向 NW,航速 20 kn,测得视风向为正北,风速为 14 m/s,其真风为_____。
   A. 225°、10 m/s   B. 225°、20 m/s
   C. 45°、10 m/s   D. 45°、20 m/s

44. 风的传感器_____。
   A. 应安装于船舶大桅顶部,四周无障碍、不挡风的地方
   B. 应安装于驾驶台两侧,便于驾驶员调试
   C. 安装时应调整风向传感器的 0°与船尾方向一致
   D. 安装时应调整风向传感器的 180°与船首方向一致

45. 静风时,_____。
   A. 风速记为"0"   B. 风速记为"-"
   C. 风向记为"-"   D. 风向记为"C"

46. 当船上所有的测风仪器均失灵时,必须根据海面状况进行目力测风,_____。
   A. 风的观测项目可以缺测
   B. 在离岸较远的海面上,风向与主波向一致,可用罗经测定主波向作为风向
   C. 在离岸较远的海面上,风向与涌浪来向一致,可用罗经测定涌浪来向作为风向
   D. 在离岸较远的海面上,风向与风浪来向一致,可用罗经测定风浪来向作为风向

47. 下列属于高云的是_____。
   A. Ci、Cs、Cc   B. As、Ns、Cs
   C. Fn、Cu、Cb   D. Ac、Cc、Sc

48. 下列属于低云的是_____。
   A. Ci、Cu、St   B. As、St、Cs
   C. St、Cu、Ns   D. Ac、Cc、Cb

49. 下列属于中云的是_____。
   A. Ci、Cc   B. Sc、Cs
   C. St、Sc   D. Ac、As

50. 往往造成较长时间的连续性降水的云是_____。
   A. Ci   B. Ac
   C. Ns   D. Cs

51. 通常产生雷暴、阵雨,有时伴有阵性大风、偶有降冰雹的云为_____。
   A. Ns   B. Cb
   C. As   D. St

52. 一般能产生降雨的云有_____。
   A. Ci、Cb、Ns   B. St、Cb、Ns
   C. St、Ac、Cs   D. Cb、Cs、Ac

53. 划分高云、中云和低云的云高是指_____。
   A. 云顶距云底的高度   B. 云底距海面的垂直高度

C. 云顶距海面的垂直高度　　　　　D. 海面距云体中部的垂直高度

54. 云量的记录为 8/5,其含义是_____。
    A. 总云量 5,低云量 8　　　　　　B. 总云量 10,中云量 8,低云量 5
    C. 总云量 10,低云量 5/8　　　　　D. 总云量 8,低云量 5

55. 夜间观测云时,可见到星光,并且星光模糊而均匀,表明云的种类为_____。
    A. Cs　　　　　　　　　　　　　B. Ci
    C. As　　　　　　　　　　　　　D. Cb

56. 在夜间观测云时,可见到星光有的地方模糊,有的地方明亮,说明云的种类为_____。
    A. As　　　　　　　　　　　　　B. Ci
    C. Ac　　　　　　　　　　　　　D. Cs

57. 云高的观测对象主要是指_____。
    A. 低云　　　　　　　　　　　　B. 中云
    C. 高云　　　　　　　　　　　　D. 所有云系

58. 观测云时,云高是指_____。
    A. 云层厚度　　　　　　　　　　B. 云顶高度
    C. 云底高度　　　　　　　　　　D. 高云高度

59. 大量极细微的尘粒、烟粒、盐粒等均匀地飘浮在空中,使水平能见度小于 5 n mile 的空气混浊(呈微黄色)现象,称为_____。
    A. 雾　　　　　　　　　　　　　B. 轻雾
    C. 霾　　　　　　　　　　　　　D. 毛毛雨

60. 船舶沿岸航行时发现能见度不良,且岸上原白色目标变成了浊黄色,说明此时出现了_____。
    A. 雾　　　　　　　　　　　　　B. 冰雾
    C. 毛毛雨　　　　　　　　　　　D. 霾

61. 大量微小水滴或冰晶悬浮在近地层中,使水平能见度小于 0.5 n mile 的天气现象,称为_____。
    A. 雾　　　　　　　　　　　　　B. 毛毛雨
    C. 霾　　　　　　　　　　　　　D. 轻雾

62. 海面有效能见度是指视力正常的人_____。
    A. 在 180°的视野范围内所能见到的最大水平距离
    B. 在 360°的视野范围内所能见到的最大水平距离
    C. 在 90°的视野范围内所能见到的最大水平距离
    D. 在 180°的视野范围内所能见到的平均水平距离

63. 观测海面能见度时,_____。
    A. 根据当前天气现象确定
    B. 应选择船上较高、视野开阔的地方
    C. 白天观测应根据最远漂浮物的距离判定海面有效能见度
    D. 白天观测应根据天空的清晰程度判定海面有效能见度

64. 观测海面能见度时,_____。
   A. 根据当前天气现象确定
   B. 应选择船上较低的地方
   C. 白天观测应根据天空的清晰程度判定海面有效能见度
   D. 白天观测应根据海天线的清晰程度判定海面有效能见度

65. 下列说法正确的是_____。
   A. 毛毛雨落在水面有波纹,落在甲板上无湿斑
   B. 毛毛雨落在水面无波纹,落在甲板上有湿斑
   C. 小雨落在水面会激起波纹或水花,落在甲板上可留下湿斑
   D. 小雨落在水面无波纹,落在甲板上可留下湿斑

66. 下列说法正确的是_____。
   A. 毛毛雨落在水面无波纹,落在甲板上无湿斑
   B. 毛毛雨落在水面无波纹,落在甲板上有湿斑
   C. 小雨落在水面无波纹,落在甲板上无湿斑
   D. 小雨落在水面无波纹,落在甲板上可留下湿斑

67. 下列说法正确的是_____。
   A. 现在天气是指在定时观测时或观测前1 h内出现的天气现象
   B. 现在天气是指在观测前6 h内出现的天气现象
   C. 过去天气是指在定时观测之前24 h内出现的天气现象
   D. 过去天气是指在观测前1 h内出现的天气现象

68. 下列说法正确的是_____。
   A. 现在天气是指在观测前6 h内出现的天气现象
   B. 现在天气是指在观测前24 h内出现的天气现象
   C. 过去天气是指在定时观测之前6 h内出现的天气现象
   D. 过去天气是指在定时观测之前3 h内出现的天气现象

69. 若看见闪电和听到雷声的时间间隔为10 s,则立刻可推算出测者与雷暴的距离约为_____。
   A. 300 m   B. 3000 m
   C. 3300 m   D. 30000 m

70. 若看见闪电和听到雷声的时间间隔为5 s,则立刻可推算出测站与雷暴的距离约为_____。
   A. 150 m   B. 1650 m
   C. 1500 m   D. 15000 m

71. 风、浪、流的方向为_____。
   A. 风向、浪向指来向,流向指去向   B. 风、浪、流的方向都指来向
   C. 风、浪、流的方向都指去向   D. 风向指来向,浪向和流向都指去向

72. 某船海上航行时观测波浪,当船舶第1次下沉到波谷时按下秒表,至第11次下沉至波谷时秒表读数为27 s,则波浪的视周期为_____。
   A. 3 s   B. 2.7 s

C. 6 s					D. 3.3 s

73. 某船海上航行时观测涌浪,当船舶第1次下沉到波谷时按下秒表,至第11次下沉至波谷时秒表读数为33 s,则涌浪的视周期为_____。
   A. 2.7 s					B. 3.0 s
   C. 3.3 s					D. 6.0 s

74. 某船海上航行时观测涌浪,当船舶第1次下沉到波谷时按下秒表,至第11次下沉至波谷时秒表读数为60 s,则涌浪的视周期为_____。
   A. 1.7 s					B. 2.0 s
   C. 2.2 s					D. 6.0 s

75. 观测波高时首先根据浪的特征,区分出风浪和涌浪,各挑选较远处_____个显著大波分别估计它们的波高,取平均值作为风浪和涌浪的波高值。
   A. 1~2					B. 3~5
   C. 4~6					D. 5~7

76. 根据有关规定,船舶观测海浪,若没有风浪(或涌浪)时,则该栏_____。
   A. 填"-"					B. 填"无"
   C. 填"×"					D. 空白

77. 表层海温是指从海面至水下_____深的海水温度。
   A. 0.5 m					B. 1 m
   C. 2 m					D. 5 m

78. 可以采用自动观测的气象要素有_____。
   ①空气温度和湿度;②海平面气压;③风;④云;⑤海面有效能见度;⑥天气现象;⑦海浪;⑧表层海水温度;⑨海冰;⑩表层海水盐度;⑪海发光
   A. ①②③⑤⑧⑩				B. ④⑥⑦⑨⑪
   C. ①②③④⑥⑦				D. ④⑤⑥⑦⑧

79. 只能采用人工观测的气象要素有_____。
   ①空气温度和湿度;②海平面气压;③风;④云;⑤海面有效能见度;⑥天气现象;⑦海浪;⑧表层海水温度;⑨海冰;⑩表层海水盐度;⑪海发光
   A. ①②③⑤⑧⑩				B. ④⑥⑦⑨⑪
   C. ①②③④⑥⑦				D. ④⑤⑥⑦⑧

80. 海冰观测要素有_____。
   ①冰量;②海冰类型;③冰山;④冰外缘线;⑤浮冰;⑥固定冰
   A. ①②③④					B. ①②⑤⑥
   C. ①③④⑥					D. ②③⑤⑥

第四章参考答案

1. B	2. B	3. C	4. A	5. D	6. D	7. A	8. C	9. A	10. D
11. A	12. A	13. C	14. B	15. B	16. D	17. B	18. D	19. C	20. B
21. C	22. D	23. D	24. C	25. C	26. B	27. D	28. A	29. D	30. B
31. B	32. C	33. C	34. B	35. D	36. B	37. C	38. D	39. B	40. C
41. D	42. A	43. C	44. A	45. D	46. D	47. A	48. C	49. D	50. C
51. B	52. B	53. B	54. D	55. A	56. B	57. A	58. C	59. C	60. D
61. A	62. A	63. B	64. D	65. C	66. A	67. A	68. C	69. C	70. B
71. A	72. B	73. C	74. D	75. B	76. D	77. A	78. A	79. B	80. A

第五章 影响航海的主要天气系统及其特征

第一节 气 团

1. 在一个气团中的气象要素分布应具备的特征是_____。
   A. 温度、湿度、气压、风、云等气象要素都均匀分布
   B. 主要是温度、湿度等的水平分布较均匀
   C. 主要指气压水平分布较均匀
   D. 主要指天气现象都一样

2. 形成气团的条件为_____。
   A. 大范围物理性质不均匀的下垫面　　B. 低层存在逆温
   C. 对流层风的垂直切变要小　　　　　D. 大范围物理性质比较均匀的下垫面

3. 气团的主要物理属性直接来源于_____。
   A. 太阳辐射　　　　　　　　　　　　B. 稳定的环流条件
   C. 大范围物理性质比较均匀的下垫面　D. 太阳辐射和地球自转

4. 气团离开源地后,使气团发生变性快的情况是_____。
   A. 所经下垫面比气团冷　　　　　　　B. 所经下垫面与气团温度相等
   C. 气团移动速度快　　　　　　　　　D. 所经下垫面比气团暖

5. 气团离开源地后,使气团发生变性慢的情况是_____。
   A. 所经下垫面比气团冷　　　　　　　B. 所经下垫面与气团温度相等
   C. 气团移动速度慢　　　　　　　　　D. 所经下垫面比气团暖

6. 在水平方向上物理属性比较均匀的大块空气称为气团,此物理属性一般指_____。
   A. 湿度、气压、能见度　　　　　　　B. 湿度、温度、风
   C. 温度、湿度、大气稳定度　　　　　D. 湿度、气压、云

7. 一般气团的尺度_____。

A. 水平范围为几百千米至几千千米　　B. 垂直范围为几十千米至几百千米
C. 水平范围为几千米至十几千米　　　D. 垂直范围为1千米

8. 气团的形成必须具备的条件为_____。
   A. 大范围物理性质比较均匀的下垫面和不稳定环流条件
   B. 大范围比较平坦的下垫面和适当的环流条件
   C. 大范围物理性质不均匀的下垫面和适当的环流条件
   D. 大范围物理性质比较均匀的下垫面和适当的环流条件

9. 形成气团的条件为_____。
   A. 大范围物理性质不均匀的下垫面
   B. 能使空气较长时间停留在下垫面上的环流条件
   C. 低层存在逆温
   D. 能使空气较快通过所在下垫面的环流条件

10. 在水平方向上物理属性较均匀的大块空气称为气团,其物理属性主要指_____。
    ①云系;②气温;③能见度;④湿度;⑤风;⑥稳定度
    A. ①②③④⑤⑥　　　　　　　　　B. ①②④⑤⑥
    C. ②④⑤⑥　　　　　　　　　　　D. ②④⑥

11. 气团形成的必要条件是_____。
    ①适宜的环流条件;②相同的纬度带;③大范围物理性质均匀的下垫面;④较大的气压梯度;⑤平坦的下垫面;⑥一定的地转偏向力
    A. ①②③④　　　　　　　　　　　B. ①③
    C. ②③⑤⑥　　　　　　　　　　　D. ①⑤⑥

12. 夏季极地海洋气团的天气特征是_____。
    A. 干燥、低温、气层稳定、多晴天　　B. 低温、潮湿、多云、阴天
    C. 干燥、低温、气层不稳定、多晴天　D. 干燥、低温、常阴天、有大风

13. 热带海洋气团具有如下特征_____。
    A. 潮湿、温暖、气层稳定　　　　　　B. 潮湿、温暖、整层气层不稳定
    C. 干燥、温暖、气层稳定　　　　　　D. 潮湿、温暖、低层不稳定、中层常有逆温层

14. 冰洋气团的天气特点是_____。
    A. 干燥、寒冷、气层不稳定、多晴天　B. 寒冷、潮湿、多阴天
    C. 干燥、寒冷、气层稳定、多晴天　　D. 干燥、寒冷、常阴天、有大风

15. 冬季极地大陆气团具有如下天气特征_____。
    A. 干燥、低温、气层稳定、多晴天　　B. 低温、潮湿、多阴天
    C. 干燥、低温、气层不稳定、多晴天　D. 干燥、低温、常阴天、有大风

16. 热带大陆气团具有如下特征_____。
    A. 干燥、炎热、气层不稳定　　　　　B. 潮湿、闷热、整层气层不稳定
    C. 干燥、炎热、气层稳定　　　　　　D. 热湿、低层不稳定、中层常有逆温层

17. 赤道气团具有如下特征_____。
    A. 干热稳定、少有降雨天气　　　　　B. 高温、潮湿、不稳定、多雷阵雨天气
    C. 湿热稳定、多狂风暴雨天气　　　　D. 高温、潮湿、稳定、无大风天气

18. _____的主要特征是暖湿,低层不够稳定,中层常存在逆温层。
    A. 极地海洋气团　　　　　　　　B. 热带海洋气团
    C. 热带大陆气团　　　　　　　　D. 赤道气团

19. _____的主要特征是热湿,气层不稳定,多雷暴。
    A. 赤道气团　　　　　　　　　　B. 热带大陆气团
    C. 极地海洋气团　　　　　　　　D. 热带海洋气团

20. 按气团的地理分类,气团自北向南依次为_____。
    A. 北半球:冰洋气团、极地气团、热带气团、赤道气团
    B. 南半球:冰洋气团、极地气团、热带气团、赤道气团
    C. 北半球:极地气团、冰洋气团、热带气团、赤道气团
    D. 南半球:极地气团、冰洋气团、热带气团、赤道气团

21. 按气团的地理分类,气团自南向北依次为_____。
    A. 北半球:冰洋气团、极地气团、热带气团、赤道气团
    B. 南半球:冰洋气团、极地气团、热带气团、赤道气团
    C. 北半球:极地气团、冰洋气团、热带气团、赤道气团
    D. 南半球:赤道气团、热带气团、极地气团、冰洋气团

22. 按地理分类方法分类的气团名称有_____。
    ①赤道气团;②冷气团;③极地气团;④热带气团;⑤暖气团;⑥冰洋气团
    A. ①②③④⑤⑥　　　　　　　　B. ①③④⑥
    C. ④⑤　　　　　　　　　　　　D. ②④⑤⑥

23. 按气团的热力分类,将气团分为_____。
    A. 干冷气团和暖湿气团　　　　　B. 稳定气团和不稳定气团
    C. 大陆气团和海洋气团　　　　　D. 冷气团和暖气团

24. 移向暖的下垫面的气团常出现_____。
    A. 不稳定性天气,变性快　　　　B. 稳定性天气,变性快
    C. 不稳定性天气,变性慢　　　　D. 稳定性天气,变性慢

25. 冷气团在移动过程中的层结特征和能见度是_____。
    A. 层结不稳定,能见度好　　　　B. 层结稳定,能见度好
    C. 层结不稳定,能见度差　　　　D. 层结稳定,能见度差

26. 冷、暖气团在移动过程中的变性特征是_____。
    A. 暖气团变性快,冷气团变性慢　B. 冷、暖气团均变性慢
    C. 暖气团变性慢,冷气团变性快　D. 冷、暖气团均变性快

27. 移向冷的下垫面的气团时常出现_____。
    A. 不稳定性天气,变性快　　　　B. 不稳定性天气,变性慢
    C. 稳定性天气,变性快　　　　　D. 稳定性天气,变性慢

28. 下列关于冷暖气团定义的说法,正确的是_____。
    ①移向冷的下垫面的气团称为暖气团;②移向暖的下垫面的气团称为冷气团;③温度低的气团称为冷气团;④温度高的气团称为暖气团
    A. ③④　　　　　　　　　　　　B. ①②③④

C.①② D.②③

29. 暖气团在移动过程中的层结特征和能见度是_____。
   A. 层结稳定,能见度好　　　　　　B. 层结稳定,能见度差
   C. 层结不稳定,能见度好　　　　　D. 层结不稳定,能见度差

30. 冷、暖气团常伴随的云系特征为_____。
   A. 冷、暖气团均伴随层状云　　　　B. 冷气团伴随积状云,暖气团伴随层状云
   C. 冷、暖气团均伴随积状云　　　　D. 冷气团伴随层状云,暖气团伴随积状云

31. 冷、暖气团分别伴随的天气特征为_____。
   A. 冷气团出现不稳定性天气,暖气团出现稳定性天气
   B. 冷气团出现稳定性天气,暖气团出现不稳定性天气
   C. 冷、暖气团都出现不稳定性天气
   D. 冷、暖气团都出现稳定性天气

32. 冷、暖气团出现的天气特征为_____。
   A. 冷、暖气团均多平流雾或层云
   B. 冷气团多平流雾或层云,暖气团多阵性大风和阵性降水
   C. 冷气团多阵性大风和阵性降水,暖气团多平流雾或层云
   D. 冷、暖气团均多阵性大风和阵性降水

33. 冷、暖气团控制时,气温的日变化特征为_____。
   A. 冷、暖气团中的日变化均大
   B. 冷气团日变化大,暖气团日变化小
   C. 暖气团日变化大,冷气团日变化小
   D. 冷、暖气团中的日变化均小

34. 如果冷、暖气团中水汽含量较多时,其天气特征为_____。
   A. 冷气团出现连续性降水,暖气团出现阵性降水和雷暴天气
   B. 暖气团出现连续性降水,冷气团出现阵性降水和雷暴天气
   C. 冷暖气团均出现阵性降水和雷暴天气
   D. 冷暖气团均出现连续性降水

35. 冷气团具有的天气特征_____。
   ①干燥;②阵性降水;③连续性降水;④多积状云;⑤多层状云;⑥气层不稳定
   A.①②④⑥　　　　　　　　　　B.①③⑤⑥
   C.②⑤⑥　　　　　　　　　　　D.②④⑥

36. 暖气团具有的天气特征_____。
   ①潮湿;②阵性降水;③连续性降水;④多积状云;⑤多层状云;⑥气层稳定
   A.①②④⑥　　　　　　　　　　B.①③⑤⑥
   C.②③⑤⑥　　　　　　　　　　D.②④⑥

37. 移向暖的下垫面气团具有的天气特征_____。
   ①能见度好;②阵性降水;③连续性降水;④多积状云;⑤多层状云;⑥能见度差
   A.①③⑤　　　　　　　　　　　B.②④⑥
   C.③⑤⑥　　　　　　　　　　　D.①②④

38. 移向冷的下垫面气团具有的天气特征_____。
①气层不稳定；②变性快；③变性慢；④多积状云；⑤多层状云；⑥气层稳定
A. ①③④   B. ③⑤⑥
C. ①②④   D. ②⑤⑥

39. 移向暖的下垫面气团具有的天气特征_____。
①气层不稳定；②变性快；③变性慢；④气温日变化大；⑤气温日变化小；⑥气层稳定
A. ③⑤⑥   B. ①②⑤
C. ①②④   D. ③④⑥

40. 移向冷的下垫面气团具有的天气特征_____。
①气温日变化大；②变性快；③变性慢；④气压高；⑤气压低；⑥气温日变化小
A. ③⑤⑥   B. ①②⑤
C. ③④⑥   D. ①②④

41. 夏季移向暖下垫面的气团出现的天气特点是_____。
①低层能见度差；②稳定性天气；③气温有明显日变化；④低层能见度好；⑤不稳定性天气；⑥气温日变化不明显
A. ①②⑥   B. ①②③
C. ②④⑥   D. ③④⑤

42. 冬季偏南风将海洋空气吹入大陆后，我国大陆将受_____控制，天气_____。
A. 冷气团；不稳定，晴朗   B. 冷气团；稳定，多雾或层云
C. 暖气团；不稳定，晴朗   D. 暖气团；稳定，多雾或层云

43. 冬季我国东部沿海地区常出现雾或多层云天气，此时_____控制，吹_____。
A. 冷气团；偏南风   B. 冷气团；偏北风
C. 暖气团；偏南风   D. 暖气团；偏北风

44. 影响我国的气团主要是_____。
A. 干冷气团   B. 变性气团
C. 大陆气团   D. 海洋气团

45. 影响我国的气团主要是_____。
A. 极地气团   B. 热带气团
C. 变性气团   D. 温带气团

46. 冬季影响我国东部海域的主要气团是_____。
A. 变性极地海洋气团   B. 变性极地大陆气团
C. 变性热带大陆气团   D. 变性热带海洋气团

47. 夏季影响我国的主要气团是_____。
A. 变性极地海洋气团和热带海洋气团
B. 变性极地大陆气团和热带大陆气团
C. 变性极地大陆气团和热带海洋气团
D. 变性热带海洋气团和热带大陆气团

48. 冬季影响我国的主要气团是变性极地大陆气团，在气压场上表现为_____。
A. 副热带高压和大陆高压控制   B. 冷高压北上和高压脊南伸

C. 冷高压南下或高压脊南伸　　　　　D. 冷高压南下和副热带高压北上

49. 夏季影响我国的主要气团是变性热带海洋气团和热带大陆气团,在气压场上表现为_____。

A. 副热带高压和大陆高压控制　　　　B. 冷高压北上和高压脊南伸

C. 冷高压南下或高压脊南伸　　　　　D. 冷高压南下和副热带高压北上

第二节　锋

1. 锋形成于_____。
   A. 冷气团内部　　　　　　　　　　　B. 暖气团内部
   C. 冷暖气团交汇处　　　　　　　　　D. 任何地方

2. 锋是三度空间结构的天气系统,它在空间呈现出_____。
   A. 水平带状结构　　　　　　　　　　B. 垂直带状结构
   C. 螺旋带状结构　　　　　　　　　　D. 倾斜带状结构

3. 使锋面向冷空气一侧倾斜的主要原因是_____。
   A. 气压梯度力作用　　　　　　　　　B. 地球自转运动的作用
   C. 水平方向的空气流动　　　　　　　D. 冷暖气团相互抬挤

4. 锋与高空等压面相交区称为锋区,在等压面图上表现为_____。
   A. 低压槽　　　　　　　　　　　　　B. 等高线密集区
   C. 等温线密集区　　　　　　　　　　D. 高压脊

5. 下列说法正确的是_____。
   A. 在锋附近气温连续变化　　　　　　B. 在锋附近天气发生剧烈变化
   C. 在锋附近天气变化很小　　　　　　D. 在锋附近气压连续变化

6. 一般锋的水平宽度_____。
   A. 在近地面层大于中高层　　　　　　B. 在近地面层等于中高层
   C. 在近地面层小于中高层　　　　　　D. 中层大,近地面,高层小

7. 锋的水平宽度_____。
   A. 随高度增加而减小　　　　　　　　B. 随高度增加而增大
   C. 中层大,近地面、高层小　　　　　 D. 不随高度变化

8. 下列说法正确的是_____。
   A. 在高空图上锋表现为一条线
   B. 在高空图上锋表现为一个圆形区
   C. 在高空图上锋表现为等温线的狭长密集带
   D. 在高空图上锋表现为等压线的狭长密集带

9. 地面锋线通常出现在_____。
   A. 高压脊中　　　　　　　　　　　　B. 低压槽中
   C. 鞍形区中　　　　　　　　　　　　D. 热带气旋中

10. 锋是三度空间的天气系统，它在空间呈_____。
    A. 水平状态　　　　　　　　　　B. 垂直状态
    C. 倾斜状态　　　　　　　　　　D. 圆弧状态

11. 锋面在空间呈倾斜状态是由于_____。
    A. 重力的作用　　　　　　　　　B. 气压梯度力的作用
    C. 摩擦力的作用　　　　　　　　D. 地转偏向力的作用

12. 在锋面附近，温度场特征是_____。
    A. 水平温度梯度大，垂直温度梯度小　　B. 水平和垂直温度梯度均小
    C. 水平温度梯度小，垂直温度梯度大　　D. 水平和垂直温度梯度均大

13. 在锋面两侧，风场具有的特征是_____。
    A. 反气旋性切变　　　　　　　　B. 没有切变
    C. 气旋性切变　　　　　　　　　D. 气旋、反气旋性切变兼有

14. 下列说法正确的是_____。
    A. 在地面图上锋表现为一条线
    B. 在高空图上锋表现为一条线
    C. 在地面图上锋表现为等温线的狭长密集带
    D. 在高空图上锋表现为等压线的狭长密集带

15. 锋面在空间呈倾斜状态，并且_____。
    A. 冷空气在上，暖空气在下　　　B. 冷空气在下，暖空气在上
    C. 冷空气在前，暖空气在后　　　D. 冷空气在后，暖空气在前

16. 通常锋面坡度是_____。
    A. 暖锋最大，冷锋次之，静止锋最小　　B. 静止锋最大，暖锋次之，冷锋最小
    C. 冷锋最大，暖锋次之，静止锋最小　　D. 冷锋最大，静止锋次之，暖锋最小

17. 锋面的主要特征是_____。
    ①锋区中垂直温度梯度大；②水平温度梯度大；③气流呈气旋性切变；④锋两侧气压梯度不连续；⑤气流呈反气旋性切变；⑥锋面向暖区倾斜
    A. ①②③④　　　　　　　　　　B. ①②④⑤⑥
    C. ②③④　　　　　　　　　　　D. ②④⑤

18. 锋面具有的主要特征是_____。
    ①锋区中垂直温度梯度小；②锋区中水平温度梯度大；③锋两侧气流呈反气旋性切变；④锋两侧气压梯度不连续；⑤锋两侧气流呈气旋性切变；⑥锋面向冷区倾斜
    A. ①②③④⑥　　　　　　　　　B. ①②④⑤⑥
    C. ②③④⑤⑥　　　　　　　　　D. ②④⑤⑥

19. 形成锢囚锋时，_____。
    A. 冷气团被抬离地面　　　　　　B. 暖气团被抬离地面
    C. 冷气团和暖气团均不被抬离地面　　D. 冷气团和暖气团同时被抬离地面

20. 冷、暖气团势均力敌，锋基本不动或只在某个位置附近做小摆动时称为_____。
    A. 冷锋　　　　　　　　　　　　B. 暖锋
    C. 静止锋　　　　　　　　　　　D. 锢囚锋

21. 暖气团势力强,推动冷气团后退,并使锋面向冷气团一侧移动的锋,称为_____。
   A. 冷锋
   B. 暖锋
   C. 静止锋
   D. 锢囚锋
22. 冷气团势力强,推动暖气团后退,并使锋面向暖气团一侧移动的锋,称为_____。
   A. 冷锋
   B. 暖锋
   C. 静止锋
   D. 锢囚锋
23. 冷锋移速比暖锋快,当冷锋追上暖锋时形成_____。
   A. 副冷锋
   B. 极锋
   C. 准静止锋
   D. 锢囚锋
24. 图 5-1 是南北半球冷暖锋面通常走向和气流分布,A 图为_____。
   A. 南半球冷锋
   B. 南半球暖锋
   C. 北半球冷锋
   D. 北半球暖锋
25. 图 5-1 是南北半球冷暖锋面通常走向和气流分布,B 图为_____。
   A. 南半球冷锋
   B. 南半球暖锋
   C. 北半球冷锋
   D. 北半球暖锋
26. 图 5-1 是南北半球冷暖锋面通常走向和气流分布,C 图为_____。
   A. 南半球冷锋
   B. 南半球暖锋
   C. 北半球冷锋
   D. 北半球暖锋
27. 图 5-1 是南北半球冷暖锋面通常走向和气流分布,D 图为_____。
   A. 南半球冷锋
   B. 南半球暖锋
   C. 北半球冷锋
   D. 北半球暖锋

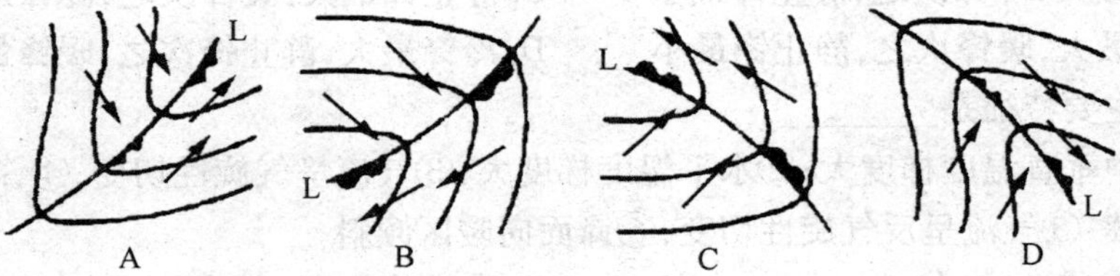

图 5-1

28. 暖锋锋线两侧风向分布为_____。
   A. 北半球锋前 SW 风,锋后 NW 风
   B. 南半球锋前 SW 风,锋后 NW 风
   C. 南半球锋前 NE 风,锋后 NW 风
   D. 北半球锋前 SW 风,锋后 SE 风
29. 冷锋锋线两侧风向分布为_____。
   A. 北半球锋前 SW 风,锋后 SE 风
   B. 南半球锋前 SW 风,锋后 NW 风
   C. 南半球锋前 NE 风,锋后 NW 风
   D. 北半球锋前 SW 风,锋后 NW 风
30. 图 5-2 是南北半球冷、暖锋的大体走向和气流分布,其中错误的是_____。
   A. A 图
   B. B 图
   C. C 图
   D. D 图
31. 在北太平洋某轮自东向西穿越冷锋,通常风向将由_____。
   A. S~SW 转 N~NW
   B. S~SW 转 E~SE

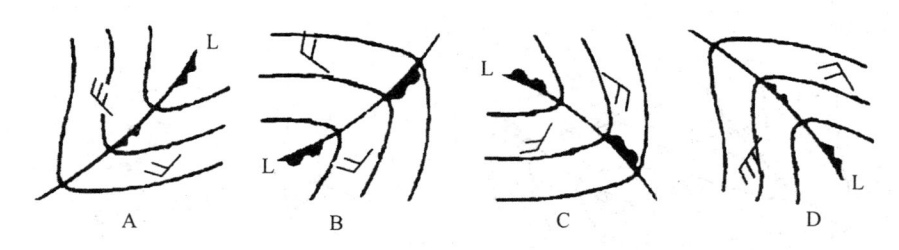

图 5-2

C. E~SE 转 S~SW　　　　　　　　　D. N~NW 转 E~SE

32. 在北大西洋某轮自东向西穿越暖锋,通常风向将由_____。
    A. S~SW 转 N~NW　　　　　　　　B. S~SW 转 E~SE
    C. E~SE 转 S~SW　　　　　　　　D. N~NW 转 E~SE

33. 图 5-3 是南北半球冷、暖锋的大体走向和气流分布,其中错误的是_____。
    A. A 图　　　　　　　　　　　　　B. B 图
    C. C 图　　　　　　　　　　　　　D. D 图

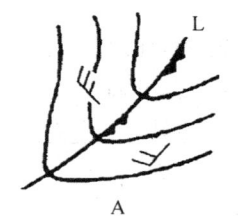

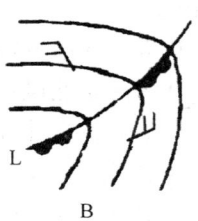

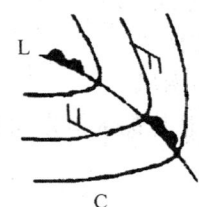

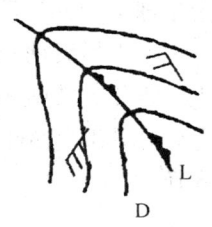

图 5-3

34. 在渤海某轮自东向西穿越冷锋,通常风向将由_____。
    A. S~SW 转 N~NW　　　　　　　　B. S~SW 转 E~SE
    C. E~SE 转 S~SW　　　　　　　　D. N~NW 转 E~SE

35. 图 5-4 是南北半球冷、暖锋的大体走向和气流分布,其中错误的是_____。
    A. A 图　　　　　　　　　　　　　B. B 图
    C. C 图　　　　　　　　　　　　　D. D 图

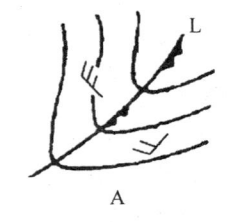

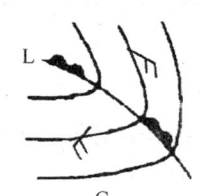

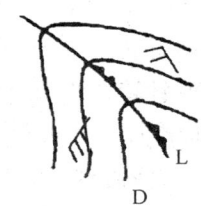

图 5-4

36. 在日本海某轮自东向西穿越暖锋,通常风向将由_____。
    A. S~SW 转 N~NW　　　　　　　　B. S~SW 转 E~SE
    C. E~SE 转 S~SW　　　　　　　　D. N~NW 转 E~SE

37. 图 5-5 是南北半球冷、暖锋的大体走向和气流分布,其中错误的是_____。
    A. A 图　　　　　　　　　　　　　B. B 图

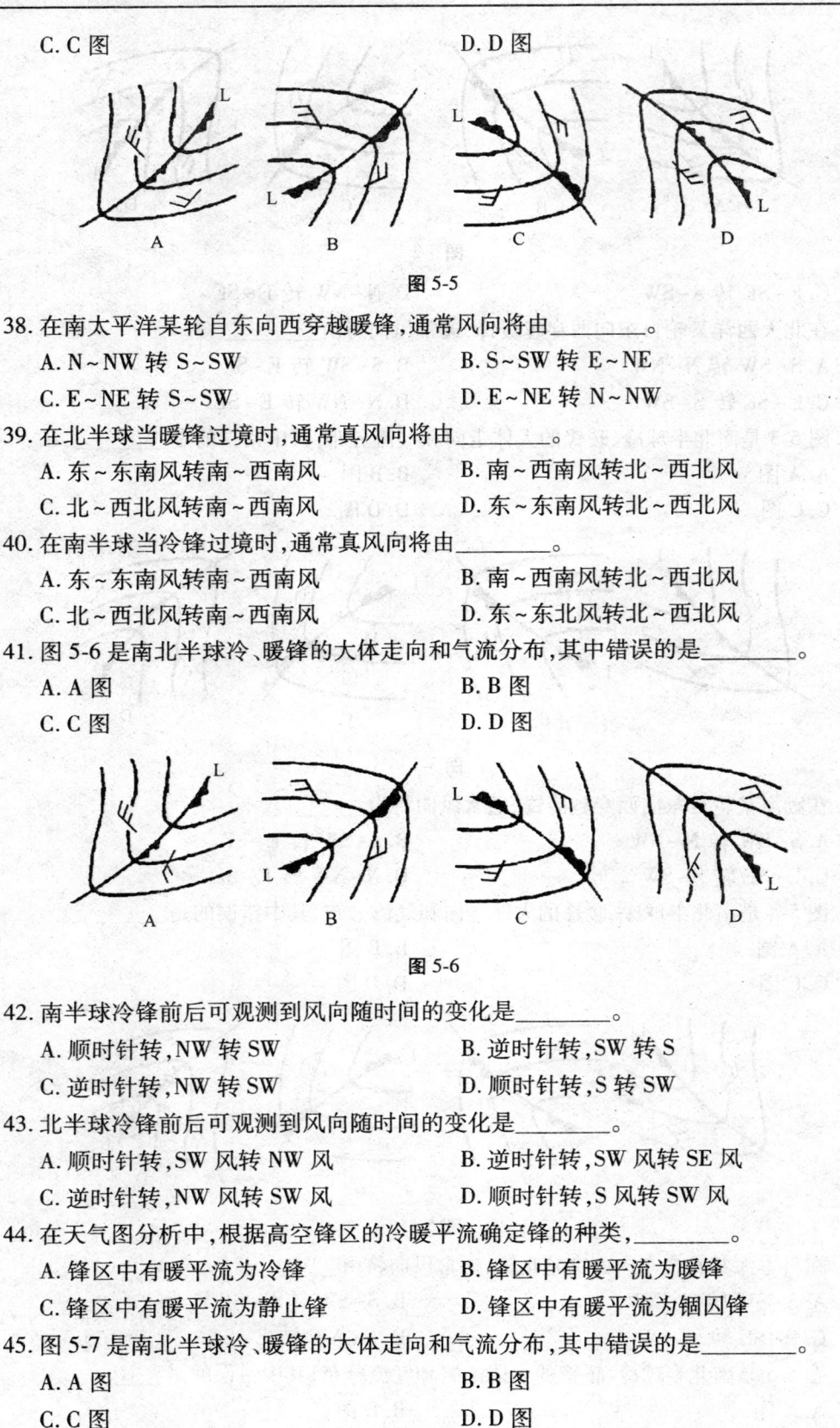

C. C 图   D. D 图

图 5-5

38. 在南太平洋某轮自东向西穿越暖锋,通常风向将由_____。
    A. N~NW 转 S~SW   B. S~SW 转 E~NE
    C. E~NE 转 S~SW   D. E~NE 转 N~NW

39. 在北半球当暖锋过境时,通常真风向将由_____。
    A. 东~东南风转南~西南风   B. 南~西南风转北~西北风
    C. 北~西北风转南~西南风   D. 东~东南风转北~西北风

40. 在南半球当冷锋过境时,通常真风向将由_____。
    A. 东~东南风转南~西南风   B. 南~西南风转北~西北风
    C. 北~西北风转南~西南风   D. 东~东北风转北~西北风

41. 图 5-6 是南北半球冷、暖锋的大体走向和气流分布,其中错误的是_____。
    A. A 图   B. B 图
    C. C 图   D. D 图

图 5-6

42. 南半球冷锋前后可观测到风向随时间的变化是_____。
    A. 顺时针转,NW 转 SW   B. 逆时针转,SW 转 S
    C. 逆时针转,NW 转 SW   D. 顺时针转,S 转 SW

43. 北半球冷锋前后可观测到风向随时间的变化是_____。
    A. 顺时针转,SW 风转 NW 风   B. 逆时针转,SW 风转 SE 风
    C. 逆时针转,NW 风转 SW 风   D. 顺时针转,S 风转 SW 风

44. 在天气图分析中,根据高空锋区的冷暖平流确定锋的种类,_____。
    A. 锋区中有暖平流为冷锋   B. 锋区中有暖平流为暖锋
    C. 锋区中有暖平流为静止锋   D. 锋区中有暖平流为锢囚锋

45. 图 5-7 是南北半球冷、暖锋的大体走向和气流分布,其中错误的是_____。
    A. A 图   B. B 图
    C. C 图   D. D 图

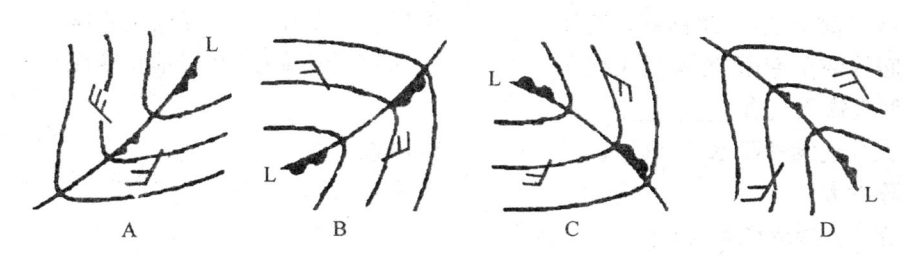

图 5-7

46. 典型暖锋过境时出现的云系依次为_____。
    A. Ci→Cs→As→Sc
    B. Ci→Cs→As→Ns
    C. Ci→Cs→As→St
    D. Ns→As→Cs→Ci

47. 典型第一型冷锋过境时,可见到的云系依次为_____。
    A. Ci→Cs→As→Ns
    B. Cb→Ns→As→Cu
    C. As→Ns→Cb→Fn
    D. Ns→As→Cs→Ci

48. 典型静止锋云系在北半球自南向北依次为_____。
    A. Ci→Cs→As→Ns
    B. Ns→As→Cs→Ci
    C. As→Ns→Cb→Fn
    D. Cb→Ns→As→Cu

49. 典型冬季第二型冷锋过境前,可见到的云系依次为_____。
    A. Ci→Cs→As→Ns
    B. Ns→As→Cs→Ci
    C. Ci→Cb→Ac→Ci
    D. Cu→Cb→Ac→Fn

50. 典型第二型冷锋天气的主要云系是_____。
    A. Cu
    B. Cb
    C. As
    D. Ns

51. 在南半球暖锋过境时,观测到的云状依次为_____。
    A. As→Ns→Cb→Fn
    B. Cb→Ns→As→Cu
    C. Ns→As→Cs→Ci
    D. Ci→Cs→As→Ns

52. 典型锢囚锋过境时,出现的云系依次为_____。
    A. Ci→Cc→As→Ns→Cb
    B. Ci→Cs→As→Ns→Cb
    C. Ns→As→Cs→Ci→Cb
    D. As→Ns→Cs→Ci→Cb

53. 夏季船舶在北太平洋西行中,观测到云序为卷云、卷层云、高层云系统性发展,并且云层加厚、颜色变深,估计所遇锋面是_____。
    A. 静止锋
    B. 暖锋
    C. 第一型冷锋
    D. 第二型冷锋

54. 锋面坡度最小,云和降水区宽度最大,降水强度小,持续时间长的锋是_____。
    A. 第一型冷锋
    B. 第二型冷锋
    C. 暖锋
    D. 准静止锋

55. 船舶受强冷锋过境影响时,可观测到气压变化为_____。
    A. 缓升
    B. 缓降
    C. 急升
    D. 急降

56. 在锋面附近,通常3 h变压场的分布特点为_____。

A. 冷锋前负变压,暖锋后正变压 B. 暖锋后负变压,冷锋前正变压
C. 暖锋前负变压,冷锋后正变压 D. 冷锋后负变压,暖锋前正变压

57. 典型暖锋天气有_____。
    A. 大片连续性降水 B. 阵性降水
    C. 阵性大风 D. 平流雾

58. 典型第一型冷锋天气有_____。
    A. 平流雾 B. 毛毛雨
    C. 阵性大风 D. 连阴雨

59. 通常锋面坡度最小,云和降水区最大,降水强度较小但持续时间较长的锋是_____。
    A. 暖锋 B. 冷锋
    C. 锢囚锋 D. 静止锋

60. 在锋面移动过程中,锋面降水区域的宽窄主要取决于_____。
    A. 锋区内风速 B. 冷、暖空气的温差大
    C. 空气湿度 D. 锋面坡度

61. _____锋面产生的降水强度最大。
    A. 第一型冷锋 B. 夏半年第二型冷锋
    C. 冬季暖锋 D. 夏季暖锋

62. 在北半球当冷锋过境时,通常真风向将由_____。
    A. 东~东南风转南~西南风 B. 南~西南风转北~西北风
    C. 北~西北风转南~西南风 D. 东~东南风转北~西北风

63. 在南半球当暖锋过境时,通常真风向将由_____。
    A. 东~东南风转南~西南风 B. 南~西南风转北~西北风
    C. 北~西北风转南~西南风 D. 东~东北风转北~西北风

64. 在北太平洋某轮自东向西穿越暖锋,通常风向将由_____。
    A. S~SW 转 N~NW B. S~SW 转 E~SE
    C. E~SE 转 S~SW D. N~NW 转 E~SE

65. 在北大西洋某轮自东向西穿越冷锋,通常风向将由_____。
    A. S~SW 转 N~NW B. S~SW 转 E~SE
    C. E~SE 转 S~SW D. N~NW 转 E~SE

66. 在黄海某轮自东向西穿越暖锋,通常风向将由_____。
    A. S~SW 转 N~NW B. S~SW 转 E~SE
    C. E~SE 转 S~SW D. N~NW 转 E~SE

67. 在黄海某轮自东向西穿越冷锋,通常风向将由_____。
    A. S~SW 转 N~NW B. S~SW 转 E~SE
    C. E~SE 转 S~SW D. N~NW 转 E~SE

68. 在东海某轮自东向西穿越暖锋,通常风向将由_____。
    A. S~SW 转 N~NW B. S~SW 转 E~SE
    C. E~SE 转 S~SW D. N~NW 转 E~SE

69. 在东海某轮自东向西穿越冷锋,通常风向将由_____。

A. S~SW 转 N~NW　　　　　　　B. S~SW 转 E~SE
C. E~SE 转 S~SW　　　　　　　D. N~NW 转 E~SE

70. 通常冷锋过境的天气特征为_____。
    ①气温逐渐降低；②气压逐渐升高；③北半球风向顺转；④气压逐渐降低；⑤北半球风向逆转；⑥锋后风速大于锋前
    A. ①②⑤⑥　　　　　　　B. ①②③⑥
    C. ②③⑥　　　　　　　　D. ④⑤⑥

71. 通常暖锋过境的天气特征为_____。
    ①气温逐渐升高；②气压逐渐降低；③北半球风向 SE 转 SW；④锋前降水；⑤北半球风向 SW 转 NW；⑥气温逐渐降低
    A. ①②③④⑤　　　　　　　B. ①②④⑤⑥
    C. ①②③④　　　　　　　　D. ②④⑤⑥

72. 典型第二型冷锋天气特点是_____。
    ①稳定性天气；②阵性降水；③范围较大、持续时间较长；④不稳定性天气；⑤范围小、持续时间短；⑥连续性降水
    A. ①③⑥　　　　　　　　B. ①②⑤⑥
    C. ②④⑤　　　　　　　　D. ②④⑤⑥

73. 在渤海某轮自东向西穿越暖锋，通常风向将由_____。
    A. S~SW 转 N~NW　　　　　　　B. S~SW 转 E~SE
    C. E~SE 转 S~SW　　　　　　　D. N~NW 转 E~SE

74. 在日本海某轮自东向西穿越冷锋，通常风向将由_____。
    A. S~SW 转 N~NW　　　　　　　B. S~SW 转 E~SW
    C. E~NE 转 S~SW　　　　　　　D. N~NW 转 E~SE

75. 在南太平洋某轮自东向西穿越冷锋，通常风向将由_____。
    A. N~NW 转 S~SW　　　　　　　B. S~SW 转 E~NE
    C. E~NE 转 S~SW　　　　　　　D. E~NE 转 N~NW

76. 在南大西洋某轮自东向西穿越暖锋，通常风向将由_____。
    A. N~NW 转 S~SW　　　　　　　B. S~SW 转 E~NE
    C. E~SE 转 S~SW　　　　　　　D. E~NE 转 N~NW

77. 在南大西洋某轮自东向西穿越冷锋，通常风向将由_____。
    A. N~NW 转 S~SW　　　　　　　B. S~SW 转 E~NE
    C. E~NE 转 S~SW　　　　　　　D. E~NE 转 N~NW

78. 在南印度洋某轮自东向西穿越暖锋，通常风向将由_____。
    A. N~NW 转 S~SW　　　　　　　B. S~SW 转 E~NE
    C. E~NE 转 S~SW　　　　　　　D. E~NE 转 N~NW

79. 在南印度洋某轮自东向西穿越冷锋，通常风向将由_____。
    A. N~NW 转 S~SW　　　　　　　B. S~SW 转 E~NE
    C. E~NE 转 S~SW　　　　　　　D. E~NE 转 N~NW

80. 锢囚锋天气特点是_____。

①云层增厚；②云层变薄；③降水范围较大、持续时间较长；④降水减弱；⑤降水范围小、持续时间短；⑥降水增强

A. ①③⑥ B. ①②⑤⑥
C. ②④⑤ D. ②④⑤⑥

81. 准静止锋天气特点是_____。
①降水强度小；②阵性降水；③降水范围大、持续时间长；④降水强度大；⑤降水范围小、持续时间短；⑥连续性降水

A. ①③⑥ B. ①②⑤⑥
C. ②④⑤ D. ②④⑤⑥

82. 南半球典型冷锋过境时，风向、风速随时间的变化是_____。
A. 风向顺时针转，风力减小 B. 风向逆时针转，风力减小
C. 风向逆时针转，风力增大 D. 风向顺时针转，风力增大

83. 北半球典型冷锋过境时，风向、风速随时间的变化是_____。
A. 风向顺时针转，风力减小 B. 风向逆时针转，风力减小
C. 风向逆时针转，风力增大 D. 风向顺时针转，风力增大

84. _____易形成范围较广、浓度较大的锋面雾。
A. 第一型冷锋前 B. 暖锋后
C. 锢囚锋两侧 D. 第二型冷锋后

85. 在锋面天气中，遇到_____时，其降水持续时间最长。
A. 暖锋 B. 冷锋
C. 静止锋 D. 锢囚锋

86. 通常造成我国江南连续阴雨天气的锋是_____。
A. 静止锋 B. 暖锋
C. 冷锋 D. 锢囚锋

87. 一般锋面坡度大、云雨区窄、降水强度大、持续时间短的锋是_____。
A. 第一型冷锋 B. 准静止锋
C. 暖锋 D. 第二型冷锋

88. 若形成锢囚锋的暖空气较潮湿，则锋面天气的最显著特点是_____。
A. 锋前后均有降水，范围扩大 B. 锋前无降水，锋后有降水
C. 锋前有降水，锋后无降水 D. 锋前后均无降水

89. 一般地面静止锋对应_____。
A. 高空图上的低压槽线 B. 高空图上的高压脊线
C. 高空图上的切变线 D. 高空图上的低压带

90. 最有可能产生强阵性降水或雷暴的锋面天气是_____。
A. 暖锋 B. 准静止锋
C. 第一型冷锋 D. 第二型冷锋

91. 锋面两侧均有降水的锋一般是_____。
A. 冷锋 B. 暖锋
C. 锢囚锋 D. 静止锋

92. 北半球某地气温由高到低,气压明显上升,风向由 SW 转为 NW,风力增大,天气阴但无降水,这表明_____。
    A. 暖锋过境   B. 冷锋过境
    C. 飑线过境   D. 静止锋过境

93. 在天气图分析中,根据高空锋区的冷暖平流确定锋的种类,_____。
    A. 锋区中有冷平流为冷锋   B. 锋区中有冷平流为暖锋
    C. 锋区中有冷平流为静止锋   D. 锋区中有冷平流为锢囚锋

94. 典型第二型冷锋可能出现的天气有_____。
    ①连续性降水;②阵性大风;③毛毛雨;④冰雹;⑤雷阵雨;⑥龙卷
    A. ①②③④⑤⑥   B. ①②④⑤⑥
    C. ②③④⑤⑥   D. ②④⑤⑥

95. 通常暖锋过境的天气特征为_____。
    ①气温逐渐降低;②气压逐渐降低;③北半球风向顺转;④锋前降水;⑤北半球风向逆转;⑥锋前风速大于锋后
    A. ①②③④⑤⑥   B. ①②④⑤⑥
    C. ②③④⑥   D. ②④⑤⑥

96. 通常冷锋过境的天气特征为_____。
    ①气温逐渐降低;②气压逐渐升高;③南半球风向 SW 转 NW;④气压逐渐降低;⑤南半球风向 NW 转 SW;⑥锋后风速大于锋前
    A. ①③⑥   B. ①④⑤⑥
    C. ②⑤⑥   D. ①②⑤⑥

97. 第二型冷锋与第一型冷锋相比,其特征是_____。
    ①坡度大;②移动快;③移动慢;④坏天气剧烈;⑤坏天气短暂;⑥坡度小
    A. ①②④⑤   B. ②④⑤⑥
    C. ③④⑤⑥   D. ①③⑤⑥

第三节　锋面气旋

1. 逆时针旋转的大型空气涡旋是_____。
   A. 北半球反气旋,南半球气旋   B. 南、北半球反气旋
   C. 北半球气旋,南半球反气旋   D. 南、北半球气旋

2. 顺时针旋转的大型空气涡旋是_____。
   A. 北半球反气旋、南半球气旋   B. 南、北半球反气旋
   C. 北半球气旋、南半球反气旋   D. 南、北半球气旋

3. 从流场角度而言,北半球地面气旋是_____。
   A. 逆时针向内辐合   B. 顺时针向外辐合
   C. 逆时针向外辐散   D. 顺时针向内辐散

4. 从流场角度而言,南半球地面气旋是_____。
   A. 逆时针向内辐合　　　　　　　　　B. 顺时针向外辐散
   C. 逆时针向外辐散　　　　　　　　　D. 顺时针向内辐合

5. 通常温带气旋的水平尺度一般在_____。
   A. 100 km 左右,大的可达 200~300 km,小的只有几十千米或更小些
   B. 1000 km 左右,大的可达 2000~3000 km,小的只有几百千米
   C. 1000 km 左右,大的可达 5000 km 以上,小的只有几十千米或更小些
   D. 1500~2000 km,大的可达 5000 km 以上,小的也有几百千米

6. 北半球气旋的流场结构大体为_____。
   A. 低层顺时针辐散、上层辐合并伴有上升运动
   B. 低层顺时针辐合、上层辐散并伴有上升运动
   C. 低层逆时针辐合、上层辐散并伴有上升运动
   D. 低层顺时针辐散、上层辐合并伴有下沉运动

7. 南半球气旋的流场结构大体为_____。
   A. 低层顺时针辐散、上层辐合并伴有上升运动
   B. 低层顺时针辐合、上层辐散并伴有上升运动
   C. 低层逆时针辐合、上层辐散并伴有上升运动
   D. 低层顺时针辐散、上层辐合并伴有下沉运动

8. 通常气旋与低压(反气旋与高压)的名称不能互相换用的地区为_____。
   A. 中纬度地区　　　　　　　　　　　B. 赤道低纬地区
   C. 高纬度地区　　　　　　　　　　　D. 极地地区

9. 通常气旋的水平范围_____。
   A. 用中心最低气压表示
   B. 用气旋最里面闭合等压线围成区域直径表示
   C. 用气旋最外面闭合等压线围成区域直径表示
   D. 用气旋最外面闭合等压线围成区域表示

10. 通常气旋的水平尺度大小有如下关系_____。
    A. 温带气旋等于热带气旋　　　　　　B. 温带气旋大于热带气旋
    C. 温带气旋小于热带气旋　　　　　　D. 热带气旋远大于温带气旋

11. 通常气旋的强度_____。
    A. 用中心最高气压表示　　　　　　　B. 用气旋最里面闭合等压线数值表示
    C. 用气旋最外面闭合等压线数值表示　D. 用中心最低气压表示

12. 温带气旋中心气压值一般在_____。
    A. 1010~970 hPa 之间,发展十分强盛的可能低至 920 hPa 以下
    B. 970 hPa 以下,发展十分强盛的可能低至 920 hPa 以下
    C. 1030~1000 hPa 之间,发展十分强盛的可能低至 950 hPa 以下
    D. 1000 hPa 以上,发展十分强盛的可能低至 950 hPa 以下

13. 锋面气旋具有的特征是_____。
    ①南半球逆时针旋转;②主要发生在温带;③气旋与锋面结合;④北半球逆时针旋转;

⑤平均范围 500 km;⑥发生在任意纬度带
A. ①②③④⑥ B. ①②④⑤⑥
C. ②③④⑥ D. ②③④

14. 通常锋面气旋的水平范围大小_____。
   A. 用 6 级风圈范围表示
   B. 用 10 级风圈范围表示
   C. 用近中心附近最大风速表示
   D. 用最外围一条闭合等压线围成区域直径表示

15. 当低层辐合大于高空辐散时,气旋将_____。
   A. 加深 B. 填塞
   C. 保持不变 D. 增强

16. 当高空辐散大于低层辐合时,气旋将_____。
   A. 加深 B. 减弱
   C. 保持不变 D. 加大

17. 海洋上温带气旋强度最大、范围最广的季节为_____。
   A. 春季 B. 夏季
   C. 秋季 D. 冬季

18. 海洋上温带气旋强度最弱的季节为_____。
   A. 春季 B. 夏季
   C. 秋季 D. 冬季

19. 北太平洋强温带气旋出现频率最高的季节为_____。
   A. 秋季 B. 冬季
   C. 夏季 D. 春季

20. 北太平洋锋面气旋出现频率最高,强度较大的月份是_____。
   A. 1 月 B. 4 月
   C. 7 月 D. 10 月

21. 根据气旋形成与活动的地理区域可将气旋分为_____。
   A. 温带气旋和热带气旋 B. 锋面气旋和无锋面气旋
   C. 温带气旋和锋面气旋 D. 锋面气旋和热带气旋

22. 根据气旋的热力结构可将气旋分为_____。
   A. 温带气旋和热带气旋 B. 锋面气旋和无锋面气旋
   C. 温带气旋和锋面气旋 D. 锋面气旋和热带气旋

23. 下列说法正确的是_____。
   A. 温带气旋属于冷性反气旋 B. 热带气旋属于暖性反气旋
   C. 温带气旋属于暖性气旋 D. 热带气旋属于暖性气旋

24. 下列说法正确的是_____。
   A. 温带气旋、热带气旋均属于冷性气旋
   B. 热带气旋属于暖性气旋,温带气旋大多属于冷性气旋
   C. 温带气旋、热带气旋均属于暖性气旋

D. 温带气旋大多属于暖性气旋,热带气旋属于冷性气旋

25. 下列说法正确的是_____。
    A. 温带气旋和热带气旋是按形成与活动的地理区域命名
    B. 温带气旋和锋面气旋是按形成与活动的地理区域命名
    C. 锋面气旋和无锋面气旋是按形成与活动的地理区域命名
    D. 锋面气旋与热带气旋是按形成与活动的地理区域命名

26. 下列说法正确的是_____。
    A. 温带气旋和热带气旋是按热力结构命名
    B. 温带气旋和锋面气旋是按热力结构命名
    C. 锋面气旋和无锋面气旋是按热力结构命名
    D. 锋面气旋与热带气旋是按热力结构命名

27. 锋面气旋产生和活动在_____。
    A. 热带　　　　　　　　　　　B. 副热带
    C. 温带　　　　　　　　　　　D. 寒带

28. 根据气旋形成和活动的地理区域,将气旋分为_____。
    ①锋面气旋;②暖性气旋;③温带气旋;④冷性气旋;⑤热带气旋;⑥无锋面气旋
    A. ③⑤　　　　　　　　　　　B. ①④⑤
    C. ②④⑥　　　　　　　　　　D. ②④⑤⑥

29. 气旋对应的一般天气特征为_____。
    A. 晴朗、微风、少云天气　　　B. 多云、微风天气
    C. 晴朗、少云、大风天气　　　D. 多云、阴雨天气

30. 温带气旋的强度常依据_____来判定。
    ①最大风速;②中心气压值;③气旋中的最大降水量;④气旋的移速;⑤水平温度梯度;⑥气旋的影响范围
    A. ①③⑤　　　　　　　　　　B. ②③④
    C. ②④⑥　　　　　　　　　　D. ①②⑥

31. 锋面气旋的坏天气一般_____。
    A. 对称分布在锋面附近　　　　B. 对称分布在气旋中心区
    C. 不对称分布在中心和锋面附近 D. 不对称分布在气旋中心区

32. 通常锋面气旋频繁活动在_____。
    A. 热带　　　　　　　　　　　B. 温带
    C. 寒带　　　　　　　　　　　D. 副热带

33. 下列说法正确的是_____。
    A. 南方气旋比较干燥,风多雨少　B. 南方气旋比较潮湿,风雨交加
    C. 北方气旋比较潮湿,风多雨少　D. 北方气旋比较干燥,风雨交加

34. 下列说法正确的是_____。
    A. 南方气旋比较干燥,风雨交加　B. 南方气旋比较潮湿,风多雨少
    C. 北方气旋比较潮湿,风雨交加　D. 北方气旋比较干燥,风多雨少

35. 强大的锋面气旋地面最大风力可达_____。

A. 9 级 B. 10 级
C. 11 级 D. 12 级

36. 锋面气旋出现大风的部位多在_____。
   A. 暖锋前 B. 暖区
   C. 冷锋后 D. 冷锋前

37. 在西风带中,地面天气系统的移动总趋势是_____。
   A. 自东向西 B. 自南向北
   C. 自北向南 D. 自西向东

38. 温带气旋的移动方向大致是_____。
   A. 在北半球和南半球均自西向东 B. 在北半球自东向西,在南半球自西向东
   C. 在北半球和南半球均自东向西 D. 在北半球自西向东,在南半球自东向西

39. 水汽充沛的温带气旋能产生降雨的区域是_____。
   ①暖锋后;②暖锋前;③中心附近;④冷锋前;⑤暖区;⑥冷锋后
   A. ①②③④⑥ B. ①②③④⑤
   C. ②③④⑤⑥ D. ②④⑤⑥

40. 在北半球强烈发展的锋面气旋其_____。
   A. 西部为偏南大风,东部为偏北大风,南部为偏东大风
   B. 西部为偏南大风,东部为偏北大风,南部为偏北大风
   C. 西部为偏北大风,东部为偏东大风,南部为偏南大风
   D. 西部为偏东大风,东部为偏南大风,南部为偏北大风

41. 在南半球强烈发展的锋面气旋其_____。
   A. 西部为偏南大风,东部为偏北大风,北部为偏东大风
   B. 西部为偏东大风,东部为偏东大风,北部为偏北大风
   C. 西部为偏北大风,东部为偏东大风,北部为偏南大风
   D. 西部为偏东大风,东部为偏南大风,北部为偏北大风

42. 通常,冬季海上典型锋面气旋的风速分布为_____。
   A. 冷锋后和暖区最大,暖锋前后最小
   B. 冷锋后最大,暖区次之,暖锋前最小
   C. 暖区最大,冷锋后次之,暖锋前最小
   D. 冷锋后最大,暖锋前次之,暖区最小

43. 在典型锋面气旋中,通常平流雾或毛毛雨天气最有可能出现在_____。
   A. 冷锋后 B. 暖锋前
   C. 暖区 D. 气旋中心

44. 在典型锋面气旋中,通常锋面雾最有可能出现在_____。
   A. 暖锋前和冷锋后 B. 暖锋前和暖区
   C. 冷锋后和暖区 D. 气旋中心

45. 在典型锋面气旋中,通常降温、大风天气出现在_____。
   A. 北半球冷锋后、南半球冷锋前 B. 北半球冷锋前、南半球冷锋后
   C. 北半球冷锋前、南半球冷锋前 D. 北半球冷锋后、南半球冷锋后

46. 图5-8为北半球典型锋面气旋示意图,图中 A 点的风向为_____。
    A. 西北风　　　　　　　　　　B. 东南风
    C. 西南风　　　　　　　　　　D. 西风

47. 图5-8为北半球典型锋面气旋示意图,图中 B 点的风向为_____。
    A. 西北风　　　　　　　　　　B. 东南风
    C. 西南风　　　　　　　　　　D. 北风

48. 图5-8为北半球典型锋面气旋示意图,图中 C 点的风向为_____。
    A. 西北风　　　　　　　　　　B. 东南风
    C. 西南风　　　　　　　　　　D. 东北风

49. 图5-8为北半球典型锋面气旋示意图,图中 D 点的风向为_____。
    A. 西北风　　　　　　　　　　B. 东南风
    C. 西风　　　　　　　　　　　D. 东风

50. 图5-8为北半球典型锋面气旋示意图,一般大风和降温天气出现在_____。
    A. B 区　　　　　　　　　　　B. C 区
    C. D 区　　　　　　　　　　　D. A 区

51. 图5-8为北半球典型锋面气旋示意图,一般连续性降水天气出现在_____。
    A. B 区　　　　　　　　　　　B. C 区
    C. D 区　　　　　　　　　　　D. A 区

52. 图5-8为北半球典型锋面气旋示意图,一般温暖、潮湿或平流雾出现在_____。
    A. B 区　　　　　　　　　　　B. C 区
    C. D 区　　　　　　　　　　　D. A 区

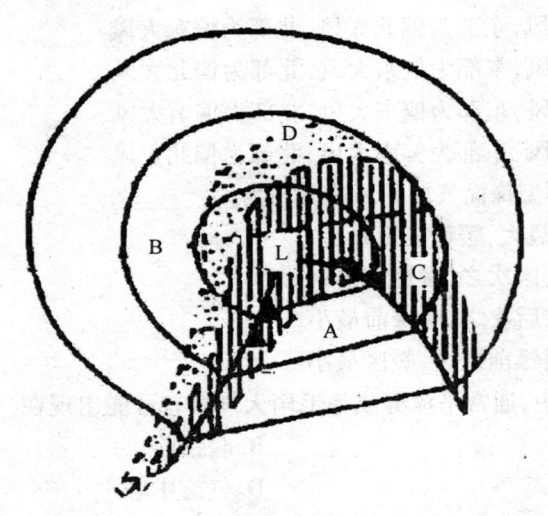

图 5-8

53. 图5-9为南半球典型锋面气旋示意图,图中 A 点的风向为_____。
    A. NE 风　　　　　　　　　　B. SW 风
    C. W 风　　　　　　　　　　 D. NW 风

54. 图5-9为南半球典型锋面气旋示意图,图中 B 点的风向为_____。

A. SW 风 　　　　　　　　　　B. NW 风
C. W 风 　　　　　　　　　　　D. NE 风

55. 图 5-9 为南半球典型锋面气旋示意图,图中 C 点的风向为_____。
   A. NW 风 　　　　　　　　　B. SW 风
   C. W 风 　　　　　　　　　　D. NE 风

56. 图 5-9 为南半球典型锋面气旋示意图,图中 D 点的风向为_____。
   A. NW 风 　　　　　　　　　B. SW 风
   C. SE 风 　　　　　　　　　D. NE 风

57. 图 5-9 为南半球典型锋面气旋示意图,一般大风和降温天气出现在_____。
   A. D 区 　　　　　　　　　　B. C 区
   C. B 区 　　　　　　　　　　D. A 区

58. 图 5-9 为南半球典型锋面气旋示意图,一般连续性降水天气出现在_____。
   A. B 区 　　　　　　　　　　B. C 区
   C. D 区 　　　　　　　　　　D. A 区

59. 图 5-9 为南半球典型锋面气旋示意图,一般温暖、潮湿或平流雾出现在_____。
   A. B 区 　　　　　　　　　　B. C 区
   C. D 区 　　　　　　　　　　D. A 区

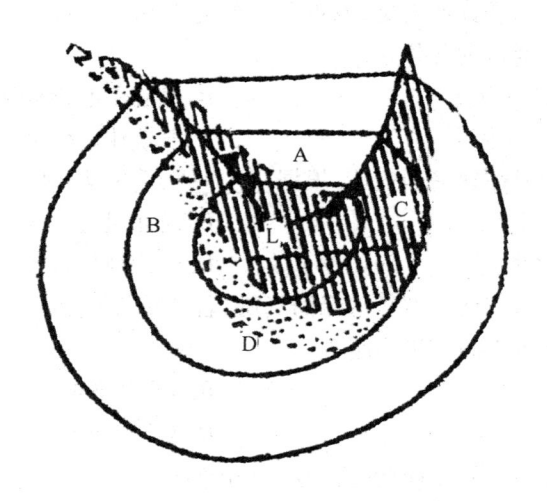

图 5-9

60. 通常锋面气旋进入锢囚阶段的一个显著天气特点是_____。
   A. 降水区只限于锋前,范围扩大　　B. 降水区仅限于锋后,范围扩大
   C. 锋线两侧均有降水,范围扩大　　D. 降水区范围缩小并迅速消失

61. 某地气温由高变低,气压明显上升,由 SW 风转为 NW 风,天空阴但无降雨,这表明_____。
   A. 暖锋已过境 　　　　　　　　B. 锢囚锋已过境
   C. 冷锋已过境 　　　　　　　　D. 静止锋已过境

62. 根据海上锋面气旋天气模式,一般船舶针对气旋不同部位应预防的恶劣天气是_____。

①暖锋前防雨;②冷锋后防雨;③气旋暖区防风;④冷锋后防风;⑤冷锋后防雾;⑥气旋暖区防雾

A. ①④⑥ B. ①②③④⑤⑥
C. ①②③④⑥ D. ②④⑤⑥

63. 当船舶从锋面气旋低纬一侧接近气旋时出现如下天气现象_____。
①气压逐渐下降;②气压微降后升;③出现连续性降水;④出现阵性降水;⑤气温逐渐降低;⑥气温逐渐升高

A. ①③⑥ B. ①③⑥
C. ①②③④⑥ D. ②④⑤

64. 在北太平洋上,船舶遇一锋面气旋过境,测得风向由 SE～E～NE～N 变化,并遇到较强的连续性降水,则可判定船舶是经过锋面气旋的_____。

A. 冷锋 B. 暖锋
C. 中心附近北部 D. 中心附近南部

65. 某船自东向西穿越江淮气旋,观察到天气由毛毛雨、西南风 3～4 级的状况转变为西北风 6～7 级,表明船舶_____。

A. 穿越暖锋 B. 处于暖区
C. 穿越冷锋 D. 处于冷区

66. 船舶在北太平洋遇锋面气旋,测得风向变化为 SE～E～NE～N～NW,并有连续性降水,则可断定该轮通过的部位是_____。

A. 气旋中心南侧附近 B. 气旋中心南侧边缘
C. 气旋中心北侧附近 D. 气旋中心北侧边缘

67. 北太平洋西行船舶遇锋面气旋,根据_____可以判定船已进入冷锋后。

A. 西南风转西北风 B. 西北风转北风
C. 东北风转西北风 D. 东南风转西南风

68. 某轮在南半球自东向西航行遇锋面气旋,若从锋面气旋中心北侧通过,则根据真风向_____变化可以断定进入暖区。

A. SE 转 SW B. SW 转 NW
C. NE 转 NW D. NW 转 SW

69. 通常南半球锋面气旋冷锋前、后的风向分布规律为_____。

A. 锋前 S～SW,锋后 N～NW B. 锋前 E～NE,锋后 N～NW
C. 锋前 N～NW,锋后 S～SW D. 锋前 E～NE,锋后 S～SW

70. 某轮在南半球由锋面气旋前部进入暖区,通常风向变化为_____。

A. E～SE 转为 S～SW B. E～NE 转为 N～NW
C. S～SW 转为 N～NW D. N～NW 转为 S～SW

71. 在南半球遇锋面气旋,当船舶观测到风向由 NW 转为 SW 时,表明船舶通过_____。

A. 暖锋 B. 静止锋
C. 冷锋 D. 锢囚锋

72. 北太平洋的西行船舶遇锋面气旋,测得真风向随时间逆时针变化,则船从气旋的_____通过。

A. 南侧 B. 北侧
C. 东侧 D. 西侧

73. 船舶在南半球锋面气旋南侧,从东向西航行,观测到风向的变化是_____。
    A. N~NW~SW B. E~SE~S
    C. SE~NE~N D. NW~NE~SW

74. 在日本南部洋面上,一艘西行船遇上一个锋面气旋,船长决定从气旋中心北侧通过,则测得的风向变化为_____。
    A. N~NW~SW B. NE~E~SE
    C. SE~NE~NNW D. E~SE~SW

75. 冬季北半球船舶从气旋暖区进入冷锋后天气区,_____。
    A. 风向逆时针变化,风力减小 B. 风向顺时针变化,风力减小
    C. 风向顺时针变化,风力增大 D. 风向逆时针变化,风力增大

76. 在北半球船舶由气旋前部进入暖区,观测到风向变化为_____。
    A. E~NE 转为 N~NW B. E~SE 转为 S~SW
    C. S~SW 转为 N~NW D. N~NW 转为 S~SW

77. 在南半球船舶由气旋前部进入暖区,观测到风向变化为_____。
    A. E~SE 转为 S~SW B. E~NE 转为 N~NW
    C. S~SW 转为 N~NW D. N~NW 转为 S~SW

78. 船舶在南半球遇锋面气旋,当风向_____时,可判定已进入暖区。
    A. SW 转 NW B. SE 转 SW
    C. NE 转 NW D. NW 转 SW

79. 南半球西行船舶观测到_____云序时,可判断船舶从锋面气旋中心附近北部通过。
    A. Ci→Cs→As→Ns→St→Cb B. Cb→Ac→Ns→As→Cs→Cb
    C. Ci→Cs→Ac→Ns D. Ns→As→Cs→Ci

80. 南半球西行船舶观测到_____云序时,可判断船舶从锋面气旋中心附近南部通过。
    A. Ci→Cs→As→Ns→St→Cb B. Cb→Ac→Ns→As→Cs→Cb
    C. Ci→Cs→As→Ns→As D. Ns→As→Cs→Ci

81. 在北半球,当船舶处在锋面气旋中心附近的高纬一侧时,船舶通常观测到的云系顺序是_____。
    A. Ci→Cs→As→Ns→Ac→Ci B. Ci→Cs→As→Ns→As
    C. Ci→Ac→Ns→As→Cs→Ci D. Ns→As→Cs→Ci

82. 在北半球,船舶穿越锋面气旋,当观测到云的变化次序为 Ci→Cs→As→Ns→Ac→Cb,则可判定船舶从_____。
    A. 气旋中心附近以北,由东向西穿越 B. 气旋中心附近以南,由东向西穿越
    C. 气旋中心附近以南,由西向东穿越 D. 气旋中心附近以北,由西向东穿越

83. 在北半球船舶从锋面气旋的低纬一侧通过,观测到气压变化趋势为_____。
    A. 先降、后升、再平 B. 先升、后降、再升
    C. 先平、后降、再升 D. 先降、后平、再升

84. 在北太平洋西行船舶遇锋面气旋,根据_____可以断定船已进入暖区。

A. 东北风转西北风 B. 北风转东北风
C. 西北风转西南风 D. 东南风转西南风

85. 某轮在南半球遇锋面气旋,真风向由 NW 转 SW,气压明显升高,则可断定已进入_____。
 A. 暖锋前 B. 暖区
 C. 冷锋后 D. 暖锋后

86. 当船舶从气旋暖锋前接近气旋时,可以观测到_____。
 ①气压逐渐下降;②气压微降后升;③出现连续性降水;④出现阵性降水;⑤风向随时间逆转;⑥气温逐渐升高
 A. ①③⑥ B. ②④⑤
 C. ②③⑤⑥ D. ②④⑤⑥

87. 当船舶从北太平洋锋面气旋高纬一侧通过时,将观测到_____。
 ①风向随时间顺转;②云序为 Ci→Cs→As→Ns→As;③气压先降后升;④风向随时间逆转;⑤云序为 Ns→As→Cs→Ci;⑥气压先升后降
 A. ①⑤⑥ B. ①②⑤
 C. ②③④ D. ②④⑤⑥

88. 北太平洋西行船舶穿越锋面气旋时,可观测到_____。
 ①气压先逐渐降低后迅速升高;②风向 SE~SW~NW;③气温先迅速降低后逐渐升高;④气温先逐渐升高后迅速降低;⑤气压先逐渐升高后迅速降低;⑥风向 SE~E~NW
 A. ②④⑥ B. ①②④
 C. ③⑤⑥ D. ①③⑤

89. 造成北太平洋中高纬度海域冬季大风浪的原因是_____。
 A. 阿留申低压和副高强盛
 B. 蒙古高压和阿留申低压强盛
 C. 阿留申低压强盛、波流效应、大的海气温差
 D. 阿留申低压强盛、冷暖流交汇

90. 在北太平洋强锋面气旋中,风浪最大的区域常出现在_____。
 A. 气旋的西南部 B. 气旋的东南部
 C. 气旋的西北部 D. 气旋的东北部

91. 在南太平洋强锋面气旋中,风浪最大的区域常出现在_____。
 A. 气旋的西南部 B. 气旋的东南部
 C. 气旋的西北部 D. 气旋的东北部

92. 西北太平洋上强锋面气旋中的风、浪分布特征是_____。
 A. 中心最大 B. 以中心对称分布
 C. 南侧大于北侧 D. 东侧大于西侧

93. 在冬季西北太平洋锋面气旋中,一般大浪中心可出现在低压中心_____。
 A. 正南 200 n mile B. 西南偏南 300~600 n mile
 C. 西南 100 n mile D. 东南偏南 200 n mile

94. 统计表明,北太平洋冬季强锋面气旋 3 m 以上的大浪中心通常出现在_____。

A. 锋面气旋中心附近

B. 锋面气旋中心 ENE 方向 300～600 n mile

C. 锋面气旋右前半圆

D. 锋面气旋中心 SSW 方向 300～600 n mile

95. 通常冬季北太平洋强锋面气旋风浪最大的部位在_____。
   A. 东北部　　　　　　　　　　B. 东南部
   C. 西北部　　　　　　　　　　D. 西南部

96. 西北太平洋上强锋面气旋中的风、浪分布特征是_____。
   A. 不对称分布于中心附近　　　B. 北侧大于南侧
   C. 对称分布于中心附近　　　　D. 东侧大于西侧

97. 在北大西洋上,强锋面气旋中的大风浪中心_____。
   A. 对称分布于低压中心
   B. 不对称分布于低压中心附近
   C. 对称分布于低压外围
   D. 不对称分布在 SSW 方向 300～600 n mile

98. 典型锋面气旋的四个发展阶段依次为_____。
   A. 初生阶段、发展阶段、锢囚阶段、消亡阶段
   B. 初生阶段、锢囚阶段、发展阶段、消亡阶段
   C. 发展阶段、初生阶段、锢囚阶段、消亡阶段
   D. 发展阶段、锢囚阶段、初生阶段、消亡阶段

99. 锋面气旋移动速度最快的阶段是_____。
   A. 初生阶段和消亡阶段　　　　B. 发展阶段和初生阶段
   C. 锢囚阶段和消亡阶段　　　　D. 消亡阶段和发展阶段

100. 在通常情况下,锋面气旋发展的不同阶段移动状况大致为_____。
   A. 初生和发展阶段慢,锢囚和消亡阶段快
   B. 初生和消亡阶段慢,发展和锢囚阶段快
   C. 初生和发展阶段快,锢囚和消亡阶段慢
   D. 初生和消亡阶段快,发展和锢囚阶段慢

101. 图 5-10 是典型锋面气旋发展过程中_____的气流示意图。
   A. 锢囚阶段　　　　　　　　　B. 发展阶段
   C. 初生阶段　　　　　　　　　D. 消亡阶段

图 5-10

102. 图 5-11 是典型锋面气旋发展过程中_____的气流示意图。

A. 初生阶段 B. 发展阶段
C. 锢囚阶段 D. 消亡阶段

图 5-11

103. 通常锋面气旋移速最慢的阶段为_____。
　　A. 初生阶段和消亡阶段 B. 发展阶段和初生阶段
　　C. 锢囚阶段和发展阶段 D. 消亡阶段和锢囚阶段
104. 在锋面气旋的生命史中,_____的降水范围最广,大风范围最大。
　　A. 初生阶段 B. 发展阶段
　　C. 锢囚阶段 D. 消亡阶段
105. 锋面气旋在_____气压最低,天气最恶劣。
　　A. 锢囚阶段 B. 发展阶段
　　C. 初生阶段 D. 消亡阶段
106. 图 5-12 是典型锋面气旋发展过程中_____的气流示意图。
　　A. 初生阶段 B. 发展阶段
　　C. 锢囚阶段 D. 消亡阶段

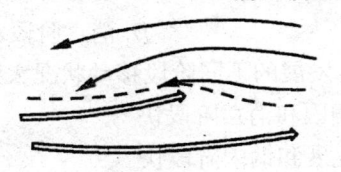

图 5-12

107. 图 5-13 是典型锋面气旋发展过程中_____的气流示意图。
　　A. 初生阶段 B. 发展阶段
　　C. 锢囚阶段 D. 消亡阶段

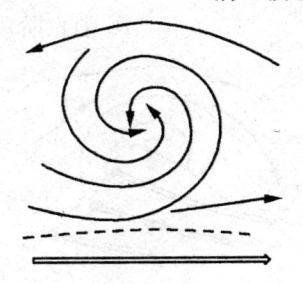

图 5-13

108. 锋面气旋进入锢囚阶段时,其天气的显著特征是_____。

A. 气压最低 B. 风力最强
C. 降水强度和范围增大 D. A、B、C 都对

109. 锋面气旋进入锢囚阶段时_____。
　　A. 大风和降水区扩大,移速迅速加快
　　B. 大风和降水区扩大,移速大大减慢
　　C. 大风和降水区缩小,移速迅速加快
　　D. 大风和降水区缩小,移速大大减慢

110. 在锋面气旋生命史中,_____气旋逐渐与锋脱离。
　　A. 初生阶段 B. 消亡阶段
　　C. 锢囚阶段 D. 发展阶段

111. 锋面气旋发展到锢囚阶段的特点是_____。
①云层增厚;②降水强度增大;③冷中心与低中心趋于重合;④冷暖锋分离;⑤降水范围增大;⑥冷中心远离低压中心
　　A. ①②④⑤⑥ B. ①②③⑤
　　C. ②③④⑤ D. ②④⑤⑥

第四节　冷高压

1. 从流场角度而言,反气旋是_____。
　　A. 南北半球均逆时针旋转 B. 北半球顺时针旋转,南半球逆时针旋转
　　C. 南北半球均顺时针旋转 D. 北半球逆时针旋转,南半球顺时针旋转

2. 北半球地面反气旋的流场特征是_____。
　　A. 顺时针辐合 B. 逆时针辐散
　　C. 顺时针辐散 D. 逆时针辐合

3. 南半球地面反气旋的流场特征是_____。
　　A. 顺时针辐合 B. 逆时针辐散
　　C. 顺时针辐散 D. 逆时针辐合

4. 北半球反气旋的流场结构大体为_____。
　　A. 低层顺时针辐散,上层辐合并伴有上升运动
　　B. 低层顺时针辐合,上层辐散并伴有下沉运动
　　C. 低层逆时针辐散,上层辐合并伴有下沉运动
　　D. 低层顺时针辐散,上层辐合并伴有下沉运动

5. 南半球反气旋的流场结构大体为_____。
　　A. 低层顺时针辐散,上层辐合并伴有上升运动
　　B. 低层逆时针辐合,上层辐散并伴有下沉运动
　　C. 低层逆时针辐散,上层辐合并伴有下沉运动
　　D. 低层顺时针辐散,上层辐合并伴有下沉运动

6. 通常反气旋与高压的名称不能互相换用的地区为_____。
   A. 中纬度地区					B. 赤道低纬地区
   C. 高纬度地区					D. 极地地区

7. 反气旋的水平尺度_____。
   A. 一般在 1000~1500 km,大的可达 2000 km 以上,小的也有几百千米
   B. 一般在 1500~2000 km,大的可达 5000 km 以上,小的也有几百千米
   C. 一般在 500~1000 km,大的可达 1500 km 以上,小的也有几百千米
   D. 一般在 2000~3000 km,大的可达 8000 km 以上,小的也有几百千米

8. 地面反气旋的中心气压值_____。
   A. 一般在 1000~1020 hPa 之间,目前的最高记录是 1053.3 hPa
   B. 一般在 1040~1060 hPa 之间,目前的最高记录是 1083.3 hPa
   C. 一般在 1020~1040 hPa 之间,目前的最高记录是 1083.3 hPa
   D. 一般在 980~1000 hPa 之间,目前的最高记录是 1033.3 hPa

9. 通常反气旋的水平范围_____。
   A. 用中心最高气压表示
   B. 用最里面闭合等压线围成区域直径表示
   C. 用最外面闭合等压线围成区域表示
   D. 用最外面闭合等压线围成区域直径表示

10. 通常反气旋的强度_____。
    A. 用中心最高气压表示				B. 用最里面闭合等压线数值表示
    C. 用最外面闭合等压线数值表示		D. 用中心最低气压表示

11. 当低层辐散大于高空辐合时,反气旋将_____。
    A. 加强						B. 减弱
    C. 保持不变					D. 与高空辐合无关

12. 当高空辐合大于低层辐散时,反气旋将_____。
    A. 加强						B. 减弱
    C. 保持不变					D. 与高空辐合无关

13. 根据反气旋形成与活动的地理区域,将反气旋分为_____。
    A. 极地反气旋、温带反气旋和副热带反气旋
    B. 冷性反气旋和暖性反气旋
    C. 极地反气旋、温带反气旋和锋面反气旋
    D. 温带反气旋、副热带反气旋和冷高压

14. 根据反气旋的热力结构可将反气旋分为_____。
    A. 极地反气旋、温带反气旋和副热带反气旋
    B. 冷性反气旋和暖性反气旋
    C. 温带反气旋和锋面反气旋
    D. 温带反气旋和副热带反气旋

15. 下列说法正确的是_____。
    A. 温带反气旋与副热带高压对应			B. 冷高压与副热带高压对应

C. 温带反气旋与冷高压对应 D. 冷性反气旋与副热带反气旋对应

16. 下列说法正确的是_____。
   A. 温带反气旋与副热带高压对应 B. 冷高压与副热带高压对应
   C. 温带反气旋与暖性反气旋对应 D. 暖性反气旋与副热带高压对应

17. 深厚暖性反气旋主要产生和活动在_____。
   A. 热带 B. 副热带
   C. 温带 D. 寒带

18. 根据反气旋形成和活动的地理区域,可将反气旋分为_____。
   ①极地反气旋;②暖性反气旋;③温带反气旋;④冷性反气旋;⑤副热带反气旋;⑥冷高压
   A. ①③④⑤ B. ①②④⑥
   C. ①③⑤ D. ②④⑤

19. 通常反气旋的水平尺度大小有_____。
   A. 温带反气旋等于副热带反气旋 B. 温带反气旋大于副热带反气旋
   C. 温带反气旋小于副热带反气旋 D. 温带反气旋远大于副热带反气旋

20. 下列说法正确的是_____。
   A. 温带反气旋属于暖性反气旋 B. 副热带反气旋属于冷性反气旋
   C. 副热带反气旋属于冷性高压 D. 副热带反气旋属于暖性反气旋

21. 下列说法正确的是_____。
   A. 温带反气旋、副热带反气旋均属于冷性反气旋
   B. 副热带反气旋属于暖性反气旋,温带反气旋属于冷性反气旋
   C. 温带反气旋、副热带反气旋均属于暖性反气旋
   D. 温带反气旋属于暖性反气旋,副热带反气旋属于冷性反气旋

22. 北半球移动性冷高压的坏天气一般在_____。
   A. 四周边缘 B. 前部边缘
   C. 后部边缘 D. 中心区附近

23. 通常移动性冷高压频繁活动在_____。
   A. 热带和副热带 B. 温带和副热带
   C. 寒带和温带 D. 副热带和寒带

24. 下列说法正确的是_____。
   A. 高压处处有大风 B. 高压边缘有大风
   C. 高压中心有大风 D. 高压中心有时有大风

25. 下列说法正确的是_____。
   A. 高压处处是晴好天气 B. 高压边缘是晴好天气
   C. 高压中心是阴雨天气 D. 高压中心是晴好天气

26. 强大的反气旋地面最大风力可达_____。
   A. 9级 B. 10级
   C. 11级 D. 12级

27. 大陆上温带反气旋强度最大、范围最广的季节为_____。

A. 春季　　　　　　　　　　　B. 夏季
C. 秋季　　　　　　　　　　　D. 冬季

28. 海洋上副热带反气旋强度最弱的季节为_____。
    A. 春季　　　　　　　　　　　B. 夏季
    C. 秋季　　　　　　　　　　　D. 冬季

29. 海洋上副热带反气旋强度最大、范围最广的季节为_____。
    A. 春季　　　　　　　　　　　B. 夏季
    C. 秋季　　　　　　　　　　　D. 冬季

30. 冷高压出现频率最高的季节和下垫面为_____。
    A. 夏季海洋上　　　　　　　　B. 冬季海洋上
    C. 冬季大陆上　　　　　　　　D. 夏季大陆上

31. 温带反气旋的移动方向大致是_____。
    A. 在北半球自 NW 向 SE,在南半球自 SW 向 NE
    B. 在北半球自 E 向 W,在南半球自 W 向 E
    C. 在北半球和南半球均自 NW 向 SE
    D. 在北半球和南半球均自 SW 向 NE

32. _____冷高压活动最频繁,势力最强,影响范围最广。
    A. 春季　　　　　　　　　　　B. 夏季
    C. 秋季　　　　　　　　　　　D. 冬季

33. 北半球移动性冷高压前部的一般天气特征是_____。
    A. 明显降温、偏东大风　　　　B. 明显降温、偏北大风
    C. 晴冷、少云、微风　　　　　D. 气温回升、偏南风

34. 南半球移动性冷高压前部的一般天气特征是_____。
    A. 明显降温、偏东大风　　　　B. 明显降温、偏北大风
    C. 明显降温、偏南大风　　　　D. 气温回升、偏南风

35. 在内陆、港口附近和沿海出现辐射雾,表明受冷高压_____控制。
    A. 前部　　　　　　　　　　　B. 后部
    C. 中部　　　　　　　　　　　D. 任何部位

36. 北半球春季变性入海冷高压后部的主要天气特征是_____。
    A. 明显升温、偏东微风　　　　B. 明显升温、偏北微风
    C. 晴冷、少云、微风　　　　　D. 偏南风伴有平流雾、毛毛雨或层云

37. 辐射雾常出现在_____。
    A. 陆上冷高压中部　　　　　　B. 海上副热带高压中部
    C. 陆上副热带高压中部　　　　D. 海上冷高压中部

38. 在冷高压中部控制的港湾和沿海地区,后半夜至清晨易出现_____。
    A. 平流雾　　　　　　　　　　B. 锋面雾
    C. 蒸汽雾　　　　　　　　　　D. 辐射雾

39. 受冷高压中部控制,夜间可能出现辐射雾的地方为_____。
    A. 陆地、港湾或沿海　　　　　B. 海洋、港湾或沿海

C. 陆地、海洋 D. 陆地、海洋、港湾或沿海

40. 下列说法正确的是_____。
    A. 凡是移动性冷高压控制的区域,处处都是微风晴朗天气
    B. 移动性冷高压外围区可能出现大风,最大可达 11 级
    C. 强大的移动性冷高压处处都可能产生大风
    D. 移动性冷高压中心附近晴朗微风,海面常有平流雾

41. 在北半球移动性冷高压可能出现偏北大风的部位是_____。
    A. 前部边缘 B. 后部边缘
    C. 中心部位 D. 全部范围

42. 北半球移动性冷高压出现偏南风的部位是_____。
    A. 东部 B. 西部
    C. 中部 D. 南部

43. 南半球移动性冷高压出现偏南大风的部位是_____。
    A. 前部 B. 后部
    C. 中部 D. 南部

44. 南半球移动性冷高压出现偏北风的部位是_____。
    A. 前部 B. 后部
    C. 中部 D. 北部

45. 东亚强冷空气南侵时,在地面图上表现为庞大冷高压南下,其前沿表现为_____天气。
    A. 暖锋 B. 冷锋
    C. 准静止锋 D. 冷锢囚锋

46. 冬季强冷空气南下,冷锋抵达我国东南沿海时风力最强劲的海域是_____。
    A. 长江口 B. 成山头附近
    C. 珠江口 D. 台湾海峡

47. 移动性冷性反气旋常有大风的部位是_____。
    A. 移动方向的后部边缘 B. 移动方向的前部边缘
    C. 四周都有大风 D. 中心部位

48. 冬季,大风常出现在移动性冷高压的_____。
    A. 中心附近 B. 后部边缘
    C. 四周边缘 D. 前部边缘

49. 冬季我国沿海在强冷空气入侵前,一般会出现的天气为_____。
    A. 温暖,吹偏南风 B. 阴并吹东风
    C. 晴而冷,吹偏北微风 D. 阴而冷,吹偏南风

50. 春季入海冷高压后部控制我国沿海时,可能出现_____。
    A. 雷暴 B. 低温干燥,晴朗天气
    C. 连续性大雨 D. 雾或毛毛雨

51. 强冷高压从西北路入侵,在我国长江口以北沿海将造成大风天气,风向多为_____。
    A. W~SW B. NE~E

C. NW～N   D. E～SE

52. 在冷高压控制的地区,其天气特征为_____。
①中心晴朗少云;②前部降温;③中心微风;④前部边缘大风;⑤前部增温;⑥中心多云阴雨
A. ①②③④   B. ①②③④⑤
C. ①③④⑤   D. ①③④⑤⑥

53. 下列说法正确的是_____。
A. 在移动性冷高压后部的空气相对暖一些
B. 冷空气主要在移动性冷高压前部
C. 冷高压并不能与冷空气等同视之
D. A、B、C 都对

54. 从高空温压场分析,当地面冷高压前部为冷平流,后部为暖平流时,冷高压将_____。
A. 一边向前移动一边减弱   B. 静止不动但强度加强
C. 一边向前移动一边发展   D. 静止不动但强度减弱

55. 冬季,移动性反气旋入海后,其强度是_____。
A. 逐渐加强   B. 减弱变成温带气旋
C. 逐渐减弱   D. 加强变成温带气旋

56. 冷高压的移动主要受_____层的高空气流引导。
A. 500 hPa   B. 850 hPa
C. 层次不定   D. 700 hPa

57. 强大的移动性冷高压是一个_____。
A. 温压场不对称的浅薄系统   B. 温压场对称的浅薄系统
C. 温压场不对称的深厚系统   D. 温压场对称的深厚系统

58. 我国中央气象台规定 24 小时内降温幅度和日最低气温分别为_____时,发布寒潮警报。
A. 8℃以上和5℃以上   B. 10℃以下和5℃以上
C. 8℃以上和4℃以下   D. 8℃以下和4℃以下

59. 下列地区没有寒潮天气过程爆发的大陆是_____。
A. 北美   B. 欧洲
C. 中美洲   D. 澳大利亚

60. 影响我国冷空气大都经过 70～90°E、43～65°N 地区,称为寒潮关键区,它位于_____。
A. 西伯利亚东部   B. 西伯利亚西部
C. 蒙古   D. 我国东北地区

61. 冬季寒潮入侵,常在地面图上表现为_____系统南下。
A. 强大的暖性高压   B. 强大的冷性高压
C. 强大的暖性低压   D. 强大的冷性低压

62. 冬季伴随寒潮的天气系统是_____。

A. 锋面气旋 B. 温带气旋
C. 冷性反气旋 D. 暖性反气旋

63. 由寒潮关键区经我国新疆、青海、青藏高原东侧南下,影响西北、西南和江南各地,一般强度较弱,该冷空气属于_____。
   A. 东北路 B. 西北路
   C. 北路 D. 西路

64. 冷空气从寒潮关键区经蒙古和我国河套地区,直达长江中下游及江南地区,路径属于_____。
   A. 东北路 B. 西北路
   C. 北路 D. 西路

65. 寒潮冷锋过境引起我国沿海大风一般规律为_____。
   A. 黄海、渤海、东海和南海均为西北风
   B. 黄海、渤海为西北风,东海为偏北风,南海为东北风
   C. 黄海、渤海、东海和南海均为偏北风
   D. 黄海、渤海为偏北风,东海和南海均为东北风

66. 寒潮冷锋过境,主要气象要素的变化为_____。
   A. 气压剧降,风向不变,风速增大 B. 气温剧降,狂风暴雨
   C. 气温剧降,风向改变,风速增大 D. 气压剧降,风向改变,湿度增大

67. 通常寒潮大风出现在强冷高压的_____。
   A. 前部
   C. 后部 B. 中部
   D. 四周边缘

68. 寒潮冷锋过境前,通常我国东部沿海的天气特征是_____。
   A. 微弱的偏北风,相对较温暖 B. 多吹偏南风,相对较温暖
   C. 强劲的偏北风,相对较寒冷 D. 多吹偏南风,相对较寒冷

69. 北半球寒潮冷锋过境时,天气变化最明显的标志是_____。
   A. 风向不变,风力加大,明显降温 B. 风向转为偏北风,明显降压升温
   C. 风向风速不变,明显升压降温 D. 风向转为偏北风,明显升压降温

70. 冬季,寒潮冷锋过境时,我国东部沿海会出现_____。
   ①剧烈降温;②偏北大风;③海上大浪;④天气寒冷;⑤气压急升;⑥有时伴有降水
   A. ①②③⑤⑥ B. ①②③⑤
   C. ①②③④⑤ D. ①②③④⑤⑥

第五节 副热带高压

1. 海上副热带高压属于_____大气活动中心。
   A. 行星尺度的永久性 B. 行星尺度的半永久性
   C. 中尺度的永久性 D. 大尺度的半永久性

2. 副热带高压带的形成主要取决于_____。
   A. 太阳辐射和海陆分布   B. 太阳辐射和地形影响
   C. 太阳辐射和地球自转   D. 地球自转和海陆分布
3. 副热带高压是永久性的大气活动中心,它包括_____。
   ①北大西洋副高;②南太平洋副高;③南非副高;④北太平洋副高;⑤南大西洋副高;⑥南印度洋副高
   A. ①②④⑤⑥   B. ①②③④⑤⑥
   C. ①③④⑤⑥   D. ①②③④⑤
4. 表示副热带高压位置的变化时常用_____。
   A. 中心位置   B. 东西向脊线位置
   C. 南北向脊线位置   D. 588线位置
5. 表示副高位置的变化时常用_____。
   A. 中心气压值   B. 588线所包围的面积
   C. 南北向脊线   D. 东西向脊线
6. 表示副热带高压强度变化时常用_____。
   A. 中心位置的变化   B. 580线所包围的面积变化
   C. 中心气压值的变化   D. 东西向脊线位置的变化
7. 在卫星云图上副热带高压表现为一大片黑色的无云或少云区,其范围大致与500 hPa图上_____围成的区域一致。
   A. 580线   B. 584线
   C. 588线   D. 592线
8. 在卫星云图上西北太平洋副热带高压表现为一大片黑色的无云或少云区,其边界大致与500 hPa图上_____位势什米等高线一致。
   A. 5880   B. 580
   C. 588   D. 592
9. 在北半球,主要降水带常位于_____。
   A. 副高的北侧   B. 副高的西侧
   C. 副高的东侧   D. 副高的南侧
10. 在北半球,热带气旋常出现在_____。
    A. 副高的北侧   B. 副高的西侧
    C. 副高的东侧   D. 副高的南侧
11. 副高脊的_____多锋面和气旋活动。
    A. 东侧   B. 高纬度一侧
    C. 低纬度一侧   D. 西侧
12. 通常热带气旋活动在副热带高压的_____活动。
    A. 西侧   B. 高纬度一侧
    C. 低纬度一侧   D. 东侧
13. 在南半球,热带气旋常出现在_____。
    A. 副高的北侧   B. 副高的西侧

C. 副高的东侧　　　　　　　　D. 副高的南侧

14. 在天气图上,冷高压和副热带高压的活动特点是_____。
   A. 前者是移动性系统,后者是准静止性系统
   B. 两者均为移动性系统
   C. 前者是准静止性系统,后者是移动性系统
   D. 两者均为准静止性系统

15. 冷高压和副热带高压的形成源地分别为_____。
   A. 前者是副热带洋面,后者是高纬陆面
   B. 两者均是高纬陆面
   C. 前者是高纬陆面,后者是副热带洋面
   D. 两者均是副热带洋面

16. 在高空天气图上,冷高压和副热带高压表现最清楚的层次为_____。
   A. 前者在 700 hPa 以下,后者在 500 hPa 以上
   B. 前者在 500 hPa 以上,后者在 700 hPa 以下
   C. 两者均在 700 hPa 以下
   D. 两者均在 500 hPa 以上

17. 北半球副热带高压带断裂为太平洋副高、大西洋副高和非洲副高,其主要原因是_____。
   A. 海陆分布和地形影响　　　　B. 太阳活动和地形影响
   C. 太阳和地磁活动　　　　　　D. 太阳活动和海陆分布

18. 冷高压和副热带高压的温压场结构特点是_____。
   A. 前者是暖性深厚系统,后者是冷性浅薄系统
   B. 两者均为冷性浅薄系统
   C. 前者是冷性浅薄系统,后者是暖性深厚系统
   D. 两者均为暖性深厚系统

19. 北半球副热带高压的年变化规律为_____。
   A. 冬强夏弱,冬南夏北　　　　B. 冬强夏弱,冬北夏南
   C. 冬弱夏强,冬北夏南　　　　D. 冬弱夏强,冬南夏北

20. 表示副热带高压强度变化指数常用_____。
   A. 中心气压值和 588 线所包围的面积
   B. 588 线所包围的面积和东西向脊线位置
   C. 中心气压值和东西向脊线位置
   D. 中心气压值和南北向脊线位置

21. 副热带高压属于_____。
   A. 暖性浅薄系统　　　　　　　B. 暖性深厚系统
   C. 冷性深厚系统　　　　　　　D. 冷性浅薄系统

22. 副高的无云区边界与_____围成的区域大体一致。
   A. 地面图上副高闭合等压线　　B. 500 hPa 等压面图上 588 等高线
   C. 700 hPa 等压面图上 588 等高线　　D. 700 hPa 等压面图上 312 等高线

23. 北半球海上副热带高压强度和脊线位置的年变化规律为_____。
　　A. 冬强夏弱，其位置冬南夏北　　　　B. 冬强夏弱，其位置夏南冬北
　　C. 冬弱夏强，其位置冬南夏北　　　　D. 冬弱夏强，其位置夏南冬北
24. 全球副热带高压分布呈_____。
　　A. 北半球、南半球均为带状　　　　　B. 北半球带状，南半球断裂状
　　C. 北半球、南半球均为断裂状　　　　D. 北半球断裂状，南半球带状
25. 影响东亚地区的主要反气旋天气系统是_____。
　　A. 夏季冷高压，冬季副热带高压　　　B. 冬、夏季均为冷高压
　　C. 冬季冷高压，夏季副热带高压　　　D. 冬、夏季均为副热带高压
26. 表示西太平洋副热带高压面积指标为_____。
　　A. 700 hPa 上 588 线所包围的区域
　　B. 500 hPa 上 588 线所包围的区域
　　C. 500 hPa 上最外围闭合等压线包围的区域
　　D. 850 hPa 上 588 线所包围的区域
27. 西北太平洋副热带高压的范围通常用_____围成的区域来表示。
　　A. 地面图上副高闭合等压线　　　　　B. 500 hPa 等压面图上 588 等高线
　　C. 850 hPa 等压面图上 152 等高线　　D. 700 hPa 等压面图上 588 等高线
28. 表示西太平洋副热带高压位置变化的特征指标为_____。
　　A. 东西向脊线位置　　　　　　　　　B. 南北向脊线位置
　　C. 中心气压　　　　　　　　　　　　D. 588 线位置的范围
29. 冬季西北太平洋副热带高压的特点为_____。
　　A. 强度弱，位置偏北，范围小　　　　B. 强度强，位置偏南，范围大
　　C. 强度弱，位置偏北，范围大　　　　D. 强度弱，位置偏南，范围小
30. 表示西太平洋副热带高压强度变化时常用_____。
　　A. 中心位置的变化　　　　　　　　　B. 580 线所包围的面积变化
　　C. 东西向脊线位置的变化　　　　　　D. 中心气压值的变化
31. 表示西太平洋副热带高压移动的特征指标为_____。
　　A. 东西向脊线所在经度　　　　　　　B. 南北向脊线所在经度
　　C. 东西向脊线所在纬度　　　　　　　D. 南北向脊线所在纬度
32. 从初春到盛夏西北太平洋副热带高压脊线的大体移动规律为_____。
　　A. 由西向东　　　　　　　　　　　　B. 由南向北
　　C. 由北向南　　　　　　　　　　　　D. 由东向西
33. 在我国海域西太平洋副热带高压脊线位置的活动范围_____。
　　A. 盛夏最北可越过 30°N，10 月退至 10°N 以南
　　B. 盛夏最北可越过 30°N，10 月退至 20°N 以南
　　C. 盛夏最北可越过 40°N，10 月退至 10°N 以南
　　D. 盛夏最北可越过 40°N，10 月退至 20°N 以南
34. 从初春到盛夏西北太平洋副热带高压脊线的位置变化方式为_____。
　　A. 静止少动，快速移动　　　　　　　B. 稳定少动，缓慢移动和跳跃

C. 静止少动,快速移动和跳跃　　　　D. 稳定少动,缓慢移动

35. 表示西太平洋副热带高压西伸脊点的特征指数为_____。
    A. 700 hPa 上 588 线最西边的经度　　B. 南北向脊线所在经度
    C. 东西向脊线所在纬度　　　　　　　D. 500 hPa 上 588 线最西边的经度

36. 西北太平洋副热带高压的年变化规律为_____。
    A. 冬强夏弱,冬南夏北　　　　　　　B. 冬强夏弱,冬北夏南
    C. 冬弱夏强,冬南夏北　　　　　　　D. 冬弱夏强,冬北夏南

37. 西北太平洋副热带高压的季节性变化表现为_____。
    A. 北进常伴随着西伸,南退常伴随着东退
    B. 北进常伴随着东退,南退常伴随着西伸
    C. 北进和南退均伴随着西伸
    D. 北进和南退均伴随着东退

38. 西北太平洋副热带高压从初春到盛夏的大体移动规律为_____。
    A. 由西向东　　　　　　　　　　　　B. 由南向北
    C. 由北向南　　　　　　　　　　　　D. 由东向西

39. 夏季西北太平洋副热带高压的特点为_____。
    A. 强度弱,位置偏北,范围小　　　　B. 强度强,位置偏北,范围大
    C. 强度弱,位置偏南,范围大　　　　D. 强度弱,位置偏南,范围小

40. 西北太平洋副热带高压季节变化和外形特征一般是_____。
    ①冬弱夏强;②冬北夏南;③东西长、南北短;④冬强夏弱;⑤冬南夏北;⑥东西短、南北长
    A. ②④⑥　　　　　　　　　　　　　B. ①②⑥
    C. ①③⑤　　　　　　　　　　　　　D. ②③④

41. 西太平洋副高北部边缘与西风带相邻,其天气特征是_____。
    A. 晴朗少云　　　　　　　　　　　　B. 炎热微风
    C. 干燥少雨　　　　　　　　　　　　D. 多阴雨和风暴

42. 通常西太平洋副高中心附近的天气是_____。
    A. 晴朗,大风,少云　　　　　　　　B. 多雷雨和大风
    C. 晴朗,炎热,微风　　　　　　　　D. 多浓雾或毛毛雨

43. 长期受西北太平洋副高东部控制,其天气特征是_____。
    A. 阴雨绵绵　　　　　　　　　　　　B. 雷暴大风
    C. 低温干旱　　　　　　　　　　　　D. 风调雨顺

44. 西北太平洋副热带高压脊西伸到我国大陆,受其控制的天气特征是_____。
    A. 阴雨绵绵　　　　　　　　　　　　B. 久旱无雨
    C. 雷暴大风　　　　　　　　　　　　D. 风调雨顺

45. 在北太平洋_____出现偏北冷气流、大气层结稳定,大洋上有时出现层云或雾。
    A. 副高北侧　　　　　　　　　　　　B. 副高南侧
    C. 副高东侧　　　　　　　　　　　　D. 副高西侧

46. 我国东部沿海在_____的影响下易形成平流雾。

A. 低气压西部   B. 副高西部
C. 冷锋前部   D. 热带气旋

47. 西北太平洋副热带高压中心区域的天气通常是_____。
 A. 多云有降水   B. 晴朗少云,微风
 C. 多云有雾   D. 大风有雨,天气恶劣

48. 海上副热带高压中部的天气特点是_____。
 A. 风弱,闷热,多阵雨   B. 风强,对流旺盛,多阵雨
 C. 风弱,闷热,万里无云   D. 风强,干爽,万里无云

49. 西北太平洋副高北侧与西风带相邻,多槽脊活动,主要天气特征是_____。
 A. 晴朗少云   B. 多阴雨和风暴
 C. 干燥少雨   D. 炎热微风

50. 西北太平洋副高的天气气候特征大体为_____。
①中心炎热微风少云;②东部偏北风、气层稳定;③南部信风气流、多雷暴;④北部炎热微风;⑤西部偏南风、气层不稳定;⑥北部多阴雨和风暴
 A. ①②③④⑤   B. ①③⑤⑥
 C. ①②⑤⑥   D. ①②③⑤⑥

51. 我国的雨带位于西太平洋副热带高压的_____侧。
 A. NW   B. NE
 C. SW   D. SE

52. 夏季我国雨带大致与西太平洋副高脊线平行,通常位于_____。
 A. 脊线以北 8~10 个纬距   B. 脊线以北 5~8 个纬距
 C. 脊线以南 8~10 个纬距   D. 脊线以南 5~8 个纬距

53. 我国雨带的季节性位移主要受_____系统支配。
 A. 台风   B. 西风槽
 C. 江淮气旋   D. 西北太平洋副热带高压

54. 在西北太平洋副高对我国天气影响特别显著的年份,它的强度和位置表现为_____。
 A. 副高弱,位置偏北,偏西   B. 副高强,位置偏南,偏东
 C. 副高强,位置偏北,偏西   D. 副高弱,位置偏南,偏东

55. 在江淮流域的梅雨期,西北太平洋副高脊线通常稳定在_____。
 A. 25°~30°N   B. 15°~20°N
 C. 15°N 附近   D. 20°~25°N

56. 当西太平洋副高脊线位于_____时,我国华北、东北进入雨季。
 A. 15°N 以南   B. 30°N 以北
 C. 20~25°N   D. 20°N 以南

57. 春季和夏初,西北太平洋副高脊西伸,我国东部沿海吹 SE 风,常会形成_____。
 A. 台风   B. 辐射雾
 C. 平流雾   D. 梅雨

58. 当西北太平洋副高加强西伸,而大陆又有低压或低压槽东移发展,构成"东高西低"形

势时,副高西部我国沿海一带常出现_____。
   A. 东北大风　　　　　　　　　B. 偏东大风
   C. 西南大风　　　　　　　　　D. 东南大风

59. 当西北太平洋副高稳定加强,与发展强盛的东北低压构成"南高北低"形势时,副高西北部我国北部沿海一带常出现_____。
   A. 东北大风　　　　　　　　　B. 偏东大风
   C. 西南大风　　　　　　　　　D. 东南大风

60. 我国的雨带多呈东西向带状,位于西北太平洋副热带高压脊线以北_____。
   A. 1~4 个纬距　　　　　　　　B. 5~8 个纬距
   C. 9~12 个纬距　　　　　　　 D. 10~20 个纬距

61. 与我国雨带季节性位移有密切关系的天气系统是_____。
   A. 东风波　　　　　　　　　　B. 西风大槽
   C. 台风　　　　　　　　　　　D. 西太平洋副高

62. 入夏后当西北太平洋副热带高压西伸脊边缘控制我国沿海时,那里常会出现_____。
   A. 雷暴大风　　　　　　　　　B. 台风大风
   C. 偏南大风　　　　　　　　　D. 平流雾

第六节　热带气旋

1. 在北半球,热带气旋低层水平气流总是_____。
   A. 逆时针方向向中心辐合　　　B. 顺时针方向向中心辐合
   C. 逆时针方向向外辐散　　　　D. 顺时针方向向外辐散

2. 在南半球,热带气旋低层水平气流总是_____。
   A. 逆时针方向向中心辐合　　　B. 顺时针方向向中心辐合
   C. 逆时针方向向外辐散　　　　D. 顺时针方向向外辐散

3. 热带气旋是发生在热带洋面上的强大_____。
   A. 冷性低气压　　　　　　　　B. 暖性低气压
   C. 冷性高气压　　　　　　　　D. 暖性高气压

4. 热带气旋是发生在_____。
   A. 陆地上冷性气旋性涡旋　　　B. 海洋上冷性气旋性涡旋
   C. 陆地上暖性气旋性涡旋　　　D. 海洋上暖性气旋性涡旋

5. 台风属于_____。
   A. 冷低压　　　　　　　　　　B. 暖低压
   C. 冷高压　　　　　　　　　　D. 暖高压

6. 在地面天气图上,台风范围的划定通常是以_____。
   A. 12 级风圈为准　　　　　　 B. 最外围闭合等压线围成的范围为准

C. 8 级风圈为准　　　　　　　　　　D. 1000 hPa 等压线围成的范围为准

7. 热带气旋的温压场结构属于_____。
   A. 冷性深厚系统　　　　　　　　　B. 暖性深厚系统
   C. 冷性浅薄系统　　　　　　　　　D. 暖性浅薄系统

8. 在我国最新颁布的热带气旋等级标准中,强台风的底层近中心最大风力为_____。
   A. 12~13 级　　　　　　　　　　　B. 14~15 级
   C. 16~17 级　　　　　　　　　　　D. >17 级

9. 按照美国标准,风力 12 级以上热带气旋又划分成_____等级。
   A. 3 个　　　　　　　　　　　　　B. 5 个
   C. 6 个　　　　　　　　　　　　　D. 没有规定

10. 通常能产生大风的天气系统主要有_____。
    ①热带气旋;②冷性反气旋前部;③冷锋后部;④副高中部;⑤冷性反气旋后部;⑥发展强烈的积雨云
    A. ①②③④⑤　　　　　　　　　　B. ①②③⑥
    C. ①②③④⑤⑥　　　　　　　　　D. ①②⑤⑥

11. 从 2000 年开始,亚太地区对西北太平洋和南海发生的_____强度的热带气旋进行统一命名和编号。
    A. 强热带风暴及以上　　　　　　　B. 热带风暴及以上
    C. 台风　　　　　　　　　　　　　D. 热带低压及以上

12. 亚太地区_____国家和地区从_____开始对西北太平洋和南海热带气旋进行统一命名。
    A. 10 个;2000 年 1 月 1 日　　　　B. 14 个;2000 年 1 月 1 日
    C. 10 个;2001 年 1 月 1 日　　　　D. 14 个;2001 年 1 月 1 日

13. 从 2000 年 1 月 1 日起,西北太平洋十四个国家和地区对进入_____的热带气旋进行统一命名和编号。
    A. 140°E 以西、赤道以北　　　　　B. 180°E 以西、赤道以北
    C. 140°E 以西、10°N 以北　　　　 D. 180°E 以西、10°N 以北

14. 从 2000 年 1 月 1 日起,十四个国家和地区对西北太平洋和南海热带气旋进行_____。
    A. 统一命名、编号不完全统一　　　B. 统一命名、统一编号
    C. 命名、编号不完全统一　　　　　D. 不统一命名、统一编号

15. 根据国际热带气旋的等级标准,热带低压的英文缩写和近中心附近最大风速分别为_____。
    A. TD 和 ≤40 KT　　　　　　　　　B. TD 和 ≤33 KT
    C. TS 和 ≤40 KT　　　　　　　　　D. TS 和 ≤33 KT

16. 在西北太平洋,近中心附近最大风力为 8~9 级的热带气旋称为_____。
    A. TD　　　　　　　　　　　　　　B. TS
    C. STS　　　　　　　　　　　　　 D. T

17. 在西北太平洋,热带气旋缩写符号为 STS,其近中心附近最大风速和风级分别

为_____。

A. 48~63 KT 和 11~12 级　　　　B. 45~60 KT 和 10~11 级

C. 48~63 KT 和 10~11 级　　　　D. 45~60 KT 和 11~12 级

18. 达到台风等级的热带气旋,其近中心附近最大风速为_____。

　A. ≥60 KT　　　　　　　　　　B. ≥63 KT

　C. ≥64 KT　　　　　　　　　　D. >64 KT

19. 在东北太平洋和大西洋上,热带风暴近中心附近最大风速为_____。

　A. 34~47 KT　　　　　　　　　B. 34~63 KT

　C. 48~63 KT　　　　　　　　　D. 45~55 KT

20. 热带低压(TD)的近中心附近最大风力,国际规定是_____。

　A. 8~9 级　　　　　　　　　　 B. <8 级

　C. <7 级　　　　　　　　　　　D. ≥7 级

21. 我国将中心附近最大风力达到 8~9 级的热带气旋称为_____。

　A. 热带风暴　　　　　　　　　　B. 强热带风暴

　C. 台风　　　　　　　　　　　　D. 热带低压

22. 采用国际标准后,我国将近中心附近最大风力达 10~11 级的热带气旋,称为_____。

　A. 强热带风暴　　　　　　　　　B. 强台风

　C. 热带风暴　　　　　　　　　　D. 台风

23. 在北太平洋东部和北大西洋,将近中心附近最大风力≥12 级的热带气旋,称为_____。

　A. 台风　　　　　　　　　　　　B. 强台风

　C. 强热带风暴　　　　　　　　　D. 飓风

24. 当热带气旋近中心附近最大风力达到 8~9 级时,发布的警报为_____。

　A. 热带风暴警报　　　　　　　　B. 强热带风暴警报

　C. 台风警报　　　　　　　　　　D. 飓风警报

25. 当热带气旋中心附近最大风力达到 10~11 级时,发布的警报为_____。

　A. 热带风暴警报　　　　　　　　B. 强热带风暴警报

　C. 台风警报　　　　　　　　　　D. 大风警报

26. 西北太平洋的热带气旋采用国际标准划分,其分类名称有_____。

　①热带风暴;②热带低压;③气旋性风暴;④热带气旋;⑤台风;⑥强热带风暴

　A. ①②④⑤⑥　　　　　　　　　B. ①②③⑤

　C. ①②⑤⑥　　　　　　　　　　D. ①②③⑤⑥

27. 当热带气旋中心附近最大风力达到≥12 级时,发布的警报为_____。

　A. 热带风暴警报　　　　　　　　B. 强热带风暴警报

　C. 台风警报　　　　　　　　　　D. 大风警报

28. 我国中央气象局发布台风消息时,意味台风将在_____时间内影响我国沿海。

　A. 24 h　　　　　　　　　　　　B. 48 h

　C. 72 h　　　　　　　　　　　　D. 36 h

29. 我国中央气象局发布台风警报时,意味台风将在_____时间内影响我国沿海。
   A. 24 h   B. 48 h
   C. 72 h   D. 36 h

30. 我国中央气象局发布台风紧急警报时,意味台风将在_____时间内影响我国沿海。
   A. 24 h   B. 48 h
   C. 12 h   D. 36 h

31. 按照国家气象局最新发布的《气象灾害预警信号发布与传播方法》,若 24 h 内可能或已经受热带气旋影响,沿海或者陆地平均风力达 6 级以上,或者阵风 8 级以上并可能持续,则发布_____。
   A. 台风蓝色预警信号   B. 台风黄色预警信号
   C. 台风橙色预警信号   D. 台风红色预警信号

32. 按照国家气象局最新发布的《气象灾害预警信号发布与传播方法》,若发布橙色预警信号,则 12 h 内可能或已经受热带气旋影响,沿海或者陆地平均风力可达_____。
   A. 6 级以上   B. 9 级以上
   C. 10 级以上   D. 12 级以上

33. 全球热带气旋多形成于副热带高压的_____。
   A. 副高低纬一侧   B. 副高北侧
   C. 副高高纬一侧   D. 副高南侧

34. 热带气旋与温带气旋相比较,在形成源地方面_____。
   A. 两者均在大陆上形成
   B. 两者均在海洋上形成
   C. 两者均在海洋和大陆上形成
   D. 前者在海洋上形成、后者在海洋和大陆上形成

35. 全球热带气旋发生频率最高的海域位于_____。
   A. 东北太平洋   B. 北大西洋
   C. 西北太平洋   D. 北印度洋

36. 全球没有热带气旋发生的海域有_____。
   A. 东南太平洋和东南印度洋   B. 东北太平洋和南大西洋
   C. 东南印度洋和南大西洋   D. 东南太平洋和南大西洋

37. 最有利于热带气旋形成的纬度在_____。
   A. 赤道附近   B. 南北纬 10~30° 之间
   C. 10°S~10°N   D. 南北纬 5~20° 之间

38. 最易诱发热带气旋形成的系统是_____。
   A. 东风波   B. 西风带
   C. 热带辐合带   D. 极锋区

39. 热带气旋形成和发展的主要能量源泉是_____。
   A. 动能   B. 位能
   C. 斜压不稳定能量释放   D. 水汽凝结释放潜热能

40. 没有热带气旋发生的海域有_____。

A. 东南太平洋 B. 东北太平洋
C. 东北印度洋 D. 东南印度洋

41. 热带气旋与温带气旋相比较,在季节分布方面_____。
 A. 两者四季均有,夏秋最多
 B. 两者四季均有,冬春最多
 C. 两者四季均有,前者夏秋最多,后者冬春最多
 D. 两者四季均有,前者冬春最多,后者夏秋最多

42. 没有热带气旋发生的海域有_____。
 A. 南太平洋 B. 南大西洋
 C. 南印度洋 D. 北印度洋

43. 没有热带气旋发生的低纬海域有_____。
 A. 赤道附近、南太平洋和东南大西洋 B. 南印度洋、南大西洋和南太平洋
 C. 赤道附近、南大西洋和南太平洋 D. 赤道附近、南大西洋和东南太平洋

44. 通常北半球热带气旋生成于副高的_____。
 A. 西侧 B. 北侧
 C. 东侧 D. 南侧

45. 通常南半球热带气旋生成于副高的_____。
 A. 西侧 B. 北侧
 C. 东侧 D. 南侧

46. 发生于墨西哥西岸,活动于加利福尼亚南部及附近海上的飓风,活动频率最高的月份是_____。
 A. 5月、6月 B. 6月、7月
 C. 8月、9月 D. 9月、10月

47. 北半球(除孟加拉湾和阿拉伯海)热带气旋发生最多的月份是_____。
 A. 6~9月 B. 7~10月
 C. 5~9月 D. 5~10月

48. 热带气旋集中发生的月份是_____。
 A. 北半球为7~10月,南半球为1~3月
 B. 南半球为7~10月,北半球为1~3月
 C. 南北半球均为1~3月
 D. 南北半球均为7~10月

49. 热带气旋在我国沿海登陆最多的月份是_____。
 A. 5月、6月 B. 6月、7月
 C. 7月、8月 D. 8月、9月

50. 西北太平洋的台风季节是指_____。
 A. 6~8月 B. 8~9月
 C. 7~10月 D. 9~11月

51. 南半球热带气旋发生最多的月份是_____。
 A. 1~3月 B. 7~10月

C. 3~6月　　　　　　　　　　D. 9~12月

52. 孟加拉湾和阿拉伯海发生热带气旋最多的月份是_____。
   A. 6月、7月　　　　　　　　B. 7月、8月
   C. 5月、10月　　　　　　　　D. 8月、9月

53. 从统计资料看,北太平洋西部热带气旋的主要源地之一是在_____。
   A. 中国南沙群岛附近　　　　B. 菲律宾以东至加罗林、马里亚纳群岛等
   C. 台湾和琉球群岛之间的海域　D. 黄海和日本以南洋面间的海域

54. 热带气旋发生频率最高的海域是_____。
   A. 西北太平洋　　　　　　　B. 东北太平洋
   C. 北大西洋　　　　　　　　D. 印度洋

55. 西北太平洋热带气旋相对集中发生的地区有_____。
   A. 台湾至琉球群岛　　　　　B. 菲律宾至关岛
   C. 南沙群岛以南　　　　　　D. 日本以东洋面

56. 西北太平洋热带气旋相对集中发生的地区有_____。
   A. 关岛西南洋面、南海中部海面和日本以东洋面
   B. 关岛西南洋面、南海中部海面和台湾至琉球群岛洋面
   C. 关岛西南洋面、南海中部海面和南沙群岛以南
   D. 关岛西南洋面、南海中部海面和加罗林群岛中部洋面

57. 全球没有热带气旋发生的海域有_____。
   ①南印度洋;②南太平洋东部;③墨西哥湾;④加勒比海;⑤南大西洋;⑥孟加拉湾
   A. ②⑤⑥　　　　　　　　　B. ②⑤
   C. ①②⑤　　　　　　　　　D. ③④⑥

58. 在全球有热带气旋发生的海域有_____。
   ①南印度洋;②南太平洋西部;③北大西洋;④北太平洋;⑤南大西洋;⑥北印度洋
   A. ①②③④⑤　　　　　　　B. ①②③④⑥
   C. ②③④⑤⑥　　　　　　　D. ②④⑤⑥

59. 全球_____海域在每年7~10月间热带气旋发生频率最高。
   ①东北太平洋;②北印度洋;③南太平洋西部;④西北太平洋;⑤北大西洋;⑥南大西洋
   A. ①④⑤　　　　　　　　　B. ①②④⑥
   C. ①④　　　　　　　　　　D. ③④⑤

60. 热带气旋四季均可发生,7~10月频率最高的海域有_____。
   ①北大西洋;②西北太平洋;③阿拉伯海;④孟加拉湾;⑤东北太平洋;⑥南太平洋西部
   A. ①②③④⑤⑥　　　　　　B. ①②③④⑤
   C. ①②③⑤　　　　　　　　D. ①②⑤

61. 西北太平洋热带气旋相对集中发生的地区有_____。
   ①关岛西南方洋面;②加罗林群岛中部洋面;③台湾至琉球群岛洋面;④南海中部洋面;⑤菲律宾以南洋面
   A. ①②③④　　　　　　　　B. ①②③④⑤
   C. ①②⑤　　　　　　　　　D. ①②④

62. 达到台风强度的典型热带气旋的生命史依次为_____。
    A. 初生阶段、成熟阶段、锢囚阶段和消亡阶段
    B. 发展阶段、成熟阶段、锢囚阶段和消亡阶段
    C. 初生阶段、发展阶段、锢囚阶段和消亡阶段
    D. 初生阶段、发展阶段、成熟阶段和消亡阶段

63. 南半球正在发展的热带气旋,其高层气流为_____。
    A. 顺时针辐散   B. 逆时针辐合
    C. 顺时针辐合   D. 逆时针辐散

64. 北半球正在发展的热带气旋,其高层气流为_____。
    A. 顺时针辐散   B. 逆时针辐散
    C. 顺时针辐合   D. 逆时针辐合

65. 在北半球热带气旋的高低层气流为_____。
    A. 低层逆时针辐合,高层顺时针辐散   B. 高低层均为逆时针辐合
    C. 低层逆时针辐散,顺时针辐合   D. 高低层均为顺时针辐散

66. 热带气旋与温带气旋相比较,在温压场结构方面_____。
    A. 两者温压场均对称   B. 两者温压场均不对称
    C. 前者不对称,后者对称 D. 前者对称,后者不对称

67. 在南半球热带气旋的高低层气流为_____。
    A. 低层逆时针辐合,高层顺时针辐散   B. 低层顺时针辐散,高层逆时针辐合
    C. 低层逆时针辐散,高层顺时针辐合   D. 低层顺时针辐合,高层逆时针辐散

68. 台风眼区的天气特征为_____。
    A. 风力最大、暴雨   B. 风力较弱、暴雨
    C. 风力较大、无雨   D. 风力较弱、无雨

69. 台风的_____天气最恶劣。
    A. 外围区   B. 涡旋区
    C. 眼区   D. A、B、C 都对

70. 热带气旋眼区的天气与海况特点是_____。
    A. 微风、少云、轻浪   B. 狂风暴雨、金字塔浪
    C. 微风、少云、金字塔浪 D. 阵雨、大风大浪

71. 台风眼区的天气及海况特点是_____。
    A. 大风、大浪   B. 暴雨、金字塔浪
    C. 微风少云、金字塔浪   D. 微风少云、轻浪

72. 热带气旋的坏天气一般_____。
    A. 对称分布在涡旋区   B. 对称分布在眼区
    C. 不对称分布在涡旋区   D. 不对称分布在眼区

73. 在卫星云图上,台风的云系表现为_____。
    A. 白色的旋涡状云系   B. 黑色的旋涡状云系
    C. 灰色的旋涡状云系   D. 长条状的白色云带

74. 热带气旋与温带气旋相比较,在结构方面_____。

A. 两者均由 1 个气团组成

B. 前者由 1 个气团、后者由 2~3 个气团组成

C. 两者均由 2~3 个气团组成

D. 前者由 2~3 个气团、后者由 1 个气团组成

75. 热带气旋与温带气旋相比较,通常坏天气出现在_____。

A. 两者均对称分布在气旋中心区

B. 两者均不对称分布在气旋中心区

C. 前者对称分布在涡旋区,后者在中心和锋面附近

D. 前者不对称分布,后者对称分布在中心区

76. 热带气旋与温带气旋相比较,通常从中心向外围的大风变化为_____。

A. 两者均迅速减小　　　　　　　B. 前者迅速减小,后者缓慢减小

C. 前者缓慢减小,后者迅速减小　　D. 两者均缓慢减小

77. 热带气旋的主要天气特点包括_____。

A. 浓雾或毛毛雨　　　　　　　　B. 降温、大风和风暴潮

C. 狂风、巨浪和暴雨　　　　　　D. 炎热、微风和少云

78. 热带气旋与温带气旋相比较,通常从外围向中心的气压变化为_____。

A. 两者均迅速降低　　　　　　　B. 前者迅速降低,后者缓慢降低

C. 前者缓慢降低,后者迅速降低　　D. 两者均缓慢降低

79. 热带气旋的主要天气特点包括_____。

A. 炎热、干旱　　　　　　　　　B. 浓雾、高潮

C. 狂风、巨浪　　　　　　　　　D. 微风、晴朗

80. 当船舶逐渐接近台风时,气压和风力变化为_____。

A. 气压下降,风力减小　　　　　B. 气压上升,风力减小

C. 气压下降,风力增大　　　　　D. 气压上升,风力增大

81. 当船舶逐渐脱离台风时,气压和风力变化为_____。

A. 气压下降,风力减小　　　　　B. 气压上升,风力减小

C. 气压下降,风力增大　　　　　D. 气压上升,风力增大

82. 一个强烈发展的热带气旋,通常根据其天气结构分成_____。

①暖锋前部;②暖区;③冷锋后部;④外围区;⑤涡旋区;⑥眼区

A. ①②③　　　　　　　　　　　B. ②④⑤⑥

C. ④⑤⑥　　　　　　　　　　　D. ①②③④⑤⑥

83. 西北太平洋的台风与温带气旋相比较,差别在于_____。

①最大风速大于温带气旋;②大风范围小于温带气旋;③最大风速出现在眼区,而温带气旋最大风速出现在锋面上;④最大风速径向衰减快于温带气旋;⑤两者的大浪区都在西南部位;⑥最大风速对称分布在涡旋区,而温带气旋最大风速分布不对称

A. ①②③④⑤⑥　　　　　　　　B. ①②④⑥

C. ①②④⑤⑥　　　　　　　　　D. ①②③④

84. 台风与温带气旋相比较具有_____。

①温压场对称;②有锋面、有眼;③无锋面、有眼;④温压场不对称;⑤水平气压梯度大;

⑥影响范围小

A. ①②⑤⑥ B. ③④⑤⑥
C. ②④⑤⑥ D. ①③⑤⑥

第七节 中小尺度天气系统

1. 由于热力条件形成的雷暴称为热雷暴,它产生的地区和时间是_____。
   A. 陆地上在半夜至凌晨,海洋上在午后
   B. 陆地和海洋上均在午后
   C. 陆地上在午后,海洋上在半夜至凌晨
   D. 陆地和海洋上均在半夜至凌晨

2. 跟踪监视雷暴云、龙卷的有效手段是_____。
   A. 天气图方法 B. 雷达回波
   C. 探空气球 D. 飞机跟踪

3. 热雷暴_____。
   A. 主要产生于深秋季节,气团内部 B. 一般强度不大,历时短暂,很少移动
   C. 主要产生于盛夏季节,气团边缘 D. 一般强度较大,历时短暂,移动迅速

4. 锋面动力抬升形成的雷暴_____。
   A. 主要产生于盛夏季节,气团内部
   B. 一般影响范围大,维持时间长,产生的坏天气比较严重
   C. 一般强度不大,历时短暂,很少移动
   D. 主要产生于盛夏季节,气团边缘

5. 雷暴形成的动力抬升作用主要有_____。
   A. 锋面抬升、地形抬升和热力对流
   B. 地形抬升、低层气流辐合抬升和热力对流
   C. 地形抬升、锋面抬升和低层气流辐合抬升
   D. 锋面抬升、低层气流辐合抬升和热力对流

6. 雷暴、飑线和龙卷等中小尺度天气系统的共同特点是_____。
   A. 短时间稳定的强对流天气 B. 长时间稳定的强对流天气
   C. 长时间不稳定的强对流天气 D. 短时间不稳定的强对流天气

7. 雷暴的活动与纬度关系密切,一般有_____。
   A. 高纬多于中纬,中纬多于低纬 B. 低纬少于中纬,中纬多于高纬
   C. 低纬多于中纬,中纬多于高纬 D. 低纬多于中纬,中纬少于高纬

8. 在纬度相同的地区,雷暴出现的频数有_____。
   A. 山地多于平原,内陆多于海洋 B. 山地少于平原,内陆多于海洋
   C. 山地多于平原,内陆少于海洋 D. 山地少于平原,内陆少于海洋

9. 雷暴、飑线和龙卷等中小尺度天气系统的共同天气特征是_____。

A. 浓雾、阵性大风、阵雨 B. 浓雾、阵雨、冰雹
C. 浓雾、阵性大风、冰雹 D. 阵性大风、阵雨、冰雹

10. 雷暴形成的低层气流辐合抬升作用主要由_____天气系统引起。
    A. 低压槽、热带气旋和雷暴高压 B. 切变线、低压槽和雷暴高压
    C. 热带气旋、切变线和雷暴高压 D. 低压槽、切变线和热带气旋

11. 常见的强风暴系统有_____。
    A. 飑线、多单体风暴和超级单体风暴 B. 飑线、多单体风暴和暖锋
    C. 超级单体风暴、龙卷和飑线 D. 飑线、超级单体风暴和冷锋

12. 常见的强风暴系统有_____。
    A. 普通雷暴 B. 飑线、多单体风暴、超级单体风暴
    C. 热雷暴 D. 热低压

13. 陆地热雷暴主要发生在_____。
    A. 上午 B. 中午前后
    C. 下午至傍晚 D. 后半夜至凌晨

14. 海上热雷暴主要发生在_____。
    A. 上午 B. 中午前后
    C. 下午至傍晚 D. 后半夜至凌晨

15. 在成熟阶段雷暴云的下方一般都会出现一个中尺度天气系统,称为_____。
    A. 冷高压 B. 雷暴低压
    C. 雷暴高压 D. 冷低压

16. 飑线常出现在锋面气旋的_____。
    A. 冷锋后 B. 暖区
    C. 暖锋前 D. 静止锋上

17. 通常,飑线(或龙卷风,雷暴)在_____云底部产生。
    A. Ns B. Cu
    C. Sc D. Cb

18. 飑线过境时,地面伴随_____。
    A. 雷暴低压 B. 雷暴高压
    C. 热低压 D. 冷高压

19. 飑线天气系统的基本特征是_____。
    A. 水平尺度小,持续时间短,对流不稳定,天气变化剧烈
    B. 水平尺度小,持续时间短,对流稳定,天气变化剧烈
    C. 水平尺度小,持续时间长,对流不稳定,天气变化剧烈
    D. 水平尺度大,持续时间短,对流不稳定,天气变化剧烈

20. 飑线和冷锋的天气有许多相似之处,而在形成上具有_____。
    A. 冷锋产生于一个气团内部,飑线产生于两种气团的界面
    B. 飑线和冷锋均产生于两种气团的界面
    C. 飑线产生于一个气团内部,冷锋产生于两种气团的界面
    D. 飑线和冷锋均产生于一个气团内部

21. 雷暴和飑线过境时,伴随的剧烈天气是_____。
    A. 风向突变,风力猛增,气温骤升,气压陡降
    B. 风向突变,风力猛增,气温骤降,气压陡降
    C. 风向突变,风力猛增,气温骤升,气压涌升
    D. 风向突变,风力猛增,气温陡降,气压骤升

22. 飑线过境时,风向突变,风力猛增,并且在地面上伴随一个_____。
    A. 热低压   B. 雷暴高压
    C. 雷暴低压   D. 暖高压

23. 飑线过境时,气压和温度变化为_____。
    A. 气压骤升,气温陡降   B. 气压骤降,气温陡降
    C. 气压骤降,气温陡升   D. 气压骤升,气温陡升

24. 在中纬度地区飑线大多数出现在_____。
    A. 锋面气旋冷锋前的暖区中   B. 热带气旋前缘
    C. 东风波中   D. 锋面气旋暖锋前的冷区中

25. 飑线天气类似于_____。
    A. 第一型冷锋天气   B. 第二型冷锋天气
    C. 暖锋天气   D. 锢囚锋天气

26. 飑线的雷达回波特征_____。
    A. 每个回波单体结构疏散,边缘清晰
    B. 每个回波单体结构密实,边缘清晰
    C. 每个回波单体结构密实,边缘模糊
    D. 每个回波单体结构疏散,边缘模糊

27. 飑线的雷达回波特征_____。
    A. 呈团状分布,由许多强的回波单体组成
    B. 呈团状分布,由许多微弱的回波单体组成
    C. 呈带状分布,由许多微弱的回波单体组成
    D. 呈带状分布,由许多强的回波单体组成

28. 飑线与冷锋有许多相似之处,但是_____。
    A. 冷锋是两种不同性质气团的界面,是中尺度天气系统
    B. 飑线是在气团内部产生和传播的,是大尺度天气系统
    C. 冷锋是两种不同性质气团的界面,是大尺度天气系统
    D. 飑线是两种不同性质气团的界面,是中尺度天气系统

29. 强风暴常引起地面附近强烈的雷雨大风,这种大风由_____。
    A. 强大的下沉气流到达地面形成   B. 强大的水平气压梯度形成
    C. 强大的地面水平辐合气流形成   D. 强大的地面水平辐散气流形成

30. 在北半球强风暴常引起地面附近强烈的雷雨大风。这种大风由强大的下沉气流到达地面后转变成强大的水平气流,造成强烈阵风,其阵风风向与地面盛行风向关系为_____。
    A. 与地面盛行风向一致   B. 向左偏离地面盛行风向20°~30°

C. 向右偏离地面盛行风向 20°～30° D. 与地面盛行风向无关

31. 在南半球强风暴常引起地面附近强烈的雷雨大风。这种大风由强大的下沉气流到达地面后转变成强大的水平气流,造成强烈阵风,其阵风风向与地面盛行风向关系为_____。
    A. 与地面盛行风向一致 B. 向左偏离地面盛行风向 20°～30°
    C. 向右偏离地面盛行风向 20°～30° D. 与地面盛行风向无关

32. 能形成龙卷风的云为_____。
    A. 雨层云和高层云 B. 积雨云和浓积云
    C. 积雨云和层云 D. 雨层云和浓积云

33. 龙卷风多出现在_____。
    A. 冬春季节 B. 春夏季节
    C. 夏秋季节 D. 秋冬季节

34. 陆龙卷风多出现在_____。
    A. 清晨至中午 B. 傍晚至清晨
    C. 中午至傍晚 D. 没有固定时段

35. 水龙卷风多出现在_____。
    A. 清晨至中午 B. 傍晚至清晨
    C. 中午至傍晚 D. 没有固定时段

36. 龙卷风的活动特点除了水平范围小、持续时间短、破坏力大外,还包括_____。
    A. 气压甚低、风力甚强、移动路径多抛物线
    B. 气压甚高、风力甚强、移动路径多抛物线
    C. 气压甚高、风力甚强、移动路径多为直线
    D. 气压甚低、风力甚强、移动路径多为直线

37. 产生阵性大风、雷阵雨、冰雹、龙卷的一个必要条件是_____。
    A. 大气层结十分稳定 B. 大气层结不稳定或极不稳定
    C. 雨层云加厚 D. 卷积云发展

38. 下列正确的说法是_____。
    A. 龙卷有时会成对出现,都为气旋式的
    B. 气旋式的龙卷较为多见
    C. 无反气旋式的龙卷
    D. 龙卷不会成对出现,只能单独出现

39. 下列正确的说法是_____。
    A. 龙卷有时会成对出现,一个为气旋式的,另一个为反气旋式的
    B. 反气旋式的龙卷较为多见
    C. 无反气旋式的龙卷
    D. 龙卷不会成对出现,只能单独出现

40. 下列正确的说法是_____。
    A. 龙卷漏斗云柱上部始终不会倾斜
    B. 龙卷漏斗云柱的倾斜方向通常指示龙卷的移向

C. 龙卷漏斗云柱上部迎着高空气流的方向倾斜

D. 龙卷漏斗云柱的倾斜方向通常指示龙卷的来向

41. 中小尺度天气系统的基本特征是_____。

   A. 运动遵从地转平衡和静力平衡关系

   B. 运动属于非地转和非静力平衡的

   C. 水平尺度大,生命期长

   D. 气象要素梯度小

42. 中小尺度天气系统_____。

   A. 多发生于低纬地区和中纬地区四季

   B. 主要天气特征是强对流不稳定性天气

   C. 多发生于中高纬地区夏季

   D. 主要天气特征是大范围稳定性天气

43. 中小尺度天气系统_____。

   A. 多发生于低纬地区和中纬地区热季　　B. 主要天气特征是大范围稳定性天气

   C. 多发生于中高纬地区夏季　　D. 多发生于热带地区一年四季

44. 龙卷的特点主要包括_____。

   ①水平范围小;②持续时间短;③气压甚低风力甚强破坏力大;④持续时间长;⑤移动路径多为直线;⑥移动路径多为抛物线

   A. ①②③⑥　　B. ①③④⑥

   C. ①②③④⑥　　D. ①②③⑤

45. 中小尺度天气系统的基本特征是_____。

   ①水平尺度小、生命期短、气象要素梯度大;②运动属于非地转和非静力平衡;③运动遵从地转平衡和静力平衡关系;④多发生于低纬地区和中纬地区热季;⑤主要天气特征是强对流不稳定性天气;⑥主要天气特征是大范围稳定性天气

   A. ①②④⑤　　B. ①②③④⑤

   C. ①③④⑤⑥　　D. ①②③④⑤⑥

46. 飑线过境时,将会伴随何种天气变化过程?

   ①风向突变;②气压急降,气温急升;③伴有雷暴和阵雨;④风速急增;⑤气压急升,气温骤降;⑥有时出现冰雹和龙卷

   A. ①②③⑥　　B. ①③④⑤⑥

   C. ①②③④⑥　　D. ①③⑤⑥

第五章参考答案

第一节 气 团

1. B	2. D	3. C	4. D	5. A	6. C	7. A	8. D	9. B	10. D
11. B	12. B	13. D	14. C	15. A	16. A	17. B	18. B	19. A	20. A
21. B	22. D	23. D	24. A	25. A	26. C	27. D	28. C	29. B	30. B
31. A	32. C	33. B	34. B	35. A	36. B	37. D	38. B	39. C	40. A
41. D	42. D	43. C	44. B	45. C	46. B	47. D	48. C	49. A	

第二节 锋

1. C	2. D	3. B	4. C	5. B	6. C	7. B	8. C	9. B	10. C
11. D	12. A	13. C	14. A	15. B	16. C	17. B	18. C	19. B	20. C
21. B	22. A	23. D	24. C	25. B	26. D	27. A	28. C	29. D	30. C
31. A	32. C	33. C	34. A	35. C	36. C	37. D	38. D	39. A	40. C
41. A	42. C	43. A	44. B	45. C	46. B	47. C	48. C	49. A	50. B
51. D	52. B	53. B	54. D	55. C	56. C	57. A	58. C	59. C	60. C
61. B	62. B	63. D	64. C	65. A	66. C	67. A	68. C	69. A	70. B
71. C	72. C	73. C	74. A	75. D	76. D	77. A	78. D	79. A	80. A
81. A	82. C	83. D	84. C	85. C	86. A	87. D	88. A	89. C	90. C
91. C	92. B	93. A	94. D	95. C	96. D	97. A			

第三节 锋面气旋

1. C	2. A	3. A	4. D	5. B	6. C	7. B	8. B	9. C	10. B
11. D	12. A	13. D	14. D	15. B	16. C	17. D	18. B	19. B	20. A
21. A	22. C	23. B	24. C	25. C	26. C	27. C	28. A	29. D	30. C
31. C	32. B	33. C	34. C	35. D	36. C	37. D	38. A	39. B	40. C
41. B	42. D	43. C	44. A	45. D	46. C	47. A	48. C	49. D	50. A
51. D	52. D	53. D	54. A	55. D	56. C	57. C	58. C	59. D	60. C
61. C	62. A	63. B	64. C	65. C	66. C	67. C	68. C	69. C	70. B
71. C	72. B	73. C	74. C	75. C	76. B	77. B	78. C	79. A	80. C
81. C	82. C	83. D	84. C	85. C	86. A	87. C	88. C	89. C	90. A
91. C	92. C	93. B	94. D	95. D	96. A	97. D	98. A	99. B	100. C
101. B	102. C	103. D	104. C	105. A	106. A	107. D	108. C	109. B	110. B
111. B									

第四节 冷高压

1. B	2. C	3. B	4. D	5. C	6. B	7. B	8. C	9. D	10. A
11. B	12. A	13. A	14. B	15. C	16. D	17. B	18. C	19. B	20. D
21. B	22. B	23. C	24. B	25. D	26. D	27. B	28. D	29. B	30. C

31. A	32. D	33. B	34. C	35. C	36. D	37. A	38. D	39. A	40. B
41. A	42. B	43. A	44. B	45. B	46. D	47. B	48. D	49. A	50. D
51. C	52. A	53. D	54. C	55. C	56. D	57. A	58. C	59. C	60. B
61. B	62. C	63. D	64. B	65. B	66. C	67. A	68. B	69. D	70. D

第五节　副热带高压

1. A	2. C	3. A	4. B	5. D	6. C	7. C	8. C	9. A	10. D
11. B	12. C	13. A	14. A	15. C	16. A	17. A	18. C	19. D	20. A
21. B	22. B	23. C	24. D	25. C	26. B	27. B	28. A	29. C	30. D
31. C	32. B	33. B	34. B	35. D	36. C	37. A	38. C	39. B	40. C
41. D	42. C	43. C	44. B	45. C	46. B	47. B	48. C	49. B	50. D
51. A	52. B	53. D	54. C	55. D	56. B	57. C	58. D	59. C	60. B
61. D	62. D								

第六节　热带气旋

1. A	2. B	3. B	4. D	5. B	6. B	7. B	8. B	9. B	10. B
11. B	12. B	13. B	14. A	15. B	16. B	17. C	18. C	19. B	20. B
21. A	22. A	23. D	24. A	25. B	26. C	27. C	28. C	29. B	30. A
31. A	32. C	33. A	34. D	35. C	36. D	37. D	38. C	39. B	40. A
41. C	42. B	43. D	44. D	45. C	46. C	47. B	48. A	49. D	50. C
51. A	52. C	53. B	54. C	55. B	56. D	57. B	58. B	59. A	60. D
61. D	62. D	63. D	64. A	65. A	66. C	67. D	68. D	69. D	70. C
71. C	72. A	73. A	74. B	75. C	76. B	77. C	78. B	79. C	80. C
81. B	82. C	83. B	84. D						

第七节　中小尺度天气系统

1. C	2. B	3. B	4. B	5. C	6. D	7. C	8. A	9. D	10. D
11. A	12. B	13. C	14. D	15. C	16. B	17. B	18. B	19. A	20. C
21. D	22. B	23. A	24. A	25. B	26. B	27. D	28. C	29. A	30. C
31. B	32. B	33. B	34. C	35. D	36. D	37. B	38. B	39. A	40. B
41. B	42. B	43. A	44. D	45. A	46. B				

第六章
航海气象信息的分析和应用

第一节　天气图基础知识

1. 经纬线均为平行直线的天气图底图是采用_____。
   A. 墨卡托投影　　　　　　　　B. 兰勃特投影
   C. 极地平面投影　　　　　　　D. 正形圆锥投影

2. 在天气图底图上,纬线是以极点为中心的同心圆、经线是以极点向外辐射的直线。这种天气图是采用_____。
   A. 墨卡托投影　　　　　　　　B. 兰勃特投影
   C. 正形圆锥投影　　　　　　　D. 极地平面投影

3. 在天气图底图上,纬线是以极点为中心的同心圆弧、经线是向极点收敛的直线。这种天气图是采用_____。
   A. 墨卡托投影　　　　　　　　B. 兰勃特投影
   C. 等角正圆柱投影　　　　　　D. 极地平面投影

4. 船舶在中纬度航行,使用_____的投影方式的天气图最合适。
   A. 墨卡托投影　　　　　　　　B. 兰勃特投影
   C. 极地平面投影　　　　　　　D. 等角正圆柱投影

5. 船舶在北印度洋上航行,使用_____的投影方式的天气图最合适。
   A. 墨卡托投影　　　　　　　　B. 兰勃特投影
   C. 极地平面投影　　　　　　　D. 正形圆锥投影

6. 我国和日本的地面天气图通常采用_____。
   A. 墨卡托投影　　　　　　　　B. 等角正圆柱投影
   C. 兰勃特投影　　　　　　　　D. 极地平面投影

7. 通常适合中纬度的天气图底图的投影方式为_____。

A. 墨卡托投影 B. 兰勃特投影
C. 极射赤面投影 D. 正射投影

8. 通常适合低纬度的天气图底图的投影方式为_____。
   A. 墨卡托投影 B. 兰勃特投影
   C. 极射赤面投影 D. 正射投影

9. 通常适合极地或半球的天气图底图的投影方式为_____。
   A. 墨卡托投影 B. 兰勃特投影
   C. 极射赤面投影 D. 正射投影

10. 兰勃特投影天气图底图的标准纬线为_____。
    A. 30°、45° B. 30°、60°
    C. 22.5°、45° D. 33°、66°

11. 通常应用的主要两类天气图包括_____。
    A. 高空图为等高面图、地面图为等压面图
    B. 高空图、地面图均为等压面图
    C. 高空图为等压面图、地面图为等高面图
    D. 高空图、地面图均为等高面图

12. 图6-1使用的是什么投影？
    A. 墨卡托投影 B. 兰勃特投影
    C. 极地平面投影 D. 正形圆锥投影

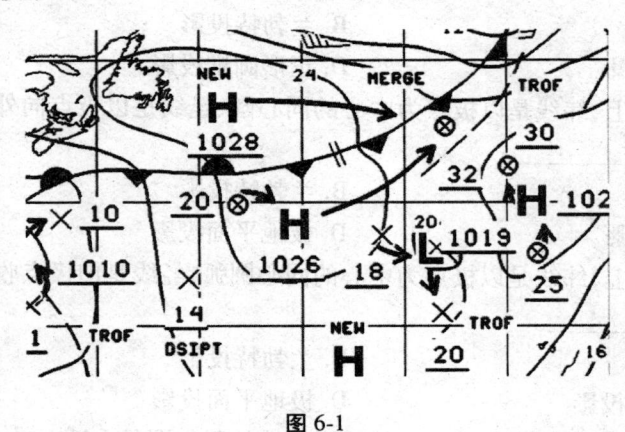

图 6-1

13. 地面天气图的图时为_____。
    A. 基本天气观测 04Z,10Z,16Z,22Z B. 基本天气观测 02Z,08Z,14Z,20Z
    C. 基本天气观测 00Z,06Z,12Z,18Z D. 基本天气观测 03Z,09Z,15Z,21Z

14. 地面天气图的图时为_____。
    A. 基本天气观测 03Z,09Z,15Z,21Z 补充天气观测 00Z,06Z,12Z,18Z
    B. 基本天气观测 00Z,06Z,12Z,18Z 补充天气观测 03Z,09Z,15Z,21Z
    C. 基本天气观测 00,06,12,18（北京时）补充天气观测 03,09,15,21（北京时）
    D. 基本天气观测 03,09,15,21（北京时）补充天气观测 00,06,12,18（北京时）

15. 高空分析图图时为_____。

A. 00Z,06Z,12Z,18Z B. 00Z,12Z
C. 08,06,12,18(北京时) D. 00,12(北京时)

16. 高空分析图图时为_____。
    A. 08，20(北京时) B. 00,12(北京时)
    C. 00Z,06Z,12Z,18Z D. 00,06,12,18(北京时)

17. 高空分析图图时为_____。
    A. 08Z，20Z B. 08，20(北京时)
    C. 00Z,06Z,12Z,18Z D. 00,06,12,18(北京时)

18. 天气图的制作过程依次为_____。
    A. 观测、填图、分析 B. 观测、编报发送、收报、填图、分析
    C. 观测、填图、编报发送、收报、分析 D. 观测、编报发送、收报、分析、填图

19. 制作天气图的第一个环节是_____。
    A. 填图 B. 分析
    C. 观测 D. 收报

20. 制作天气图的最后一个环节是_____。
    A. 填图 B. 收报
    C. 观测 D. 分析

21. 制作天气图时,气象观测资料应满足的条件是_____。
    A. 同时性、代表性和准确性 B. 科学性、代表性和准确性
    C. 代表性和准确性 D. 全面性、代表性和准确性

22. 表示东亚及西北太平洋区域的传真图代号为_____。
    A. AS B. EU
    C. PN D. PA

23. 表示北太平洋区域的传真图代号为_____。
    A. PA B. EU
    C. PN D. AU

24. 通常地面传真分析图代号为_____。
    A. AS B. FS
    C. AU D. FU

25. 东京最主要的气象传真广播台呼号为_____。
    A. JMH B. JMJ
    C. JJC D. BAF

26. 图名标题中 FSAS 的含义是_____。
    A. 北太平洋地面分析图 B. 亚洲地面分析图
    C. 亚洲地面预报图 D. 太平洋地面预报图

27. 最常用的 JMH 地面预报图 FSAS 24HR SURFACE PROG 是_____。
    A. 纯数值预报产品 B. 人工经验制作的
    C. 数值预报产品加人工修正 D. 用外推法制作的

28. 图名标题(图 6-2)表示_____。

A. 亚洲地面分析图 B. 亚洲 12 h 地面预报图
C. 亚洲 24 h 地面预报图 D. 亚洲 24 h 地面分析图

29. 图名标题(图 6-2)中发布预报的时间为_____。
   A. 北京时间 2002 年 2 月 27 日 08 时 00 分
   B. 东京时间 2002 年 2 月 28 日 00 时 00 分
   C. 世界时 2002 年 2 月 27 日 12 时 00 分
   D. 世界时 2002 年 2 月 28 日 00 时 00 分

30. 图名标题(图 6-2)中预报的有效时间为_____。
   A. 北京时间 2002 年 2 月 27 日 00 时 00 分
   B. 东京时间 2002 年 2 月 28 日 00 时 00 分
   C. 世界时 2002 年 2 月 27 日 00 时 00 分
   D. 世界时 2002 年 2 月 28 日 00 时 00 分

```
FSAS              JMH
270000UTC  FEB  2002
FCST FOR 280000UTC

24HR SURFACE PROG
```

图 6-2

31. 图名标题(图 6-3)表示_____。
   A. 亚洲地面分析图 B. 亚洲 48 h 地面预报图
   C. 亚洲 24 h 地面预报图 D. 亚洲 48 h 地面分析图

32. 图名标题(图 6-3)中发布预报的时间为_____。
   A. 北京时间 2002 年 2 月 27 日 12 时 00 分
   B. 东京时间 2002 年 2 月 25 日 12 时 00 分
   C. 世界时 2002 年 2 月 25 日 12 时 00 分
   D. 世界时 2002 年 2 月 26 日 12 时 00 分

33. 图名标题(图 6-3)中预报的有效时间为_____。
   A. 北京时间 2002 年 2 月 27 日 20 时 00 分
   B. 东京时间 2002 年 2 月 28 日 00 时 00 分
   C. 世界时 2002 年 2 月 27 日 00 时 00 分
   D. 世界时 2002 年 2 月 28 日 12 时 00 分

```
FSAS 04           JMH
251200Z  FEB  2002

SURFACE   PRESS (hPa)
PRECIP   (MM)  (24--48)
```

图 6-3

34. 可见光卫星云图的图名缩写符号为_____。
   A. VS B. IR
   C. ST D. TC

35. 红外卫星云图的图名缩写符号为_____。
    A. VS   B. IR
    C. ST   D. TC

36. 在地面图的填图格式中,"±PP"等于-15,这表明_____。
    A. 3 h 气压变量为 15 hPa   B. 3 h 气压变量为降低 1.5 hPa
    C. 3 h 气压变量为 1.5 hPa   D. 3 h 气压变量为降低 15 hPa

37. 在日本天气图上,风羽为一个三角旗和一长杠表示风速大约为_____。
    A. 55 kn   B. 60 kn
    C. 30 kn   D. 45 kn

38. 在中国天气图上,风羽为一个三角旗、一长杠和一短杠表示风速大约为_____。
    A. 35 m/s   B. 28 m/s
    C. 26 m/s   D. 16 m/s

39. 在地面图的某测站上,填写的气压变量一项系指_____。
    A. 6 h 前所观测气压与观测时气压之差
    B. 观测时气压与 6 h 前所观测气压之差
    C. 观测时气压与 3 h 前所观测气压之差
    D. 3 h 前所观测气压与观测时气压之差

40. 在地面图的某测站上,填写的气压趋势一项系指_____。
    A. 观测时间前 6 h 内之气压变化
    B. 观测时间前 6 h 外之气压变化
    C. 观测时间前 3 h 外之气压变化
    D. 观测时间前 3 h 内之气压变化

41. 图 6-4 中给出了我国某测站气象要素的填图资料,表明总云量、低云量分别为_____。
    A. 10 和 6   B. 9 和 10
    C. 10 和 9   D. 10 和 5

42. 图 6-4 中给出了我国某测站气象要素的填图资料,表明风向、风速分别为_____。
    A. 西南风、25 kn   B. 西南风、10 m/s
    C. 45°、25 m/s   D. 45°、10 m/s

43. 图 6-4 中给出了我国某测站气象要素的填图资料,表明中、低云状分别为_____。
    A. Ac、St   B. Ac、Fn
    C. As、St   D. As、Fn

44. 图 6-4 中给出了我国某测站气象要素的填图资料,表明温度露点差为_____。
    A. 1℃   B. 0℃
    C. -1℃   D. 17℃

45. 图 6-4 中给出了我国某测站气象要素的填图资料,表明现在和过去天气现象分别为_____。
    A. 阵雨和小雨   B. 小雨和雷阵雨
    C. 小雨和阵雨   D. 阵雨和雷阵雨

46. 图 6-4 中给出了我国某测站气象要素的填图资料，表明气压和 3 h 变压分别为_____。
    A. 1095 hPa 和 −2.1 hPa   B. 1095 hPa 和 2.1 hPa
    C. 1009.5 hPa 和 2.1 hPa   D. 1009.5 hPa 和 −2.1 hPa

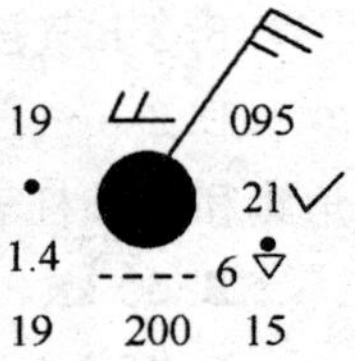

图 6-4

47. 符号 " " 表示_____。
    A. NW 风 25 kn   B. NW 风 7 级
    C. SE 风 25 kn   D. SE 风 7 级

48. 天气图中风符号 " " 表示_____。
    A. S 风 15 kn   B. N 风 15 kn
    C. S 风 30 kn   D. N 风 30 kn

49. 天气图中的风符号 " " 表示_____。
    A. N 风 15 kn   B. N 风 30 kn
    C. S 风 15 kn   D. S 风 30 kn

50. 天气图中风符号 " " 表示_____。
    A. E 风 20 kn   B. W 风 20 kn
    C. E 风 40 kn   D. W 风 40 kn

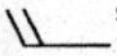

51. 天气图中风符号 " " 表示_____。
    A. W 风 45 kn   B. W 风 75 kn
    C. E 风 35 kn   D. E 风 75 kn

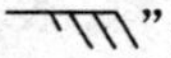

52. 天气图中风符号 " " 表示_____。
    A. SW 风 14 kn   B. NE 风 14 kn
    C. SW 风 35 kn   D. NE 风 35 kn

53. 天气图中风符号 " " 表示_____。
    A. SW 风 30 kn   B. SW 风 60 kn
    C. NE 风 30 kn   D. NE 风 60 kn

54. 天气图中风符号 " " 表示_____。
    A. SE 风 15 kn   B. SE 风 30 kn
    C. NW 风 15 kn   D. NW 风 30 kn

55. 天气图中风符号 " " 表示_____。
    A. NE 风 50 kn   B. NE 风 70 kn
    C. SW 风 50 kn   D. SW 风 70 kn

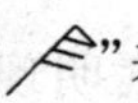

56. 填图符号 "ω" 表示_____。

A. 淡积云　　　　　　　　B. 高积云
C. 层积云　　　　　　　　D. 积雨云

57. 填图符号"ᗯ"表示_____。
    A. 浓积云　　　　　　　　B. 高积云
    C. 层积云　　　　　　　　D. 积雨云

58. 填图符号"⌒"表示_____。
    A. 浓积云　　　　　　　　B. 高积云
    C. 层积云　　　　　　　　D. 秃积雨云

59. 填图符号"⌓"表示_____。
    A. 淡积云　　　　　　　　B. 高积云
    C. 层积云　　　　　　　　D. 积雨云

60. 填图符号"—"表示_____。
    A. 淡积云　　　　　　　　B. 高积云
    C. 层云　　　　　　　　　D. 积雨云

61. 填图符号"---"表示_____。
    A. 淡积云　　　　　　　　B. 高积云
    C. 碎雨云　　　　　　　　D. 积雨云

62. 填图符号"⊿"表示_____。
    A. 淡积云　　　　　　　　B. 高积云
    C. 积雨云　　　　　　　　D. 雨层云

63. 填图符号"⌐"表示_____。
    A. 淡积云　　　　　　　　B. 高层云
    C. 碎雨云　　　　　　　　D. 积雨云

64. 填图符号"⌒"表示_____。
    A. 淡积云　　　　　　　　B. 高积云
    C. 碎雨云　　　　　　　　D. 积雨云

65. 填图符号"⌒"表示_____。
    A. 淡积云　　　　　　　　B. 高积云
    C. 毛卷云　　　　　　　　D. 积雨云

66. 填图符号"⌒"表示_____。
    A. 淡积云　　　　　　　　B. 密卷云
    C. 高层云　　　　　　　　D. 积雨云

67. 填图符号"⌣"表示_____。
    A. 淡积云　　　　　　　　B. 高积云
    C. 卷积云　　　　　　　　D. 卷层云

68. 填图符号"ɫ"表示_____。
    A. 淡积云　　　　　　　　B. 卷云
    C. 高积云　　　　　　　　D. 积雨云

69. 地面图上冷锋的符号为_____。

A. ▼▼▼
B. ●●●
C. ▼●▼●
D. ▲▲▲

70. 地面图上暖锋的符号为_____。

A. ▼▼▼
B. ●●●
C. ▼●▼●
D. ▲▲▲

71. 地面图上静止锋的符号为_____。

A. ▼▼▼
B. ●●●
C. ▼●▼●
D. ▲▲▲

72. 地面图上锢囚锋的符号为_____。

A. ▼▼▼
B. ●●●
C. ▼●▼●
D. ▲▲▲

73. 通常在彩印图书中地面图上的_____。

A. 冷锋为红色   B. 静止锋为红蓝双色
C. 暖锋为蓝色   D. 锢囚锋为黑色

74. 通常在彩印图书中地面天气图上的_____。

A. 冷锋为红色   B. 静止锋为紫色
C. 暖锋为蓝色   D. 锢囚锋为紫色

75. 典型 Cb 和 Ns 云伴随天气分别对应_____。

A. 雷阵雨、连续性降水   B. 连续性降水、雷阵雨
C. 雷阵雨、冰雹   D. 连续性降水、毛毛雨

76. 地面图上轻雾的填图符号为_____。

A. =   B. ≡
C. ∞   D. ,

77. 地面图上浓雾的填图符号为_____。

A. =   B. ≡
C. ∞   D. ,

78. 地面图上霾的填图符号为_____。

A. = B. ≡
C. ∞ D. ,

79. 地面图上毛毛雨的填图符号为_____。
   A. = B. ≡
   C. ∞ D. ,

80. 地面图上雨的填图符号为_____。
   A. , B. •
   C. ▽ D.][

81. 地面图上阵性降水的填图符号为_____。
   A. , B. •
   C. ▽ D.][

82. 地面图上龙卷的填图符号为_____。
   A. , B. •
   C. ▽ D.][

83. 地面图上雷暴的填图符号为_____。
   A. , B. •
   C. ▽ D. R

84. 地面图上阵雨的填图符号为_____。
   A. , B. •
   C. ▽ D. R

85. 地面图上雪的填图符号为_____。
   A. , B. •
   C. ▽ D. *

86. 日本地面图上填图符号 TT 为 28，表示气温为_____。
   A. 2.8℃ B. 28℃
   C. 2.8°F D. 28°F

87. 地面图上填图符号 VV 为 5，表示海面水平能见度为_____。
   A. 5 km B. 50 km
   C. 5 n mile D. 50 n mile

88. 地面图上填图符号 VV 为 0.5，表示海面水平能见度为_____。
   A. 0.5 km B. 5 km
   C. 0.5 n mile D. 5 n mile

89. 地面图上填图符号 PPP 为 025，表示海平面气压为_____。
   A. 902.5 hPa B. 1002.5 hPa
   C. 902.5 mmHg D. 1002.5 mmHg

90. 地面图上填图符号 PPP 为 999，表示海平面气压为_____。
   A. 999.9 hPa B. 1099.9 hPa
   C. 999.9 mmHg D. 1099.9 mmHg

91. 地面图上填图符号 ±PPa 表示_____。

A. 3 h 气压变量和倾向   B. 6 h 气压变量和倾向
C. 气压日变化订正   D. 气压温度订正

92. 地面图上的气压变量±PP 系指_____。
   A. 观测时气压与 1 h 前气压之差   B. 观测时气压与 2 h 前气压之差
   C. 观测时气压与 3 h 前气压之差   D. 观测时气压与 6 h 前气压之差

93. 填图符号 WW 表示_____。
   A. 现在天气   B. 过去天气
   C. 6 h 降水量   D. 3 h 降水量

94. 填图符号 W 表示_____。
   A. 现在天气   B. 过去天气
   C. 6 h 降水量   D. 3 h 降水量

95. 填图符号 RR 表示_____。
   A. 现在天气   B. 过去天气
   C. 6 h 降水量   D. 3 h 降水量

96. 低云量 6 的填图符号为_____。
   A. 5   B. 6
   C. 7   D. 8

97. 通常天气图上表示低压的符号为_____。
   A. C   B. A
   C. L   D. H

98. 通常天气图上表示高压的符号为_____。
   A. C   B. A
   C. L   D. H

99. 通常天气图上表示气旋的符号为_____。
   A. C   B. A
   C. L   D. H

100. 通常天气图上表示反气旋的符号为_____。
   A. C   B. A
   C. L   D. H

101. 天气图上表示气旋、反气旋的符号为_____。
   A. H、L   B. G、D
   C. C、A   D. TD、TS

102. 天气图上属于热带气旋的标示符号有_____。
   A. H、L、C、W   B. G、D、L、N
   C. C、A   D. TD、TS、STS、T

103. 地面天气图上表示热带气旋中心位置的符号为_____。
   A. $\mathsection$ B. ×
   C. ⊙   D. △

104. 地面天气图上表示 L 中心或 H 中心位置的符号为_____。

A. ⑤   B. ×
C. ⊙   D. △

105. 地面天气图上,_____。
   A. 表示 L 中心位置的符号为⑤
   B. 表示 H 中心位置的符号为⑤
   C. 表示 L 中心位置的符号为×
   D. 表示 H 中心位置的符号为△

106. 地面天气图上,_____。
   A. 表示 L 中心位置的符号为⑤
   B. 表示 H 中心位置的符号为×
   C. 表示 L 中心位置的符号为⊙
   D. 表示 H 中心位置的符号为△

107. 在日本、美国、英国等国的地面天气图上,等压线的间隔一般为_____。
   A. 6 hPa   B. 5 hPa
   C. 4 hPa   D. 2.5 hPa

108. 在日本地面天气图上,993 hPa 低压中心的外围,应是一条_____的等压线。
   A. 986 hPa   B. 998 hPa
   C. 996 hPa   D. 1000 hPa

109. 在日本地面分析图上,最接近 1023 hPa 高压中心的闭合等压线数值为_____。
   A. 1024 hPa   B. 1022 hPa
   C. 1020 hPa   D. 1025 hPa

110. 通常天气图的分析项目包括_____。
   A. 地面图与高空图完全一样
   B. 地面图分析等高线、等温线、槽线、切变线等
   C. 高空图分析等压线、槽线、锋线、等温线等
   D. 地面图分析等压线、锋线等,高空图分析等高线、等温线、槽线、切变线等

111. 在我国地面分析图上,两条相邻等压线的间隔为_____。
   A. 2.5 hPa   B. 4 hPa
   C. 6 hPa   D. 5 hPa

112. 通常地面分析图上两条相邻等压线的间隔_____。
   A. 我国与国外一样为 4 hPa   B. 我国与国外一样为 2.5 hPa
   C. 我国为 2.5 hPa、国外为 4 hPa   D. 我国为 4 hPa、国外为 2.5 hPa

113. 流线图上单源辐散流场相当于_____。
   A. 低气压的流场   B. 低压槽的流场
   C. 高气压的流场   D. 高压脊的流场

114. 流线图上单汇辐合流场相当于_____。
   A. 低气压的流场   B. 高气压的流场
   C. 低压槽的流场   D. 高压脊的流场

115. 流线图上中性点的流场相当于_____。
   A. 低气压   B. 高气压
   C. 鞍形区   D. 匀压区

116. 在低纬地面流线图上,逆时针旋转单汇辐合流场相当于_____。
   A. 北半球高气压   B. 南半球低气压

C. 北半球低气压 D. 南半球高气压

117. 在低纬地面流线图上,逆时针旋转单源辐散流场相当于_____。
    A. 北半球高气压 B. 北半球低气压
    C. 南半球低气压 D. 南半球高气压

118. 在低纬地面流线图上,顺时针旋转单汇辐合流场相当于_____。
    A. 北半球高气压 B. 南半球低气压
    C. 北半球低气压 D. 南半球高气压

119. 在低纬地面流线图上,顺时针旋转单源辐散流场相当于_____。
    A. 北半球低气压 B. 北半球高气压
    C. 南半球低气压 D. 南半球高气压

120. 在地面天气图上,等压线的疏密和风力的大小关系是_____。
    A. 等压线疏、风力大 B. 等压线密、风力小
    C. 等压线密、风力大 D. 无等压线、风力大

121. 图 6-5 为地面气旋、反气旋流场示意图,A 图为_____。
    A. 南半球气旋 B. 南半球反气旋
    C. 北半球气旋 D. 北半球反气旋

122. 图 6-5 为地面气旋、反气旋流场示意图,B 图为_____。
    A. 南半球气旋 B. 南半球反气旋
    C. 北半球气旋 D. 北半球反气旋

123. 图 6-5 为地面气旋、反气旋流场示意图,C 图为_____。
    A. 南半球气旋 B. 南半球反气旋
    C. 北半球气旋 D. 北半球反气旋

124. 图 6-5 为地面气旋、反气旋流场示意图,D 图为_____。
    A. 南半球气旋 B. 南半球反气旋
    C. 北半球气旋 D. 北半球反气旋

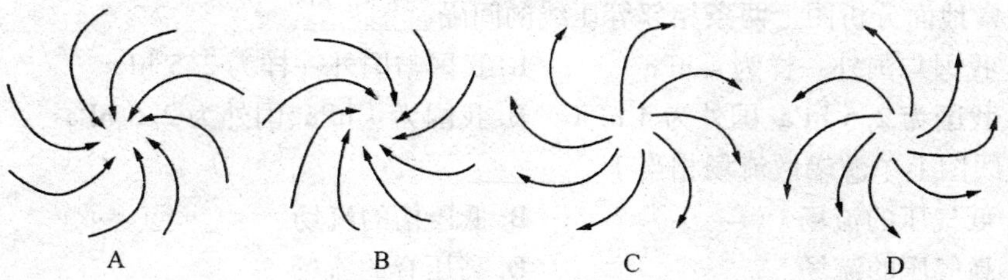

图 6-5

125. 图 6-6 为地面气旋、反气旋流场示意图,南半球气旋为_____。
    A. A 图 B. B 图
    C. C 图 D. D 图

126. 图 6-6 为地面气旋、反气旋流场示意图,南半球反气旋为_____。
    A. A 图 B. B 图
    C. C 图 D. D 图

127. 图 6-6 为地面气旋、反气旋流场示意图,北半球气旋为_____。
    A. A 图　　　　　　　　　B. B 图
    C. C 图　　　　　　　　　D. D 图
128. 图 6-6 为地面气旋、反气旋流场示意图,北半球反气旋为_____。
    A. A 图　　　　　　　　　B. B 图
    C. C 图　　　　　　　　　D. D 图

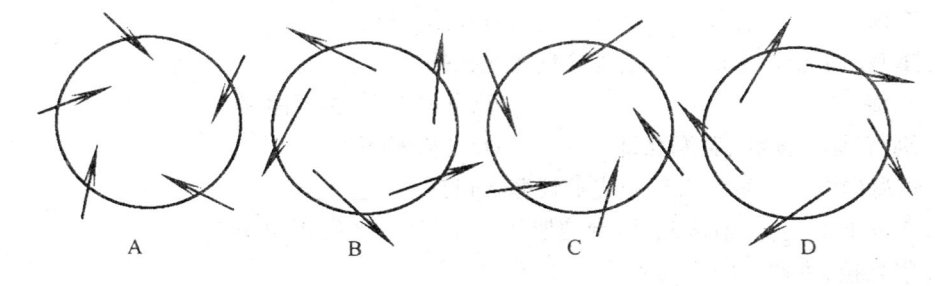

图 6-6

第二节　　航海气象信息的获取

1. 目前船舶获取天气和海况图资料最常用的途径为_____。
    A. 气象传真广播(MFB)　　　　B. 全球互联网(WWW)
    C. 海岸电台(NAVTEX)　　　　D. 增强群呼(EGC)
2. 船舶获取天气和海况图资料的主要途径为_____。
    A. NAVTEX、MFB(气象传真广播)
    B. MFB(气象传真广播)、WWW
    C. MFB(气象传真广播)、EGC、NAVTEX
    D. NAVTEX、EGC、WWW
3. 船舶一般通过_____途径获取天气报告和警报。
    A. NAVTEX、MFB(气象传真广播)
    B. MFB(气象传真广播)、EGC
    C. MFB(气象传真广播)、EGC、NAVTEX
    D. NAVTEX、EGC
4. 船舶获取海洋气象资料具有快速、彩色、高画质和动画等特点的途径为_____。
    A. 气象传真广播(MFB)　　　　B. 全球互联网(WWW)
    C. 海岸电台(NAVTEX)　　　　D. 增强群呼(EGC)
5. 我国的海岸电台有_____。
    A. 天津、上海、广州、香港　　　B. 大连、上海、广州、香港
    C. 大连、青岛、上海、广州　　　D. 北京、上海、广州、香港
6. 广州海岸电台播发的天气报告责任海区包括_____。

A. 台湾海峡、广东东部、广东西部、琼州海峡、北部湾、海南岛西南部
B. 琉球、巴士、东沙、西沙、中沙、南沙、曾母暗沙
C. 华列拉、头顿、暹罗湾
D. 台湾地区东部、台湾海峡、广东东部

7. 天津海岸电台播发的天气报告责任海区包括_____。
 A. 渤海、渤海海峡　　　　　　B. 黄海
 C. 东海　　　　　　　　　　　D. 台湾海峡

8. 天津海岸电台播发的天气报告责任海区包括_____。
 A. 东海　　　　　　　　　　　B. 黄海中部、黄海南部
 C. 渤海、渤海海峡、黄海北部　 D. 台湾海峡

9. 上海海岸电台播发的天气报告责任海区包括_____。
 A. 东海北部、台湾地区北部、台湾地区东部、台湾海峡、广东东部
 B. 华列拉、头顿
 C. 济州、长崎、鹿儿岛、琉球、巴士
 D. 渤海、渤海海峡、黄海北部、黄海中部

10. 船舶处于黄海北部和中部时,通常可接收到的 NAVTEX 电台有_____。
 A. 大连、天津、上海　　　　　B. 大连、香港、东京
 C. 天津、上海、东京　　　　　D. 北京、上海、大连

11. 船舶处于台湾海峡时,通常可接收到的 NAVTEX 电台有_____。
 A. 大连、广州、上海　　　　　B. 大连、香港、东京
 C. 大连、上海、东京　　　　　D. 上海、广州、香港

第三节　天气报告和警报的释译与应用

1. 海岸电台播发的天气报告应符合国际统一的格式和内容,至少应包括_____三个部分。
 A. 警报、天气形势摘要和海区天气状况
 B. 警报、海区天气预报和海区测站资料
 C. 天气形势摘要、海区天气预报和海区测站资料
 D. 警报、天气形势摘要和海区天气预报

2. 天气报告中关于警报的内容包括_____。
 A. 大风、锋面、热带气旋警报等　　B. 大风、巨浪、浓雾警报等
 C. 大风、降温、热带气旋警报等　　D. 大风、浓雾、热带气旋警报等

3. 天气报告中关于天气形势摘要的内容包括_____。
 A. 低压和高压的位置、强度和移动,天气状况,风力等
 B. 高压,低压,热带气旋,锋等天气系统的位置、强度、移向移速等
 C. 天气状况、天气现象、风力、风向、浪级等

D. 大风和热带气旋警报等

4. 天气报告中关于海区天气预报的内容包括_____。
   A. 低压和高压的位置、强度和移动，天气状况，风力等
   B. 高压，低压，热带气旋，锋等天气系统的位置、强度、移向移速等
   C. 天气状况、天气现象、风力、风向、浪级等
   D. 大风和热带气旋警报等

5. 海区天气预报中的少云，一般指总云量为_____。
   A. 3~5   B. 1~2
   C. 4~6   D. 0~2

6. 海区天气预报中的多云，一般指总云量为_____。
   A. 3~5   B. 8~10
   C. 6~8   D. 4~6

7. 船舶驾驶人员阅读天气报告后应明确的两个问题是_____。
   A. 低压、高压的位置和强度，未来的天气形势和天气状况
   B. 船舶处在何种天气系统的何部位，未来的天气形势和天气状况
   C. 大风和热带气旋警报，未来的天气形势和天气状况
   D. 锋面等天气系统的位置、强度、移向移速，未来的天气形势和天气状况

8. 天气形势摘要中常见的"STATIONARY WEAKENING"通常是指_____。
   A. 某低气压静止少动，正在减弱   B. 某高气压静止少动，正在减弱
   C. 某高气压静止少动，正在填塞   D. 某低气压静止少动，正在填塞

9. 天气形势摘要中常见的"MOVING SLOWLY WEAKENING"通常是指_____。
   A. 某低气压移动缓慢，正在填塞   B. 某低气压静止少动，正在减弱
   C. 某高气压移动缓慢，正在减弱   D. 某高气压静止少动，正在减弱

10. 天气报告中"MOVING SLOWLY FILLING"的含义为_____。
    A. 某低气压移动缓慢，正在填塞   B. 某高气压移动缓慢，正在填塞
    C. 某低气压静止少动，正在填塞   D. 某低气压移动缓慢，正在加强

11. 天气形势摘要中常见的"STATIONARY FILLING"通常是指_____。
    A. 某低气压静止少动，正在减弱   B. 某高气压静止少动，正在减弱
    C. 某高气压静止少动，正在填塞   D. 某低气压静止少动，正在填塞

12. 热带气旋警报中常见的"POSITION FAIR BASED ON SATELLITE"通常是指_____。
    A. 定位误差 10~20 n mile   B. 定位误差 20~40 n mile
    C. 定位误差大于 40 n mile   D. 定位误差小于 10 n mile

13. 热带气旋(台风)警报中常见的"MOVING WEST 10 KNOTS DECELERATING"通常是指_____。
    A. 某台风正以 10 kn 的速度向西加速移动
    B. 某台风正以 10 km/h 的速度向西减速移动
    C. 某台风正以 10 kn 的速度向西减速移动
    D. 某台风正以 10 km/h 的速度向西加速移动

14. 热带气旋(台风)警报中常见的"MOVING WEST 12 KNOTS ACCELERATING"通常是

指_____。
   A. 某台风正以 12 kn 的速度向西加速移动
   B. 某台风正以 12 km/h 的速度向西减速移动
   C. 某台风正以 12 kn 的速度向西减速移动
   D. 某台风正以 12 kn 的速度向西移动

15. 热带气旋警报中的"LOW COULD DEVELOPING TO TROPICAL CYCLONE"是指_____。
   A. 低气压可能发展成暖性气旋   B. 低气压可能发展成台风
   C. 低气压可能发展成热带气旋   D. 低气压可能发展成赤道气旋

16. 海区天气预报中的"CLEAR TO CLOUDY"一般指总云量为_____。
   A. 0~2 到 6~8   B. 0~2 到 8~10
   C. 3~5 到 6~8   D. 3~5 到 8~10

17. 海区天气预报中的"CLOUDY"一般指总云量为_____。
   A. 3~5   B. 8~10
   C. 6~8   D. 4~6

18. 海区天气预报中的"PARTLY CLOUDY"一般指总云量为_____。
   A. 3~5   B. 1~2
   C. 4~6   D. 0~2

19. 海区天气预报中的天气状况"OVER CAST"一般指_____。
   A. 总云量 8~9   B. 高云量 8~10
   C. 总云量 6~8   D. 中、低云量 9~10

20. 在天气报告中,"LOW1020MBS AT 35N106E STATIONARY FILLING"的含义是位于 35°N、106°E 处的低压,中心气压 1020 hPa,未来将_____。
   A. 静止少动,正在填塞   B. 静止少动,正在加强
   C. 迅速移动,正在填塞   D. 迅速移动,正在加强

21. 海岸电台天气报告中的天气形势主要给出的内容包括_____。
   ①大风区;②高、低压中心位置和中心气压值;③锋面位置;④大浪区;⑤降水区
   A. ①②⑤   B. ①②③⑤
   C. ②③   D. ②④

22. 天气报告中海区天气预报的内容包括_____。
   A. 天气、海况预报   B. 海流
   C. 海温预报   D. 海冰预报

23. 海岸台的气象报告第二部分内容为_____。
   A. 天气形势摘要   B. 警报
   C. 海区天气预报   D. 大风浪警报

24. 天气报告主要包括_____。
   A. 警报、海区天气预报、天气大势   B. 警报、一些测站资料、天气大势
   C. 一些测站资料、警报   D. 一些测站资料、海区天气预报

25. 天气报告中天气形势摘要的内容不包括_____。

A. 低气压、高气压的位置、强度和移动
B. 地面锋线的类别和起止位置
C. 热带气旋的位置、强度和移动
D. 高空天气形势

26. 天气报告中常见的"MOVING SLOWLY WEAKENING"通常是指_____。
    A. 某低气压移动缓慢，正在减弱　　B. 某高气压静止少动，正在减弱
    C. 某低气压静止少动，正在减弱　　D. 某高气压移动缓慢，正在减弱

第四节　气象传真图的识读

1. 地面传真天气图上，风力在8~9级时，警报符号是_____。
   A. [W]   B. [GW]
   C. [SW]   D. [TW]

2. 热带气旋引起的大风，地面传真图上警报[SW]表示风力_____。
   A. 8~9级   B. 10~11级
   C. ≥10级   D. 12级

3. 非热带气旋引起的大风，地面传真图上警报[SW]表示风力_____。
   A. 8~9级   B. 10~11级
   C. ≥10级   D. 12级

4. 地面传真天气图上"T"表示_____。
   A. 热带低压   B. 热带风暴
   C. 强热带风暴   D. 台风

5. 地面传真天气图上"TD"表示_____。
   A. 热带低压   B. 热带风暴
   C. 强热带风暴   D. 台风

6. 地面传真天气图上"TS"表示_____。
   A. 热带低压   B. 热带风暴
   C. 强热带风暴   D. 台风

7. 在东北太平洋和北大西洋[WH]表示_____。
   A. 台风警报   B. 飓风警报
   C. 风暴警报   D. 大风警报

8. 地面图上FOG[W]表示海面能见度_____。
   A. Vis<0.1 km   B. Vis<0.5 km
   C. 1 km<Vis<10 km   D. Vis<10 km

9. 地面传真分析图上热带气旋前方的预报圆表示未来其中心落入的概率约为_____。
   A. 100%   B. 80%
   C. 70%   D. 50%

10. 地面传真图上"STNR"或"ALMOST STNR"表示该系统_____。
　　A. 为新生　　　　　　　　　　B. 正在消亡
　　C. 情况不明　　　　　　　　　D. 移向不定,移速小于 5 kn
11. 地面传真图上表示气压系统移向箭矢旁边标注的"SLW"表示该系统_____。
　　A. 为新生系统　　　　　　　　B. 移速小于 5 kn
　　C. 情况不明　　　　　　　　　D. 移向不定,移速小于 5 kn
12. 地面传真图上标注的"NEW"表示该系统_____。
　　A. 为新生系统　　　　　　　　B. 移速小于 5 kn
　　C. 情况不明　　　　　　　　　D. 移向不定,移速小于 5 kn
13. 地面传真图上标注的"UKN"表示该系统_____。
　　A. 为新生系统　　　　　　　　B. 移速小于 5 kn
　　C. 情况不明　　　　　　　　　D. 移向不定,移速小于 5 kn
14. 天气报告或气象传真图上常以节为单位表示系统移速,其缩写符号_____。
　　A. 我国规定用 kn　　　　　　　B. 国外多用 kn
　　C. 我国规定用 KT 或 KTS　　　 D. 国外多用 n mile
15. 天气报告或气象传真图上常以节为单位表示系统移速,其缩写符号_____。
　　A. 我国规定用 KT 或 KTS　　　 B. 国外多用 kn
　　C. 我国规定用 n mile　　　　　 D. 国外多用 KT 或 KTS
16. 在与热带气旋配合使用时,[GW]表示_____。
　　A. 目前或预计 24 h 内热带气旋中心附近最大风力达到 8~9 级
　　B. 预计 48 h 内热带气旋中心附近最大风力可达到 8~9 级
　　C. 预计 24 h 内热带气旋中心附近最大风力达到 10~11 级
　　D. 热带气旋中心附近最大风力目前未达到 8~9 级,预计 24 h 内可达到 8~9 级
17. 在与热带气旋配合使用时,[SW]表示_____。
　　A. 目前热带气旋中心附近最大风力已达到 10~11 级
　　B. 预计 24 h 内热带气旋中心附近最大风力可达到 10~11 级
　　C. 目前或预计 24 h 内热带气旋中心附近最大风力达到 10~11 级
　　D. 热带气旋中心附近最大风力目前未达到 10~11 级,预计 24 h 内可达到 10~11 级
18. 在与热带气旋配合使用时,[TW]表示_____。
　　A. 目前热带气旋中心附近最大风力已达到 12 级
　　B. 预计 24 h 内热带气旋中心附近最大风力可达到 12 级
　　C. 目前或预计 24 h 内热带气旋中心附近最大风力达到 12 级
　　D. 热带气旋中心附近最大风力目前未达到 12 级,预计 24 h 内可达到 12 级
19. 在地面传真分析图上,与热带气旋配合使用时,[GW]_____。
　　A. 可能与 TS 或 TD 对应　　　 B. 可能与 T 或 STS 对应
　　C. 可能与 TS 或 STS 对应　　　D. 可能与 ST 对应
20. 在地面传真分析图上,在与热带气旋配合使用时,[SW]_____。
　　A. 可能与 TC 对应　　　　　　 B. 可能与 T 对应
　　C. 可能与 ST 对应　　　　　　 D. 可能与 STS 对应

21. 在地面传真分析图上,在与热带气旋配合使用时,[SW]_____。
    A. 可能与 ST 对应   B. 可能与 TS 对应
    C. 可能与 T 对应   D. 可能与 TC 对应

22. 在地面传真分析图上,在与热带气旋配合使用时,[TW]_____。
    A. 可能与 ST 或 STS 对应   B. 可能与 T 或 SST 对应
    C. 可能与 T 或 ST 对应   D. 可能与 T 或 STS 对应

23. 热带气旋中心位置定位精度说明中的"PSNFAIR"表示_____。
    A. 位置准确,误差小于 20 n mile   B. 位置较准确,误差 20~40 n mile
    C. 位置不准确,误差大于 40 n mile   D. 位置不准确,误差大于 50 n mile

24. 台风报告中"PSNPOOR"表示定位误差_____。
    A. 小于 20 n mile   B. 20~30 n mile
    C. 20~40 n mile   D. 大于 40 n mile

25. 台风报告中"PSNGOOD"表示定位误差_____。
    A. 小于 20 n mile   B. 20~30 n mile
    C. 20~40 n mile   D. 大于 40 n mile

26. 在台风报告中"UPGRADED FROM TS"表示该系统由_____。
    A. 台风减弱成热带风暴   B. 热带风暴加强发展而来
    C. 强热带风暴加强发展而来   D. 强热带风暴减弱而来

27. 在热带气旋报告中"DOWNGRADED FROM T"表示该系统由_____。
    A. 台风减弱而来   B. 热带风暴加强发展而来
    C. 强热带风暴加强发展而来   D. 强热带风暴减弱而来

28. 日本地面分析图上,每隔 5 条等压线有一条加粗线,其目的在于_____。
    A. 表示低压或高压的范围   B. 表示恶劣天气区
    C. 表示风大的区域   D. 看图时醒目

29. 日本传真地面分析图上,加粗线_____。
    A. 间隔是每隔 3 条等压线有一条
    B. 规定数值为:…960、980、1000、1020、1040…
    C. 间隔是每 4 条等压线有一条
    D. 规定数值为:940、970、1000、1030、1060

30. 国内地面天气图上两条相邻等压线的间隔一般为 2.5 hPa,一个中心气压值为 993 hPa 的低气压最里面一条闭合等压线的数值应为_____。
    A. 992.5 hPa   B. 995.0 hPa
    C. 997.5 hPa   D. 1000.0 hPa

31. 国外地面天气图上两条相邻等压线的间隔一般为 4 hPa,一个中心气压值为 993 hPa 的低气压最里面一条闭合等压线的数值应为_____。
    A. 988 hPa   B. 992 hPa
    C. 996 hPa   D. 1000 hPa

32. 国内地面天气图上两条相邻等压线的间隔一般为 2.5 hPa,一个中心气压值为 1023 hPa 的高气压最里面一条闭合等压线的数值应为_____。

A. 1022.5 hPa B. 1020.0 hPa
C. 1017.5 hPa D. 1015.0 hPa

33. 国外地面天气图上两条相邻等压线的间隔一般为 4 hPa，一个中心气压值为 1023 hPa 的高气压最里面一条闭合等压线的数值应为_____。
    A. 1024 hPa B. 1020 hPa
    C. 1016 hPa D. 1012 hPa

34. 在地面传真图上冷锋的符号为_____。
    A. 蓝色线条 B. 带有几个锯齿形符号的线条
    C. 加粗线 D. 带有几个半圆形符号的线条

35. 在地面传真图上暖锋的符号为_____。
    A. 红色线条 B. 带有几个半圆形符号的线条
    C. 带有几个锯齿形符号的线条 D. 加粗线

36. 在地面传真图上静止锋的符号为_____。
    A. 红、蓝双色线条
    B. 带有几个锯齿形符号的线条
    C. 两侧交替带有几个半圆形符号和锯齿形符号的线条
    D. 带有几个半圆形符号的线条

37. 在地面传真图上锢囚锋的符号为_____。
    A. 紫色线条
    B. 带有几个半圆形符号的线条
    C. 同侧交替带有几个半圆形符号和锯齿形符号的线条
    D. 带有几个锯齿形符号的线条

38. 日本 JMH 发布的热带气旋警报图 WTAS 中的实线圆表示_____。
    A. ≥8 级的实际大风区或预警报区 B. ≥10 级的实际大风区或预警报区
    C. 12 级风区 D. 热带气旋中心未来可能落入的范围

39. 日本 JMH 发布的热带气旋警报图 WTAS 中的断线(虚线)圆表示_____。
    A. ≥8 级风区 B. ≥10 级风区
    C. 12 级风区 D. 热带气旋中心未来可能落入的范围

40. 图名标题(图 6-7)表示_____。
    A. 台风地面分析图 B. 亚洲台风地面分析图
    C. 亚洲台风预报图 D. 台风地面预报图

41. 根据图 6-7，下列说法正确的是_____。
    A. "WT"表示地面分析，"AS"表示亚洲
    B. "WT"表示台风警报，"AS"表示亚洲
    C. "07"表示第七张
    D. "JMH"表示北京传真广播台

42. 图名标题(图 6-7)表示_____。
    A. 07 时台风地面分析图 B. 亚洲 07 时台风预报图
    C. 亚洲 72 h 台风预报图 D. 07 时台风地面预报图

43. 图名标题(图 6-7)中发布预报时间和有效预报时间分别为_____。
   A. 北京时间 1999 年 6 月 5 日 00 时和 8 日 00 时
   B. 北京时间 1999 年 6 月 5 日 08 时和 8 日 08 时
   C. 世界时 1999 年 6 月 5 日 00 时和 7 日 00 时
   D. 世界时 1999 年 7 月 5 日 00 时和 8 日 00 时

```
WTAS07              JMH
050000Z   JUN.   1999
TYPHOON FORECAST
```

图 6-7

44. 北太平洋海浪分析图的图名标题缩写为_____。
   A. AWPA   B. ASPN
   C. AWPN   D. FUAS

45. 波浪分析图上的等波高线是_____。
   A. 风浪高   B. 涌浪高
   C. 有效波高   D. 合成波高

46. 海浪图中的主波向表示_____。
   A. 风浪传播方向   B. 风浪和涌浪中波高最大者的传播方向
   C. 涌浪传播方向   D. 风浪和涌浪合成波的传播方向

47. JMH 波浪分析图(AWPN)上的气象分析项目有_____。
   A. 等波高线、主波向、乱波海域、重要天气区
   B. 高压、低压、热带气旋的中心位置、气压值、移向和移速
   C. 高压、低压、热带气旋的中心位置和气压值,锋线类型与当前位置
   D. 高压、低压、热带气旋的中心位置和气压值,锋线当前位置与过去位置

48. JMH 波浪分析图(AWPN)上的海况分析项目有_____。
   A. 等波高线、主波向、乱波海域
   B. 高压、低压、热带气旋的中心位置和移向移速,锋线类型与位置
   C. 高压、低压、热带气旋的中心位置和气压值,锋线当前位置与过去位置
   D. 重要天气区

49. JMH 波浪分析图上填绘的测站资料包括_____。
   A. 船(站)位及呼号、风向、风速、云量、云状
   B. 船(站)位及呼号、气温、天气现象
   C. 风浪向、涌浪向、风浪高、涌浪高、风浪周期、涌浪周期
   D. 船(站)位及呼号、水温

50. JMH 波浪分析图上填绘的测站资料包括_____。
   A. 船(站)位及呼号、风向、风速
   B. 船(站)位及呼号、云量、云状
   C. 风浪向、涌浪向、风浪高、涌浪高、风浪周期、涌浪周期、水温

D. 船(站)位及呼号、气温、天气现象

51. JMH 波浪分析图上填绘的测站资料中_____。
    A. 风浪高的单位为米,精确到整数,周期的单位为秒
    B. 风浪高的单位为厘米,精确到整数,周期的单位为秒
    C. 涌浪高的单位为米,精确到小数1位,周期的单位为秒
    D. 涌浪高的单位为厘米,精确到小数1位,周期的单位为秒

52. JMH 波浪分析图上填绘的测站资料中_____。
    A. 风浪高的单位为米,精确到小数1位,周期的单位为秒
    B. 风浪高的单位为米,精确到整数,周期的单位为秒
    C. 涌浪高的单位为厘米,精确到小数1位,周期的单位为秒
    D. 涌浪高的单位为厘米,精确到整数,周期的单位为秒

53. 波浪分析图上的等波高线是根据_____绘制出来的。
    A. 风浪高与涌浪高的平均值
    B. 风浪高与涌浪高两者较大者
    C. 风浪高与涌浪高两者平方和的平方根
    D. 风浪高与涌浪高两者平方和的平均值

54. 大洋波浪分析图上的主波向常用符号= = >表示,其含义是表示_____。
    A. 风浪的方向   B. 涌浪的方向
    C. 风浪和涌浪的合成波方向   D. 风浪和涌浪中波高最大者的方向

55. 通常传真波浪分析图的图题代号为_____。
    A. AW   B. FW
    C. AU   D. FU

56. 北太平洋海浪预报图的图名标题缩写为_____。
    A. ASAS   B. FUAS
    C. AWPN   D. FWPN

57. 传真波浪预报图上的等波高线,采用的波高是_____。
    A. 风浪和涌浪的平均浪高   B. 主浪高
    C. 风浪和涌浪的合成波高   D. 有效波高

58. FWPN 图上的有效波高 $H_{1/3}$ _____。
    A. 是通过波谱分析等方法计算得到的
    B. 是有经验的观测者目测后外推得到的
    C. 风浪与涌浪的合成波高
    D. 风浪高

59. JMH 波浪预报图 FWPN 上的气象分析项目有_____。
    A. 等波高线、主波向、乱波海区
    B. 等波高线、等水温线、主波向
    C. 高压、低压、热带气旋的中心位置和气压值,锋线类型与位置
    D. 高压、低压、热带气旋的中心位置和移向移速,锋线类型与位置

60. JMH 波浪预报图 FWPN 上的海况分析项目有_____。

A. 乱波海域、等水温线

B. 等波高线、主波向

C. 高压、低压、热带气旋的中心位置和移向移速,锋线类型与位置

D. 高压、低压、热带气旋的中心位置和气压值,锋线当前位置与预测位置

61. 下列说法正确的是_____。

A. AWPN 图上的等波高线是主波高

B. AWPN 图上的等波高线是有效波高($H_{1/3}$)

C. FWPN 图上的等波高线是有效波高($H_{1/3}$)

D. FWPN 图上的等波高线是主波高

62. 下列说法正确的是_____。

A. AWPN 图上的等波高线是有效波高($H_{1/3}$),是理论计算得到的

B. AWPN 图上的等波高线是合成波高(H_E),是实际观测得到的

C. FWPN 图上的等波高线是有效波高($H_{1/3}$),是实际观测得到的

D. FWPN 图上的等波高线是合成波高(H_E),是实际观测得到的

63. 海洋波浪实况分析图给航海者提供以下有用的资料_____。
①高、低气压的中心位置和强度;②锋面的位置;③等波高线及主波方向;④大风浪警报区;⑤一些测站的波浪观测要素;⑥气压系统的移向

A. ①②④⑥ B. ①②④⑤⑥

C. ①②③⑤ D. ①③④⑤⑥

64. FOG[W]表示能见度为_____。

A. 0.5~5 n mile B. 小于 0.3 n mile

C. 小于 2 n mile D. 2~5 n mile

65. 在地面分析图中 FOG[W]的含义是_____。

A. 大风警报 B. 一般警报

C. 浓雾警报 D. 风暴警报

66. "STNR"的含义是指气压系统_____。

A. 准静止 B. 新生

C. 情况不明 D. 移速不定

67. 地面传真天气图上,[SW]警报是_____。

A. 大风 B. 风暴

C. 台风 D. 浓雾

68. 地面传真天气图上,标有"STS"符号的含义是_____。

A. 热带风暴 B. 风暴警报

C. 强热带风暴 D. 大风警报

69. 在海上,当某一海区风力达 8~9 级时,气象部门就发布_____。

A. 台风警报 B. 风暴警报

C. 大风警报 D. 一般警报

第五节　气象传真图综合分析和应用

根据所附传真天气图(图 6-8)回答下列问题:

1. 地面分析图中标明的浓雾警报符号共有_____。
    A. 1 处　　　　　　　　　　　　B. 2 处
    C. 3 处　　　　　　　　　　　　D. 4 处
2. 地面分析图中造成最大浪高的天气系统是_____。
    A. 温带气旋　　　　　　　　　　B. 热带风暴
    C. 强热带风暴　　　　　　　　　D. 台风
3. 从地面图中分析未来我国大部分地区主要受何天气系统影响?
    A. 热带气旋　　　　　　　　　　B. 冷高压
    C. 温带气旋　　　　　　　　　　D. 锋面气旋
4. 地面分析图上中心位于 50°N、164°E 附近海域的天气系统当时造成的最大浪高为_____。
    A. >8 m　　　　　　　　　　　　B. 6~7 m
    C. 5~6 m　　　　　　　　　　　D. 4~5 m
5. 在波浪分析图中位于 21°N、116°E 处测站的涌浪和风浪高分别为_____。
    A. 1.5 m、1.0 m　　　　　　　　B. 0.5 m、0.5 m
    C. 1.5 m、0.5 m　　　　　　　　D. 0.5 m、1.5 m
6. 在波浪分析图中位于 21°N、116°E 处测站的浪向和涌向分别为_____。
    A. E、W　　　　　　　　　　　　B. W、W
    C. W、E　　　　　　　　　　　　D. E、E
7. 地面分析图上位于 50°N、164°E 海域的天气系统造成的最大浪区主要位于其什么部位?
    A. 西部　　　　　　　　　　　　B. 东部
    C. 北部　　　　　　　　　　　　D. 南部
8. 地面分析图中正位于 50°N、150°E 海面的船舶观测到的实际风向为_____。
    A. SW　　　　　　　　　　　　　B. SE
    C. NW　　　　　　　　　　　　　D. NE
9. 地面分析图中 24°N 145°E 观测站上风向风速是_____。
    A. N 10 KT　　　　　　　　　　B. N 10 m/s
    C. S 20 KT　　　　　　　　　　D. NE 15 KT
10. 地面分析图中某船位于 30°N、170°E,实测的天气为_____。
    A. 天晴、风小、气温低、海浪大　　B. 天阴、风大、气温高、海浪小
    C. 下雨、风小、气温高、海浪大　　D. 天晴、风小、气温低、海浪小

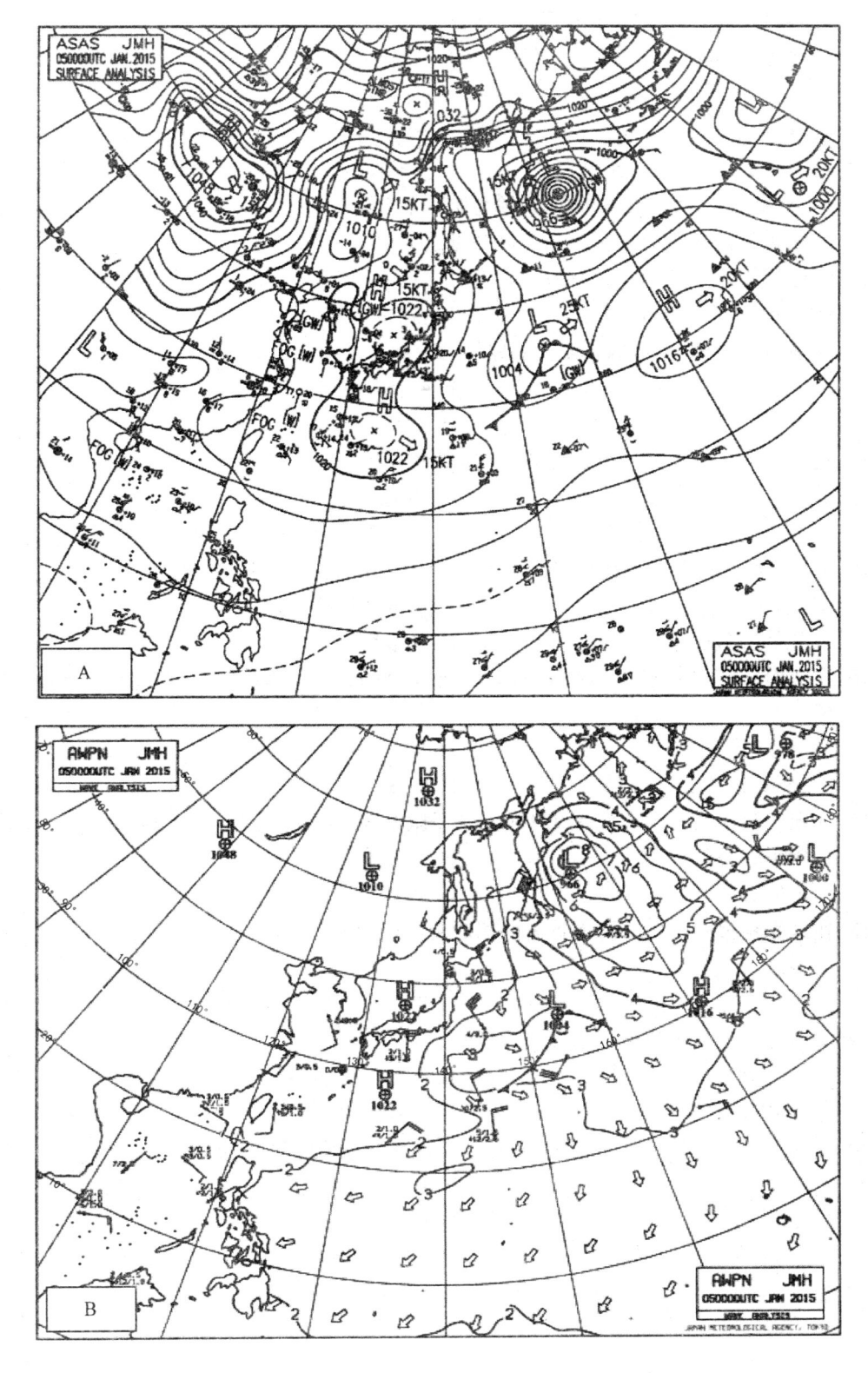

图 6-8

根据所附传真天气图(图6-9)回答下列问题:

11. 地面分析图中造成[SW]警报的天气系统是_____。
    A. 冷高压   B. 热带风暴
    C. 锋面气旋   D. 热带气旋

12. 地面分析图中[SW]警报表示_____。
    A. 未来锋面气旋中心附近最大风力10~11级
    B. 目前锋面气旋中心附近最大风力可达到10~11级
    C. 未来锋面气旋中心附近最大风力可达到≥10级
    D. 目前锋面气旋中心附近最大风力已达到≥10级

13. 从地面图中分析,影响东亚大陆地区的冷高压系统有几个中心?
    A. 1个中心   B. 4个中心
    C. 2个中心   D. 3个中心

14. 地面分析图中多个气压系统旁标注"ALMOST STNR",表示该系统_____。
    A. 移向不定,移速大于5 kn   B. 移向不定,移速小于5 km
    C. 移向确定,移速小于5 kn   D. 移向不定,移速小于5 kn

15. 在地面分析图中台湾海峡至菲律宾一带用波折线围成的区域属于_____。
    A. 大风警报区   B. 浓雾警报区
    C. 风暴警报区   D. 大浪警报区

16. 在地面分析图中位于42°N、156°E处海面的锋面气旋预计未来24 h中心气压降低_____。
    A. 10 hPa   B. 20 hPa
    C. 15 hPa   D. 8 hPa

17. 在地面预报图上中心气压982 hPa的低压系统24 h前的中心气压值为_____。
    A. 968 hPa   B. 980 hPa
    C. 978 hPa   D. 958 hPa

18. 在地面预报图中位于海南近海的船舶观测到的实际风向为_____。
    A. SE   B. NE
    C. NW   D. SW

19. 从地面图中分析热带低压如何演变?
    A. 静止强度不变   B. 西移强度减弱
    C. 西移强度不变   D. 东移强度不变

20. 地面分析图中位于42°N、156°E处的锋面气旋造成的最大风力为_____。
    A. 9级   B. 10级
    C. ≥12级   D. 11级

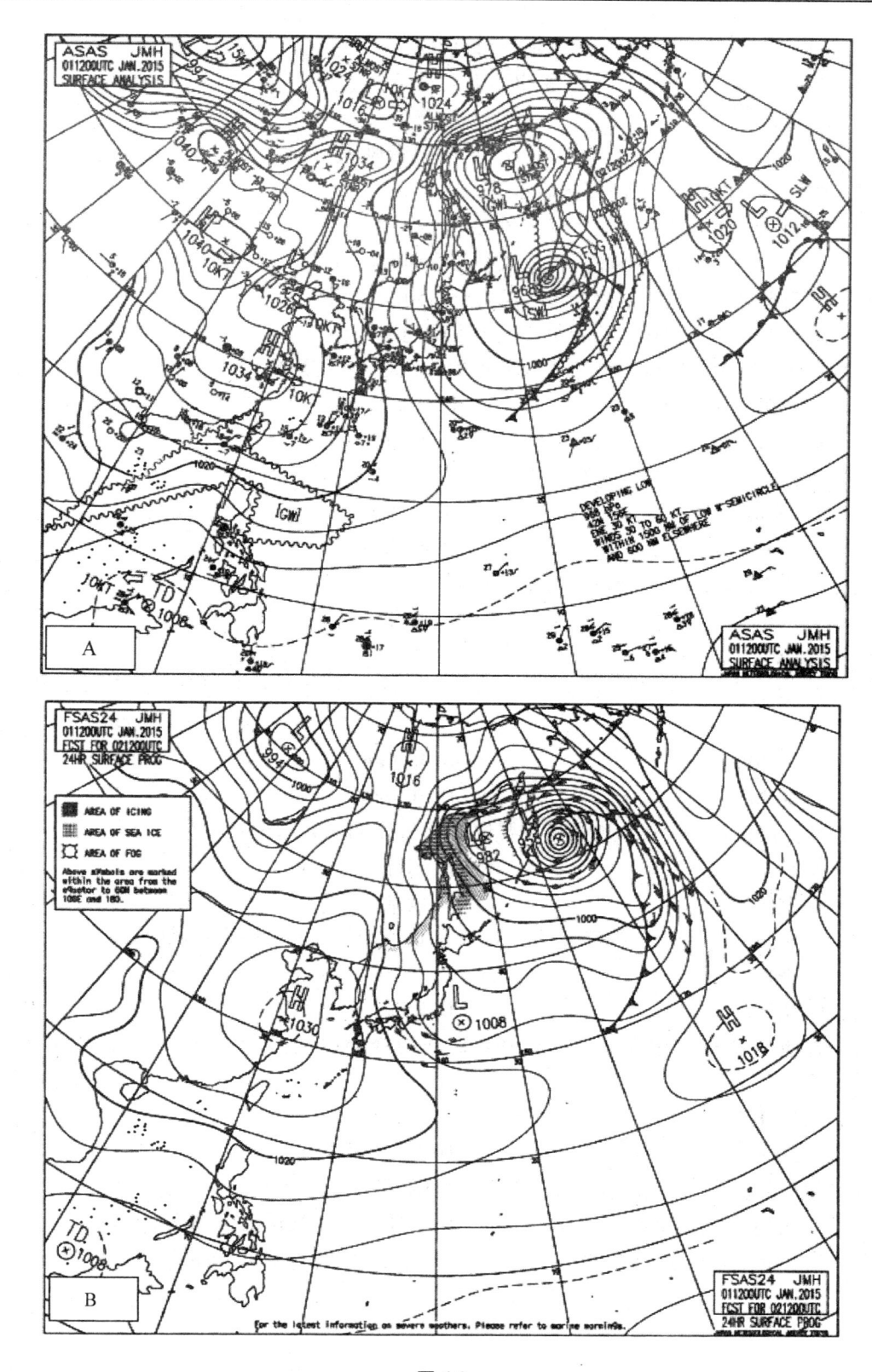

第六章 航海气象信息的分析和应用

图 6-9

根据所附传真天气图(图 6-10)回答下列问题:

21. 在地面分析图中造成[SW]警报的天气系统是_____。
    A. 锋面气旋　　　　　　　　B. 热带气旋
    C. 冷高压　　　　　　　　　D. 热带风暴

22. 在地面分析图中[SW]警报表示_____。
    A. 目前热带气旋中心附近最大风力 10～11 级
    B. 目前锋面气旋中心附近最大风力可达到 10～11 级
    C. 目前锋面气旋中心附近最大风力已达到≥10 级
    D. 目前热带气旋中心附近最大风力可达到≥10 级

23. 从地面图中分析我国大部分地区主要受何天气系统影响?
    A. 热带气旋　　　　　　　　B. 冷高压
    C. 温带气旋　　　　　　　　D. 锋面气旋

24. 在波浪预报图上最大浪高为_____。
    A. >8 m　　　　　　　　　　B. 6～7 m
    C. 5～6 m　　　　　　　　　D. 4～5 m

25. 在波浪预报图中最大浪高附近的浪向为_____。
    A. SW　　　　　　　　　　　B. E
    C. NW　　　　　　　　　　　D. W

26. 在地面分析图中位于 37°N、151°E 处的锋面气旋预计未来 24 h 中心气压降低_____。
    A. 24 hPa　　　　　　　　　B. 48 hPa
    C. 60 hPa　　　　　　　　　D. 70 hPa

27. 在波浪预报图中最大浪高区主要位于天气系统的什么部位?
    A. 西部　　　　　　　　　　B. 东部
    C. 北部　　　　　　　　　　D. 南部

28. 在地面分析图中正位于 40°N、170°W 海面的船舶观测到的实际风向为_____。
    A. SSE　　　　　　　　　　　B. WNW
    C. NNW　　　　　　　　　　D. ESE

29. 在地面分析图中位于 37°N、151°E 处的锋面气旋预计未来 12 h 造成最大风速为_____。
    A. 30 KT　　　　　　　　　　B. 75 KT
    C. 30 m/s　　　　　　　　　D. 30～75 KT

30. 地面分析图中某船位于 37°N、175°E 海域,实测的天气为_____。
    A. 天晴、风小、气温低、海浪小　　B. 天阴、风大、气温高、海浪小
    C. 下雨、风小、气温高、海浪大　　D. 天晴、风小、气温低、海浪大

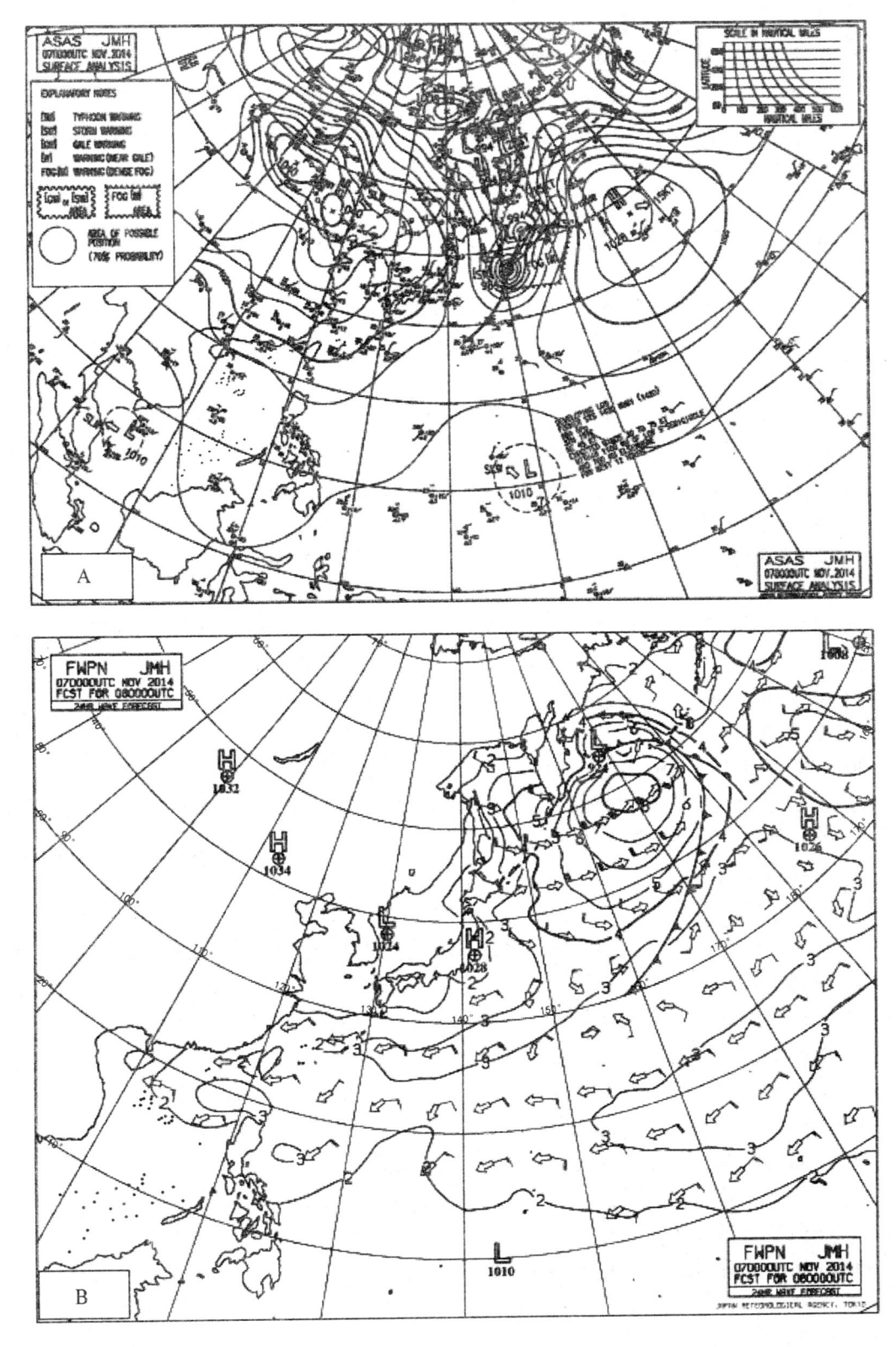

图 6-10

根据所附传真天气图(图6-11)回答下列问题：

31. 在地面图中渤海及我国北方地区的气压场形势为_____。
    A. 西北低东南高,气压梯度指向海洋   B. 北低南高,气压梯度指向陆地
    C. 西北高东南低,气压梯度指向海洋   D. 西北高东南低,气压梯度指向陆地

32. 在地面图中我国东部沿海有浓雾警报,根据天气形势判断未来12~24 h雾将如何变化?
    A. 雾将持续   B. 雾将自北向南消散
    C. 雾将减轻   D. 雾将自南向北消散

33. 根据附图分析热带气旋未来24 h将如何变化?
    A. 加深,气压降低4 hPa,风力增大5 KT
    B. 加深,气压降低8 hPa,风力增大5 KT
    C. 加深,气压降低10 hPa,风力增大5 KT
    D. 减弱,气压升高4 hPa,风力增大5 KT

34. 在地面分析图中,位于40°N、170°E处的船舶观测的地转风向和实际风向应为_____。
    A. SE、ESE   B. NW、NNW
    C. SE、SSE   D. NW、WNW

35. 在地面分析图中位于36°N、149°E处锋面气旋未来24 h将造成大浪区域和最大浪高为_____。
    A. 东南、6 m   B. 东南、7 m
    C. 西南、8 m   D. 西南、7 m

36. 在海浪浪预报图中,温带气旋造成的浪区与热带气旋造成的浪区相比具有_____。
    ①浪区分布不对称;②浪区分布对称;③大浪范围大;④大浪范围小;⑤最大浪高大;⑥系统中心南侧的浪大于北侧
    A. ②④⑤④   B. ①③⑤
    C. ①③⑤⑥   D. ①③⑥

37. 在海浪浪预报图中,我国南海出现大范围3 m浪高区由什么天气系统造成?
    A. 南下冷高压和热带风暴   B. 南下冷高压和温带风暴
    C. 热带风暴和温带风暴   D. 热带风暴和副热带高压

38. 根据附图分析锋面气旋如何演变?
    A. 快速东移,强度增强   B. 缓慢东移,强度增强
    C. 快速东移,强度少变   D. 缓慢东移,强度少变

39. 某船停靠大连港,预计未来24 h船舶将观测到_____。
    A. 气压下降,风力减弱   B. 气压上升,风力增大
    C. 气压上升,风力减弱   D. 气压下降,风力增大

40. 在地面分析图中某船位于34°N、166°E,实测的天气为_____。
    A. 天晴、风小、气温低、海浪大   B. 天晴、风小、气温低、海浪小
    C. 阴雨、风小、气温高、海浪大   D. 天阴、风大、气温高、海浪小

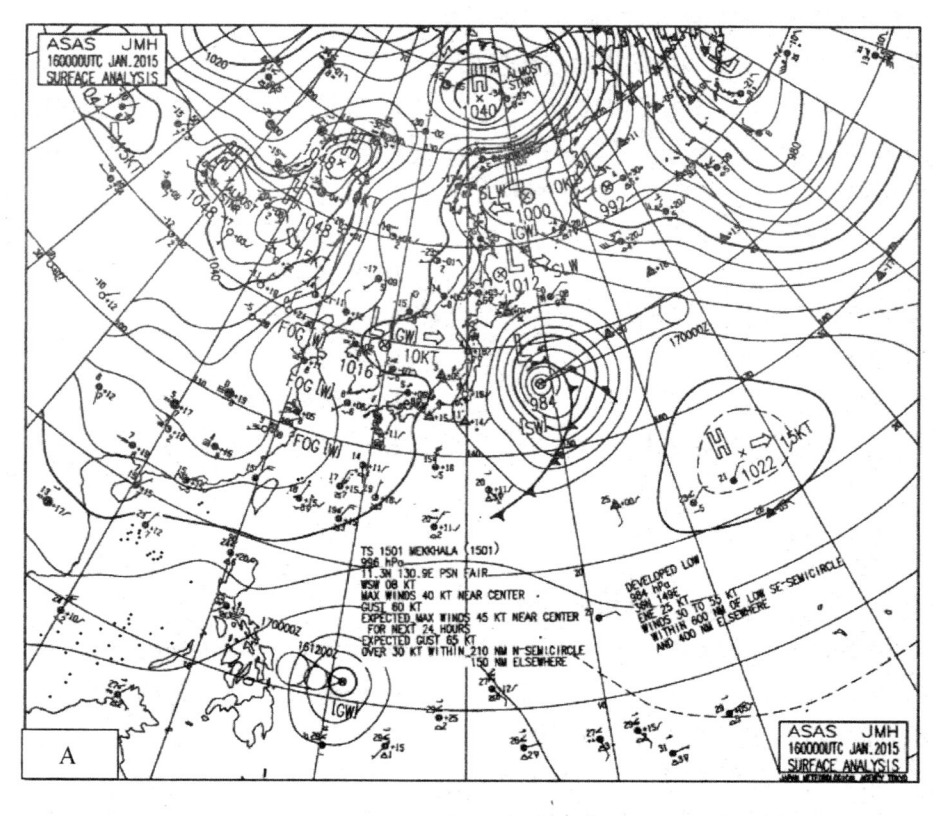

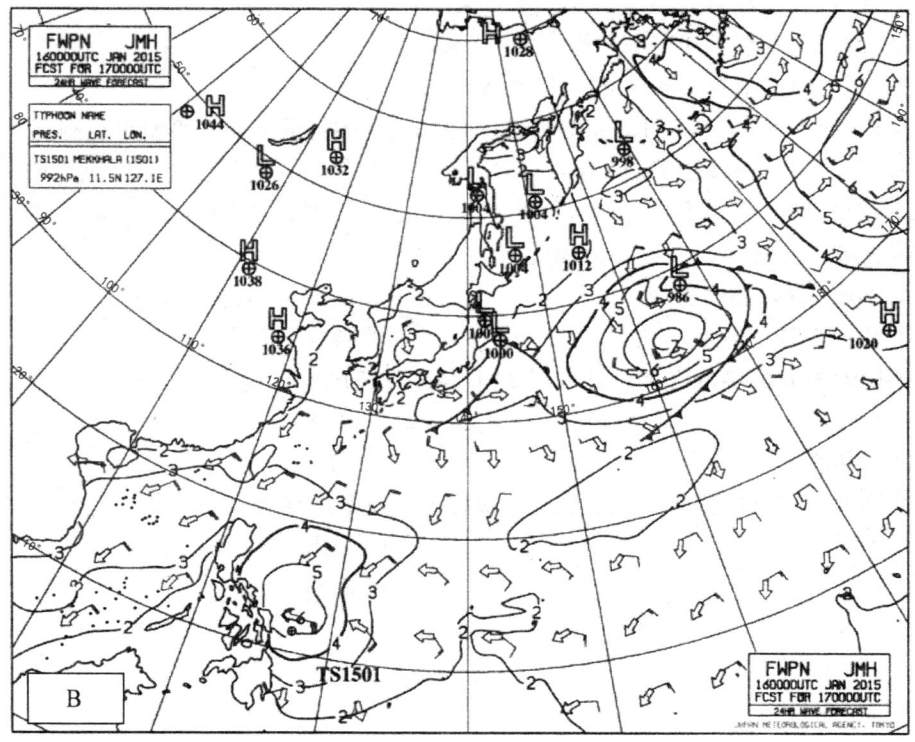

图 6-11

根据所附传真天气图(图 6-12)回答下列问题：

41. 在地面预报图中我国南部沿海气压场形势为_____。
    A. 北高南低,气压梯度指向大陆
    B. 东北低西南高,气压梯度指向海洋
    C. 北高南低,气压梯度指向海洋
    D. 西北高东南低,气压梯度指向海洋

42. 根据地面图分析,锋面气旋造成的最大风速_____。
    A. 小于 8 级
    B. 大于等于 10 级
    C. 为 8~9 级
    D. 为 10~11 级

43. 在地面分析图中造成[SW]警报的天气系统是_____。
    A. 锋面气旋
    B. 热带气旋
    C. 冷高压
    D. 温带气旋

44. 在地面预报图中正位于 50°N、160°E 处的船舶观测到的地转风和实际风向分别为_____。
    A. SE、SSE
    B. SE、ESE
    C. NW、WNW
    D. NW、NNW

45. 根据地面图分析蒙古冷高压如何演变？
    A. 缓慢南下,强度减弱
    B. 快速南下,强度加强
    C. 静止少动,强度减弱
    D. 缓慢南下,强度加强

46. 根据附图分析热带气旋如何演变？
    A. 加深,气压降低 4 hPa,风力增大 5 KT
    B. 加深,气压降低 8 hPa,风力增大 5 KT
    C. 加深,气压降低 10 hPa,风力增大 5 KT
    D. 减弱,气压升高 4 hPa,风力增大 5 KT

47. 某轮 2015 年 1 月 15 日北京时间 20 时位于大连港,预计未来船舶将观测到_____。
    A. 气温降低,气压上升,风力减弱
    B. 气温降低,气压上升,风力增大
    C. 气温降低,气压下降,风力增大
    D. 气温升高,气压上升,风力增大

48. 根据附图分析锋面气旋如何演变？
    A. 缓慢东移,强度少变
    B. 缓慢东移,强度增强
    C. 快速东移,强度少变
    D. 快速东移,强度增强

49. 根据附图分析热带气旋预计未来 24 h 最大阵风风速将达_____。
    A. 65 KT
    B. 60 KT
    C. 45 KT
    D. 70 KT

50. 根据地面图分析锋面气旋造成的 7 级以上大风范围最大位于气旋中心的_____。
    A. 西北
    B. 东南
    C. 东北
    D. 西南

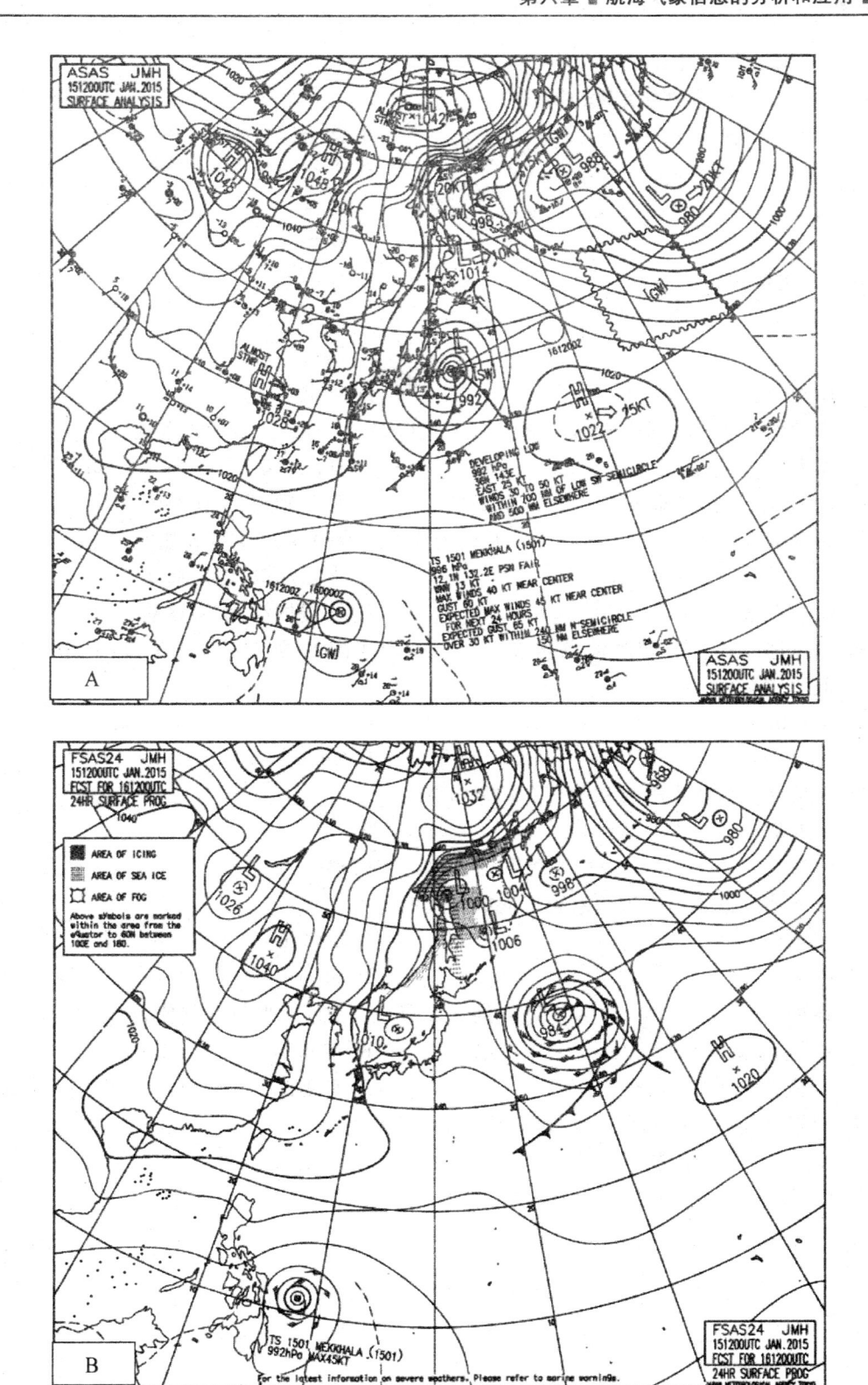

第六章 航海气象信息的分析和应用

图 6-12

根据所附传真天气图(图 6-13)回答下列问题:

51. 在地面分析图中有关风的警报有_____。
    A. 两个风暴警报、两个大风警报　　　B. 两个风暴警报、一个大风警报
    C. 一个风暴警报、一个大风警报　　　D. 一个风暴警报、两个大风警报

52. 在海浪预报图上中心位于长江口的天气系统 24 h 前的中心气压值应为_____。
    A. 1034 hPa　　　B. 1030 hPa
    C. 1026 hPa　　　D. 1006 hPa

53. 从地面分析图中,控制我国大部分地区的天气系统属于_____。
    A. 弱冷高压　　　B. 温带气旋
    C. 强冷高压　　　D. 冷低压

54. 在地面分析图中多个气压系统旁标注"ALMOST STNR",表示该系统_____。
    A. 移向不定,移速小于 5 kn　　　B. 移向不定,移速小于 5 km
    C. 移向不定,移速小于 1 kn　　　D. 移向确定,移速小于 5 kn

55. 在地面分析图中位于 30°N、137°E 处的锋面气旋预计未来 24 h 如何变化?
    A. 强度不变,快速移动　　　B. 强烈加深,缓慢移动
    C. 强烈加深,快速移动　　　D. 缓慢加深,缓慢移动

56. 根据地面分析图和海浪预报图判断,控制我国的冷高压计未来 24 h 中心气压降低_____。
    A. 6 hPa　　　B. 4 hPa
    C. 10 hPa　　　D. 2 hPa

57. 在地面分析图中渤海和黄海实际风向应为_____。
    A. NW　　　B. SE
    C. W　　　D. SW

58. 在海浪预报图上由天气系统造成的最大浪高为_____。
    A. 4~5 m　　　B. 6~7 m
    C. 5~6 m　　　D. >8 m

59. 在海浪预报图上由天气系统造成的 6 m 以上大浪区主要位于其什么部位?
    A. 西南部　　　B. 东北部
    C. 西北部　　　D. 东南部

60. 根据地面分析图和海浪预报图分析,位于北太平洋的高压系统 24 h 内如何演变?
    A. 向东北移动,强度减弱　　　B. 向东移动,强度减弱
    C. 向东北移动,强度不变　　　D. 向东移动,强度加强

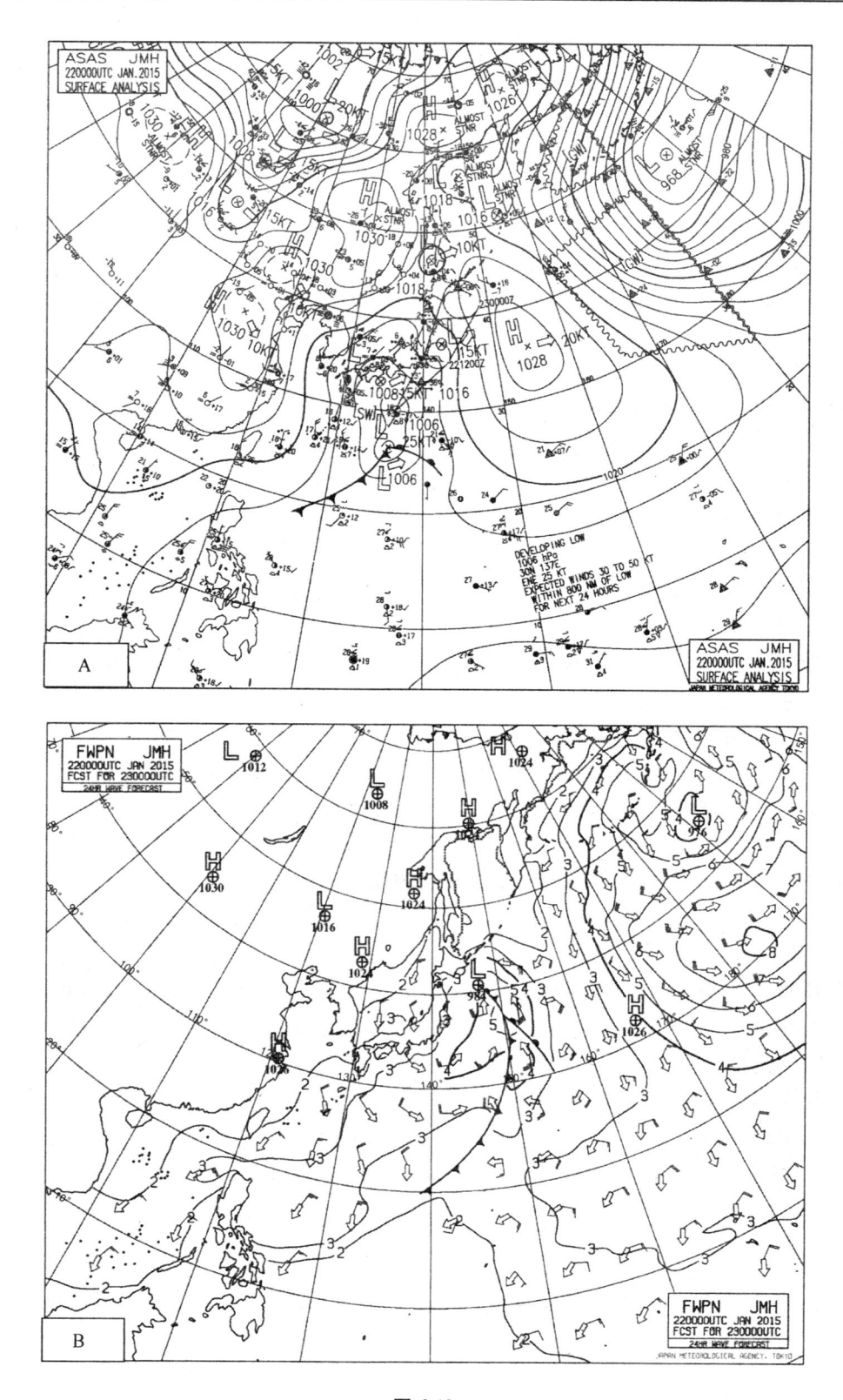

图 6-13

根据所附传真天气图(图6-14)回答下列问题:

61. 从传真图中分析,影响我国的冷高压系统预计未来24 h中心气压值将_____。
    A. 下降1048 hPa   B. 下降12 hPa
    C. 升高12 hPa   D. 升高10 hPa

62. 从传真图中分析,预计未来24 h黄海的风力将达到_____。
    A. 小于6级   B. 6~7级
    C. 8~9级   D. 大于等于10级

63. 从传真图中分析,未来控制我国大部分地区的天气系统属于_____。
    A. 弱冷高压   B. 温带气旋
    C. 强冷高压   D. 冷低压

64. 在地面分析图中由热带气旋引起的最大风速和阵风风速分别为_____。
    A. 50 kn、35 kn   B. 35 kn、50 kn
    C. 35 km、50 km   D. 50 KT、35 KT

65. 在地面分析图中位于45°N、155°E处的锋面气旋预计未来24 h中心气压降低_____。
    A. 6 hPa   B. 10 hPa
    C. 20 hPa   D. 18 hPa

66. 根据地面分析图和海浪预报图判断,未来24 h热带气旋将如何演变?
    A. 移向偏东,强度减弱   B. 移向偏西,强度不变
    C. 移向偏东,强度不变   D. 移向偏西,强度增强

67. 在地面分析图中位于40°N、180°处海域的地转风和实际风向应为_____。
    A. NW、WNW   B. NW、NNW
    C. SE、SSE   D. W、WSW

68. 在海浪预报图上由天气系统造成的最大浪高为_____。
    A. 4~5 m   B. 6~7 m
    C. 5~6 m   D. >8 m

69. 在海浪预报图上由天气系统造成的6 m以上大浪区主要位于其什么部位?
    A. 南部   B. 北部
    C. 西南部   D. 东南部

70. 在海浪预报图上我国海域的最大浪高出现在_____。
    A. 渤海、3 m   B. 南海、3 m
    C. 北太平洋、8 m   D. 东海、3 m

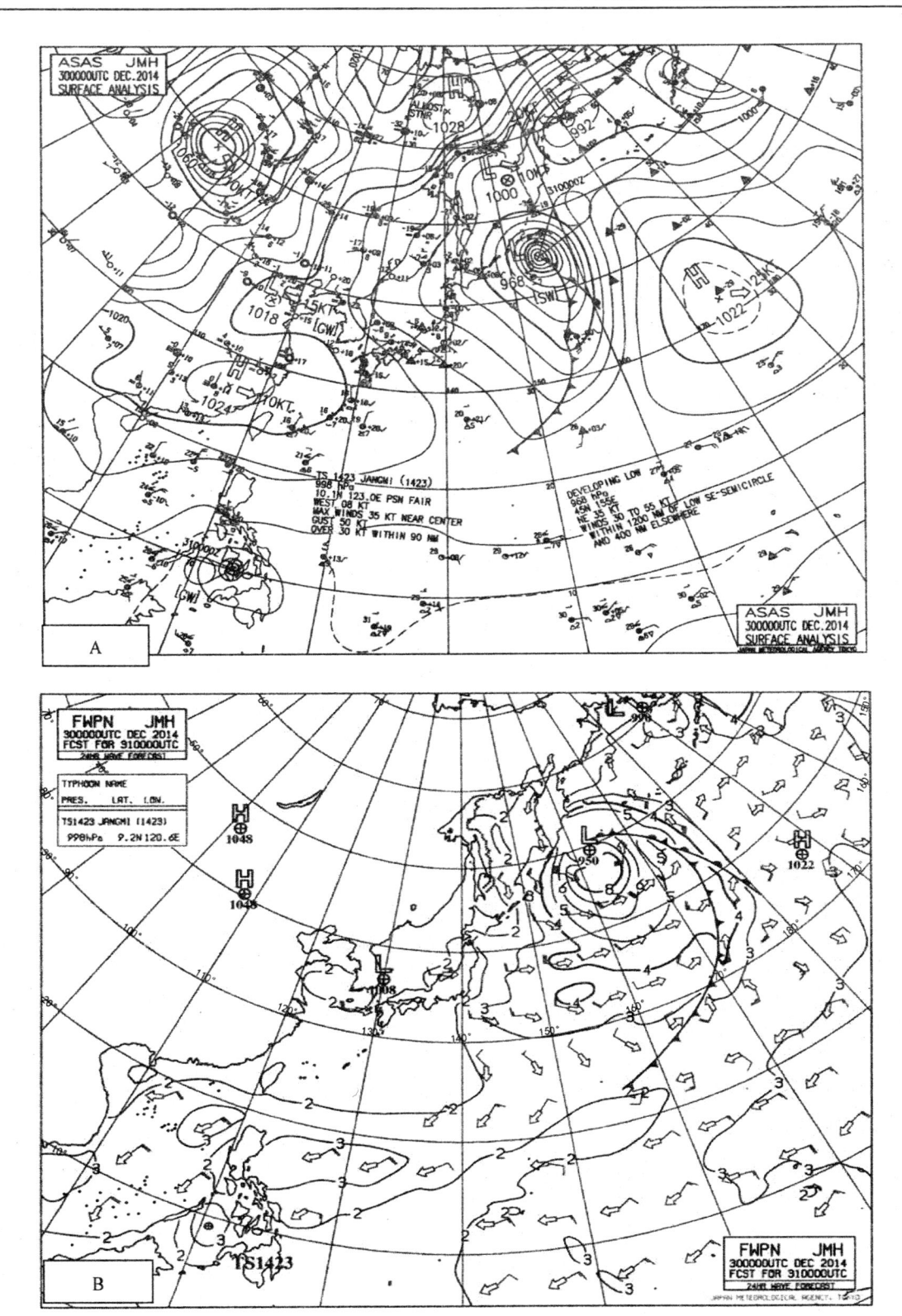

第六章 航海气象信息的分析和应用

图 6-14

根据所附传真天气图(图6-15)回答下列问题：

71. 地面实况图上位于格陵兰东南方的天气系统是一个_____。
    A. 热带气旋   B. 温带气旋
    C. 温带反气旋   D. 副热带反气旋

72. 地面实况图上位于格陵兰东南方的天气系统当时的中心气压值为_____。
    A. 964 hPa   B. 957 hPa
    C. 971 hPa   D. 968 hPa

73. 地面实况图上位于格陵兰东南方的天气系统造成的最大风力为_____。
    A. 大于等于10级   B. 10~11级
    C. 8~9级   D. 不能判定

74. 地面实况图上位于格陵兰东南方的天气系统造成的最大风力区主要位于其什么部位？
    A. 前部   B. 后部
    C. 北部   D. 东南部

75. 地面实况图上位于格陵兰东南方的天气系统当时造成的最大浪高为_____。
    A. 12.5 m   B. 12 m
    C. 11 m   D. 10 m

76. 地面实况图上位于格陵兰东南方的天气系统当时造成的最大浪高区位于其什么部位？
    A. 中心附近   B. 中心南侧
    C. 中心北侧   D. 中心西侧

77. 地面实况图上位于格陵兰东南方的天气系统24 h后的中心气压值将_____。
    A. 降低   B. 升高
    C. 不变   D. 不明

78. 地面实况图上位于34°N、59°W的低压当时的最大风力为_____。
    A. 大于等于12级   B. 10~11级
    C. 8~9级   D. 小于等于7级

79. 地面实况图上位于34°N、59°W的低压当时造成的最大浪高为_____。
    A. 大于等于4 m   B. 4 m
    C. 3~4 m   D. 3 m

80. 地面实况图上位于34°N、59°W的低压24 h后强度将如何变化？
    A. 明显增强   B. 基本不变
    C. 明显减弱   D. 不能看出

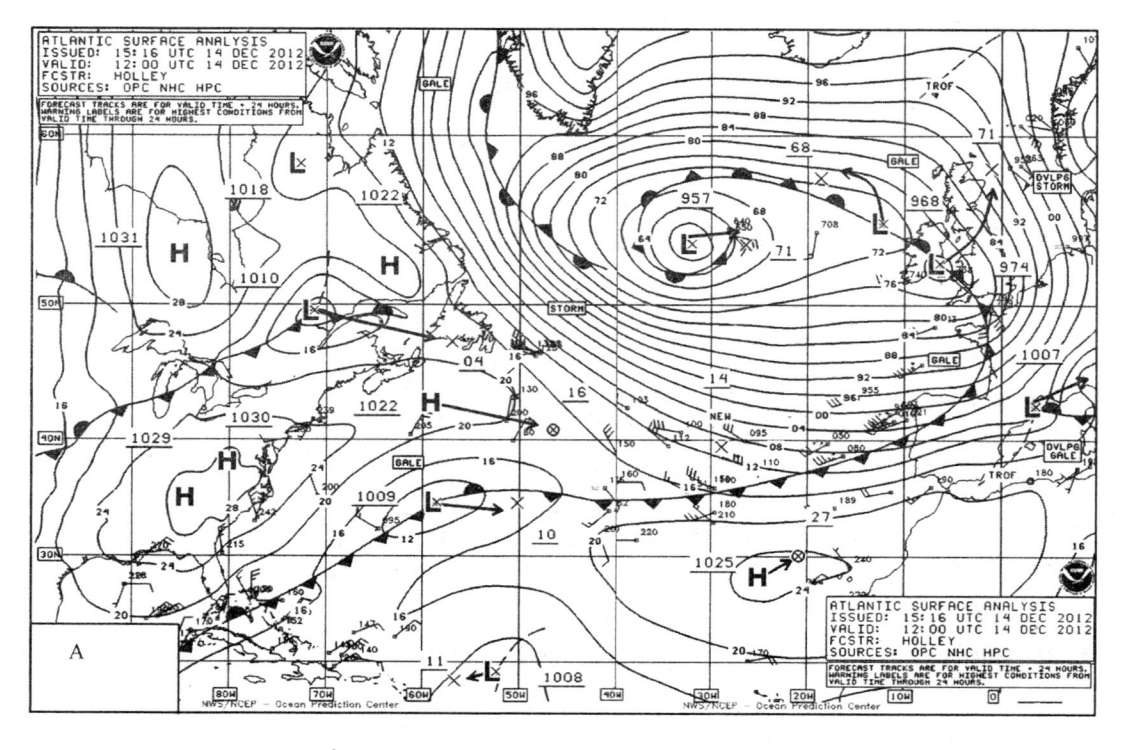

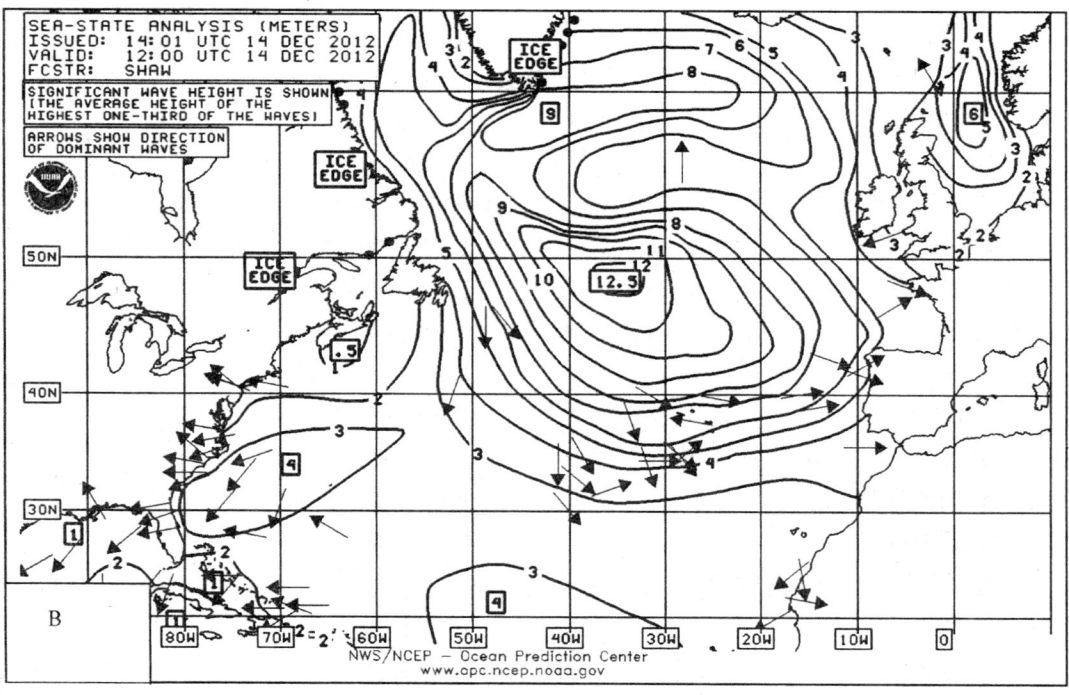

图 6-15

根据所附传真天气图(图6-16)回答下列问题：

81. 所给地面图上的气压场、风场和锋面等信息为_____。
    A. 2012年12月5日1434UTC的实况
    B. 2012年12月5日1200UTC预报的48 h后的情况
    C. 2012年12月7日1200UTC的实况
    D. 2012年12月7日0000UTC预报的48 h后的情况

82. 地面图上位于北太平洋中部的天气系统是一个_____。
    A. 台风   B. 强热带风暴
    C. 热带风暴   D. 温带气旋

83. 地面图上位于北太平洋中部的天气系统下一个24 h强度将_____。
    A. 加深   B. 减弱
    C. 维持不变   D. 不能判定

84. 地面实况图上位于北太平洋中部的天气系统那时的最大风力为_____。
    A. 大于等于12级   B. 11级
    C. 10级   D. 8~9级

85. 地面实况图上位于北太平洋中部的天气系统中心东侧的"DVLPG HUECN FORCE"表示_____。
    A. 那时风力为≥12级   B. 未来24 h内风力将加大到≥12级
    C. 那时风力为10~11级   D. 未来24 h内风力将加大到10~11级

86. 地面图上位于北太平洋中部的天气系统那时造成的最大浪高为_____。
    A. 10 m   B. 8 m
    C. 7 m   D. 6~7 m

87. 地面实况图上位于北太平洋中部的天气系统那时造成的最大浪高区位于其什么部位？
    A. 中心附近   B. 中心的NNW方向
    C. 系统东部   D. 系统北侧

88. 地面实况图上位于北太平洋中部的天气系统那时的移向为_____。
    A. N   B. NE
    C. E   D. SE

89. 地面图上位于40°N,134°W附近的高压未来24 h的移动情况为_____。
    A. 向西移动   B. 向北移动
    C. 原地静止   D. 无法确定

90. 造成海浪图上太平洋东北部6 m大浪区的天气系统未来将_____。
    A. 消失   B. 明显加强
    C. 略有加强   D. 明显减弱

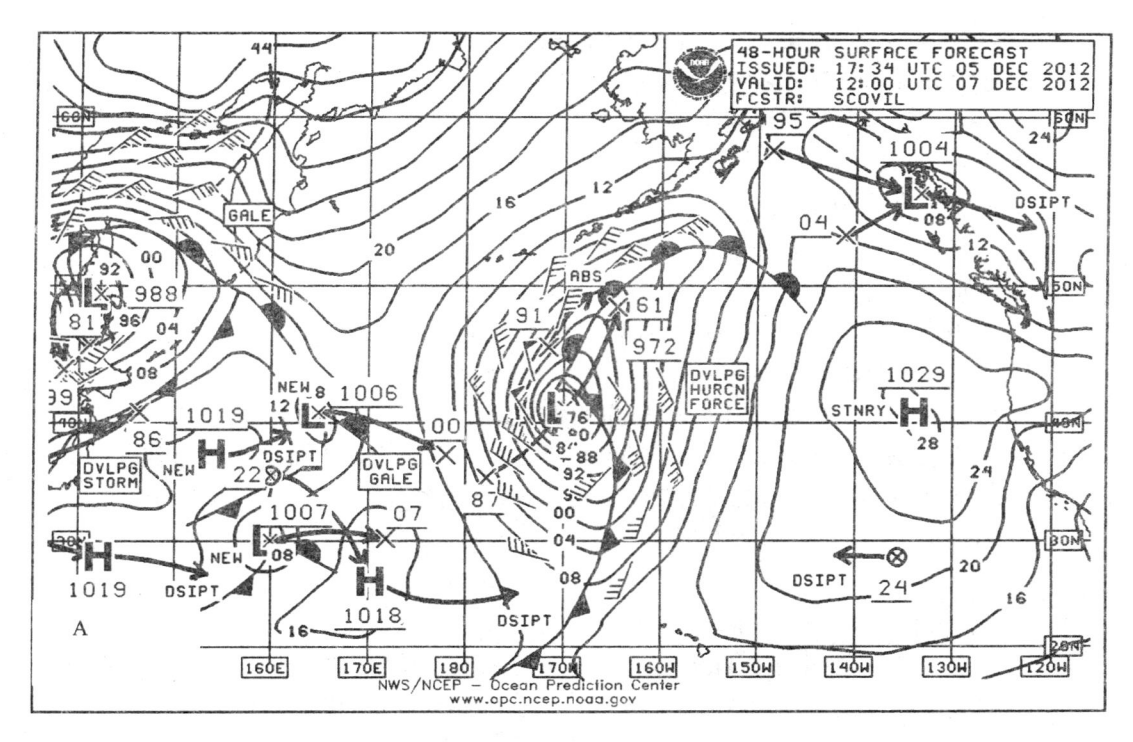

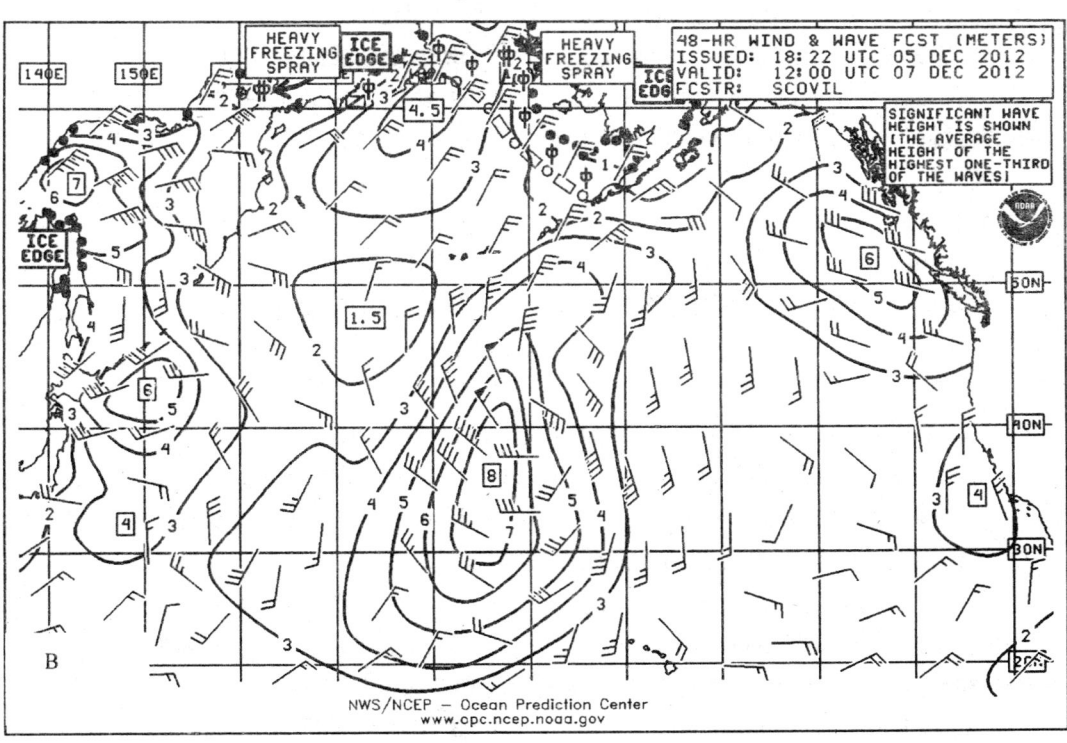

图 6-16

根据所附传真天气图(图 6-17)回答下列问题:

91. 在地面分析图中有关风的警报有_____。
    A. 一个台风、两个风暴、两个大风警报
    B. 台风、风暴、大风警报各两个
    C. 一个台风、一个风暴、两个大风警报
    D. 台风、风暴、大风警报各一个

92. 在地面分析图中两个[SW]警报的意义是_____。
    A. 均表示未来 24 h 锋面气旋最大风力可达到≥10 级
    B. 均表示目前锋面气旋最大风力可达到≥10 级
    C. 西边的锋面气旋表示未来 24 h、东边的表示目前最大风力可达到≥10 级
    D. 西边的锋面气旋表示目前、东边的表示未来 24 h 最大风力可达到≥10 级

93. 从地面图中分析,未来影响我国大部地区的天气系统属于_____。
    A. 弱冷高压   B. 温带气旋
    C. 强冷高压   D. 静止锋

94. 在地面分析图中多个气压系统旁标注"ALMOST STNR",表示该系统_____。
    A. 移向不定,移速小于 5 kn   B. 移向确定,移速小于 1 kn
    C. 移向不定,移速小于 1 kn   D. 移向确定,移速小于 5 kn

95. 在地面分析图中的热带气旋预计未来 24 h 如何变化?
    A. 强度减弱缓慢移动   B. 强度加强向西移动
    C. 强度不变快速移动   D. 缓慢加深静止少动

96. 在地面分析图中位于 38°N、123°E 处海域的锋面气旋预计未来 24 h 中心气压降低_____。
    A. 16 hPa   B. 14 hPa
    C. 20 hPa   D. 30 hPa

97. 在地面预报图中位于海南近海的船舶观测到的实际风向为_____。
    A. E   B. NE
    C. NW   D. SW

98. 在地面图上位于北太平洋中部的锋面气旋 24 h 内如何演变?
    A. 向东北移动,强度减弱   B. 向东移动,强度加深
    C. 向东北移动,强度不变   D. 向东北移动,强度加深

99. 从地面图中分析影响我国的冷高压如何演变?
    A. 向东南移动,强度不变   B. 向东移动,强度减弱
    C. 向南移动,强度加强   D. 向东南移动,强度减弱

100. 在地面分析图中热带气旋造成的最大阵风和 7 级大风范围为_____。
    A. 95 KT、半径 150 n mile   B. 65 KT、半径 50 n mile
    C. 100 KT、半径 150 n mile   D. 95 KT、半径 50 n mile

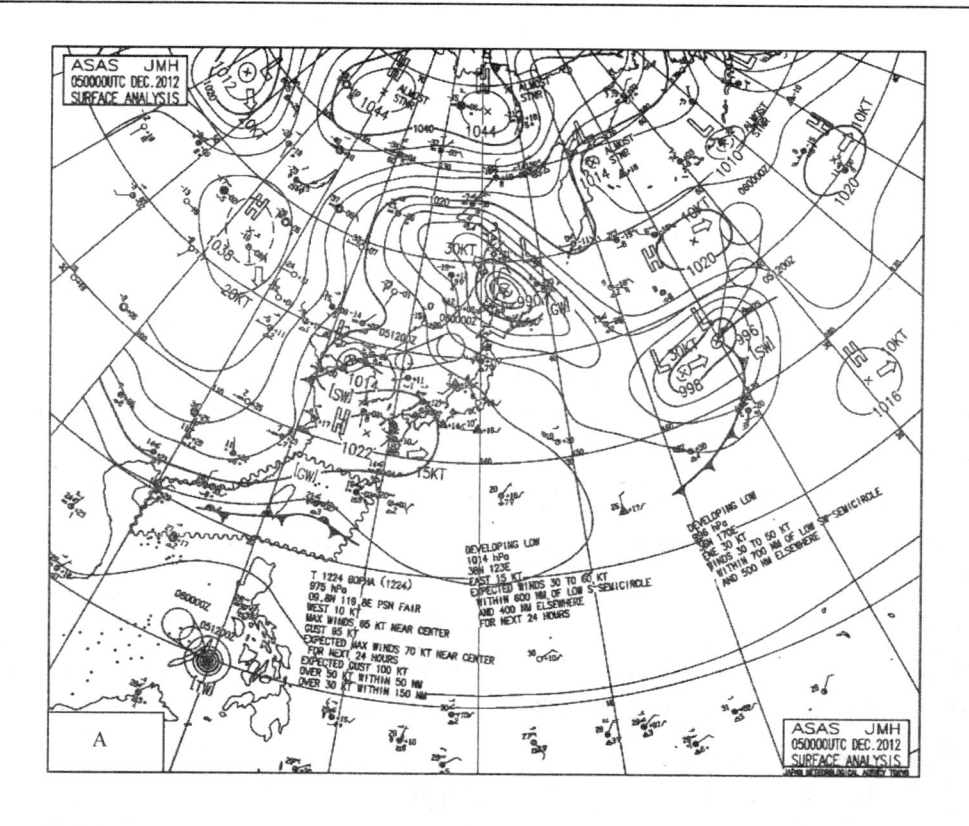

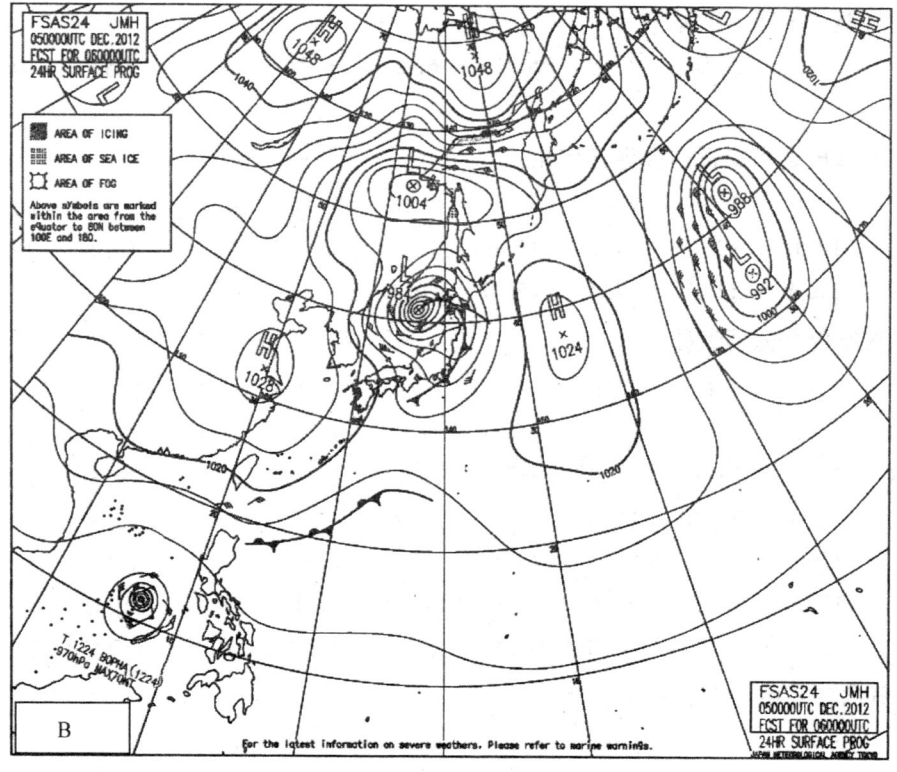

图 6-17

第六章参考答案

第一节 天气图基础知识

1. A   2. D   3. B   4. B   5. A   6. C   7. B   8. A   9. C   10. B
11. C 12. A 13. C 14. B 15. B 16. A 17. B 18. B 19. C 20. D
21. A 22. A 23. C 24. A 25. A 26. C 27. C 28. C 29. A 30. D
31. B 32. C 33. A 34. A 35. B 36. C 37. B 38. C 39. D 40. D
41. A 42. D 43. D 44. B 45. C 46. C 47. B 48. D 49. D 50. B
51. C 52. D 53. D 54. B 55. B 56. C 57. C 58. A 59. A 60. C
61. C 62. D 63. B 64. D 65. C 66. B 67. D 68. C 69. A 70. B
71. C 72. D 73. B 74. D 75. A 76. A 77. C 78. C 79. C 80. C
81. C 82. D 83. D 84. C 85. D 86. B 87. C 88. A 89. B 90. A
91. A 92. C 93. A 94. B 95. C 96. C 97. C 98. D 99. A 100. B
101. C 102. D 103. A 104. C 105. C 106. B 107. C 108. C 109. C 110. D
111. A 112. C 113. C 114. A 115. B 116. C 117. D 118. B 119. B 120. C
121. C 122. A 123. D 124. B 125. A 126. B 127. C 128. D

第二节 航海气象信息的获取

1. A   2. B   3. D   4. B   5. B   6. A   7. A   8. C   9. D   10. C
11. D

第三节 天气报告和警报的释译与应用

1. D   2. D   3. B   4. C   5. A   6. C   7. B   8. B   9. C   10. A
11. D 12. B 13. C 14. A 15. C 16. A 17. C 18. A 19. D 20. A
21. C 22. A 23. A 24. A 25. D 26. D

第四节 气象传真图的识读

1. B   2. B   3. C   4. D   5. A   6. B   7. B   8. A   9. C   10. D
11. B 12. A 13. C 14. A 15. B 16. A 17. C 18. C 19. A 20. D
21. B 22. D 23. B 24. D 25. A 26. B 27. A 28. D 29. B 30. B
31. C 32. A 33. B 34. B 35. B 36. C 37. C 38. B 39. D 40. C
41. B 42. C 43. B 44. C 45. D 46. B 47. C 48. A 49. C 50. A
51. C 52. A 53. C 54. D 55. A 56. C 57. D 58. A 59. C 60. B
61. C 62. B 63. C 64. B 65. C 66. A 67. C 68. C 69. C

第五节 气象传真图综合分析和应用

1. C   2. A   3. B   4. A   5. C   6. D   7. C   8. C   9. B   10. D
11. C 12. D 13. B 14. D 15. A 16. C 17. C 18. C 19. B 20. C
21. A 22. C 23. B 24. A 25. D 26. C 27. D 28. B 29. B 30. A

31. C	32. B	33. A	34. D	35. D	36. C	37. A	38. D	39. B	40. B
41. C	42. B	43. A	44. C	45. A	46. A	47. B	48. D	49. C	50. D
51. D	52. B	53. A	54. A	55. C	56. B	57. A	58. D	59. A	60. B
61. B	62. C	63. C	64. B	65. D	66. B	67. A	68. D	69. A	70. B
71. B	72. B	73. B	74. B	75. A	76. B	77. B	78. C	79. B	80. B
81. B	82. D	83. A	84. B	85. B	86. B	87. A	88. B	89. C	90. A
91. A	92. C	93. A	94. A	95. B	96. D	97. B	98. D	99. D	100. A